本书是国家社会科学基金项目"集体诉讼的功能定位及在反垄断法领域的应用"（15CFX047）的结项成果

纠纷解决研究丛书

集体诉讼的功能定位及在反垄断法中的应用

JITI SUSONG DE GONGNENG DINGWEI JI ZAI
FANLONGDUANFA ZHONG DE YINGYONG

冯 博 著

中国政法大学出版社

2019·北京

声　明　1. 版权所有，侵权必究。

　　　　2. 如有缺页、倒装问题，由出版社负责退换。

图书在版编目（ＣＩＰ）数据

集体诉讼的功能定位及在反垄断法中的应用/冯博著. —北京:中国政法大学出版社, 2019.6
ISBN 978-7-5620-9058-8

Ⅰ.①集… Ⅱ.①冯… Ⅲ.①诉讼－功能－定位－研究②反垄断法－民事诉讼－研究　Ⅳ.①D915.04②D912.294.04

中国版本图书馆CIP数据核字(2019)第124095号

出　版　者　中国政法大学出版社

地　　　址　北京市海淀区西土城路25号

邮寄地址　　北京100088信箱8034分箱　邮编100088

网　　　址　http://www.cuplpress.com（网络实名：中国政法大学出版社）

电　　　话　010-58908586（编辑部）　58908334（邮购部）

编辑邮箱　　zhengfadch@126.com

承　　　印　固安华明印业有限公司

开　　　本　880mm×1230mm　1/32

印　　　张　10.875

字　　　数　270千字

版　　　次　2019年6月第1版

印　　　次　2019年6月第1次印刷

定　　　价　59.00元

目录

上　篇
反垄断法二元实施机制的相关问题

中 篇
反垄断集体诉讼制度的构建

下　篇

反垄断法三元实施机制的构建与应用

绪　论

一、研究背景

自《反垄断法》实施以来，十余年间我国反垄断执法和司法力度不断加强，裁决了"高通垄断案""锐邦诉强生垄断案"等经典案例，标志着我国基本形成了"公共实施"（行政立案+行政裁决）和"私人实施"（私人诉讼+法院裁决）并存的"二元"反垄断法实施机制。但囿于公共实施和私人实施的固有功能，现存的二元机制存在着不少实践难题：公共实施的多为主动执法，"民不举、法也究"，但受制于执法资源，且受害者不能直接获赔；私人实施多为被动司法，"民不举、法不究"，且单个受害者损失较小，维权激励不足。总而言之，二元机制无法实现效率与公平兼顾，公共利益和私人利益相容。

集体诉讼（或称集体实施）（Class Action）是基于英国"息诉状"（the Bill of Peace）的衡平法思想，为救济弱势的小额多数受害者而产生的诉讼制度。美国承继了英国的集体诉讼制度，并在发展演变中形成了"原告拟制""明示退出""律师激励"等特色鲜明的机制。近年来，欧盟也高度重视反垄断集体诉讼制度的构建与完善。集体诉讼通过"拟制原告，代表起诉，胜诉可获赔，败诉无损失"的制度设计，激励原告及其代表人、律师提起或参与诉讼，实现以弱（原告）胜强（被告）的目的。在维护个人利益的同时，达到促进社会利益的客观效果，进而弥补"公共实施无精力""私人实施无动力"的不足。

在全面推进依法治国的进程中，《反垄断法》的实施可以有效地保障"市场的决定性作用"和"竞争政策的基础性地位"。随着中国反垄断任务的日益紧迫，单纯依靠"行政执法"显得人力不足，捉襟见肘，而且目前的民事诉讼机制也难以适应垄断纠纷的"公益性""集体性"，对二元实施机制进行改革、创新已是大势所趋、迫在眉睫。将集体诉讼应用于反垄断法领域，可以借助市场机制、私人力量协助反垄断执法，节省行政资源，避免政府失灵，对简政放权发挥重要作用。随着中国反垄断执法经验的不断丰富，建立反垄断集体诉讼制度可谓水到渠成。待反垄断集体诉讼发展成熟之际，相关理论和实践还可被用于解决金融欺诈、食品安全、消费纠纷、环境保护等法律领域。

二、国内外文献综述

（一）国外文献综述

集体诉讼起源于英国衡平法院的"息诉状"，后在美国发展成为现代意义的集体诉讼制度。德国、意大利、巴西等大陆法系国家也纷纷对集体诉讼进行移植、改良、创新，其在德国被称为团体诉讼（Group Action）、在意大利被称为集体诉讼（Azione di Classe）、在巴西被称为集合诉讼（Collection Action）。国外关于集体诉讼和反垄断集体诉讼的研究对本书具有重要意义。

1. 集体诉讼的界定、理论依据与目的

广义的集体诉讼是指各类群体性诉讼，与集团诉讼、群体诉讼等概念同义。狭义的集体诉讼特指美国的集团诉讼或与此相似的制度。集体诉讼是指一个或数个代表人，为了集体成员全体的共同利益，代表集体成员提起的诉讼。法院对集体作出的判决，不仅对直接参与诉讼的主体有约束力，而且对没有参加诉讼的主体也有约束力。〔1〕主要包括反垄断集体诉讼、证券集体诉讼、消费者集体诉讼等形式。

集体诉讼制度的法律根据是"任何人不得通过自己的违法行为获利"的衡平法思想。〔2〕经济学依据则是将成千上万个权利主张合并在一个诉讼中，旨在实现"司法效益"。〔3〕社会学依据是受害者凭借一己之力无法"以弱对强"，通过组成一个集体，与侵害者达到结构上的均衡与对抗。〔4〕

集体诉讼制度的目的是剥夺违法者的非法获利并预防违法行为，受害者不仅可以直接获偿，社会整体也会因此受益。它不仅是实现个体正义的工具，也是维护社会利益的工具。〔5〕

2. 集体诉讼的优势与弊端

集体诉讼的最大优势及功能就是通过维护集体中的个人利益，在客观上达到维护社会利益的效果，实现私人利益和社会利益的激励相容。拟制原告集团、胜诉取酬、明示退出等机制极大地激励了原告代表人及律师提起或参与集体诉讼。美国等国家的司法实践证明集体诉讼有效地促进了竞争机制的运行、

〔1〕 J. T. Cross, " Yeazell S. C. Civil Procedure ： Keyed to Yeazell, Seventh Edition", *Wolters Kluwer Law & Business Aspen Publishers*, 2009.

〔2〕 R. A. Nagareda, "The Preexistence Principle and the Structure of the Class Action", *Columbia Law Review*, 103 （2003）：149~242.

〔3〕 R. O. Faulk, "Armageddon Through Aggregation? The Use and Abuse of Class Actions in International Dispute Resolution", *Tort & Insurance Law Journal*, 37 （2002）：999~1026.

〔4〕 J. T. Cross, " Yeazell S. C. Civil Procedure ： Keyed to Yeazell, Seventh Edition", *Wolters Kluwer Law & Business Aspen Publishers*, 2009.

〔5〕 M. Taruffo, "Some Remarks on Group Litigation in Comparative Perspective", *Duke Journal of Comparative & International Law*, 11 （2001）：3830~3834.

金融市场的规范、食品药品的安全、生态环境的保护。[1]

集体诉讼的弊端在于，如果原告在集体诉讼中获胜，原告律师、代表人、专业机构（如股市秃鹫等）均可获得巨额收益，因此，"赢可分成、败也无责"的制度有时会诱导原告代表人或律师发起大量的恶意诉讼、敲诈诉讼，从而违背集体诉讼的初衷，也会给经济发展与司法体制带来巨大的成本和侵害。[2]被告往往出于"股价效应"而选择和解结案。

3. 集体诉讼在反垄断法领域的应用

在反垄断执法初期，不论是美国采用的"行政公诉+法院裁决"的模式，还是德国等大陆法系国家采用的"行政立案+行政裁决"的模式，都属于"公共实施"一元体制。在一元体制下，出现了行政资源短缺、政府失灵等弊端，美国学者率先主张通过私人诉讼的方式协助反垄断执法，逐渐形成了"公共实施-私人实施"二元体制。[3]

虽然反垄断纠纷受害者众多，但每个受害者的损失却不大，受害者往往没有提起诉讼的动力。学者主张为了鼓励原告提起诉讼，应将集体诉讼应用于反垄断法领域。有的学者对反垄断集体诉讼的原告范围、[4]律师报酬、[5]举证责任[6]等具体制度

---

〔1〕 S. Thompson, "Artificially 'Natural': Class Action Lawsuits Attack Misleading 'Natural'", *Indiana Law Review*, 2014.

〔2〕 Heather M. Williams, "Attorney Fees in Class Action Lawsuits: Implementing Change to Protect Plaintiffs from Unethical Attorney Behavior", *Indiana Law Review*, 1998.

〔3〕 David Rosenberg and James P. Sullivan, "Coordinating Private Class Action and Public Agency Enforcement of Antitrust Law", *Journal of Competition Law and Economics*, 2006.

〔4〕 W. H. Page, "Class Certification in the Microsoft Indirect Purchaser Litigation", *Journal of Competition Law & Economics*, 1 (2005): 303~338.

〔5〕 Kevin F. Kelly, "Attorneys' Fees in Individual and Class Action Antitrust Litigation", *California Law Review*, 1972.

进行了研究。有的学者通过实证研究发现自反垄断集体诉讼出现以来，公共实施、私人实施、集体诉讼处理的案件比为 1∶4∶16，集体诉讼已经成了反垄断执法最主要的方式。[1]

（二）国内文献综述

我国学者对集体诉讼及反垄断集体诉讼的研究主要是"对国外反垄断集体诉讼制度的比较"和"集体诉讼应用于中国反垄断法领域的必要性"。

1. 对国外反垄断集体诉讼制度的比较

美国反垄断集体诉讼的特点在于通过"拟制原告、胜诉取酬、惩罚性赔偿"等机制激励原告、律师等提起集体诉讼；[2]德国的反垄断团体诉讼偏重公益性，只允许行业协会等社会团体提起，不允许个人启动；[3]意大利的反垄断集体诉讼在原告资格、适用范围、诉讼程序方面都施加了严格的限制，缺乏对律师的激励；[4]巴西反垄断集合诉讼最大的特点是采用二分法解决既判力问题，即只有胜诉结果才对没有参加集体诉讼的原告有既判力。[5]

（接上页）〔6〕　R. D. Blair, "Herndon J. B. Class Actions in Resale Price Maintenance Cases", *Antitrust Bulletin*, 48 (2003)：571~594.

〔1〕　David Rosenberg ang James P. Sullivan, "Coordinating Private Class Action and Public Agency Enforcement of Antitrust Law", *Journal of Competition Law and Economics*, 2006.

〔2〕　肖建国："民事公益诉讼的基本模式研究——以中、美、德三国为中心的比较法考察"，载《中国法学》2007 年第 5 期。

〔3〕　吴泽勇："集团诉讼在德国：'异类'抑或'蓝本'？"，载《法学家》2009 年第 6 期。

〔4〕　罗智敏："意大利最新集团诉讼立法探究——兼议对我国的立法启示"，载《比较法研究》2012 年第 1 期。

〔5〕　肖建华、杨恩乾："论集团诉讼中的既判力问题——美国和巴西立法经验的分析及借鉴"，载《政法论丛》2011 年第 1 期。

2. 集体诉讼应用于中国反垄断法领域的必要性

虽然我国《反垄断法》实施较晚，但近年来执法力度不断加强，并形成了"公共实施-私人实施"二元体制。国内学者大多主张将集体诉讼作为私人诉讼的一种，引入到反垄断司法中。[1]但集体诉讼特殊的功能定位与我国现有的民事诉讼制度在既判力、律师风险代理、原告资格等问题上产生了理论悖论与实践难题，从而制约了集体诉讼在反垄断法领域的应用。[2]

三、核心概念界定

(一) 集体诉讼

广义的集体诉讼是指各类群体性诉讼，与集团诉讼、群体诉讼等概念同义。狭义的集体诉讼特指美国的集体诉讼或与此相似的制度。集体诉讼是指一个或数个代表人，为了集体成员全体的共同利益，代表集体成员提起的诉讼。法院对集体作出的判决，不仅对直接参与诉讼的主体有约束力，而且对没有参加诉讼的主体也有约束力。

(二) 反垄断法的公共实施和私人实施

狭义的公共实施专指行政执法，即由反垄断执法机构根据报案线索主动执法，并裁决是否违法，是否采取罚款或没收违法所得等处罚手段。广义的公共实施是指由国家机关主导的实施方式，除了反垄断行政机构的执法之外，还包括检察机关提起的反垄断刑事诉讼和公益诉讼。私人实施是指受到垄断侵害的自然人、法人及其他组织向法院进行民事诉讼，由法院判决

---

〔1〕 黄勇："中国反垄断民事诉讼若干问题的思考"，载《人民司法》2008 年第 19 期。

〔2〕 范愉编著：《集团诉讼问题研究》，北京大学出版社 2005 年版，第 78 ~ 79 页。

是否违法及赔偿数额等。私人实施的主要形式有个别诉讼、共同诉讼、代表人诉讼等。

(三) 垄断损害、垄断侵害和垄断损失

垄断损害是指由某个限制竞争行为造成的，对社会福利、生产者福利、消费者福利造成的负面作用。以侵害性质作为划分标准，可以分为垄断侵害和垄断损失。消费者福利向生产者福利的转移被称为"垄断侵害"。对于这部分违法所得，执法机构可以追缴、没收，消费者可以索赔。"垄断损失"也被称为垄断的无谓损失，是指垄断行为对社会总福利造成的"净损失"(Deadweight Loss)。这部分损失并不是福利的转移，而是福利的无谓消耗。由于垄断损失难以分割，因此一般只能通过行政处罚的方式进行制裁。

四、本书对已有研究的补充和突破

(一) 将法律实施机制由二元拓展为三元

以往的学术研究多以"二分法"作为研究范式，比如"阴-阳""政府-企业""私有-国有""合法-违法""公法-私法""公共利益-私人利益"，二分法容易陷入"非黑即白""非好即坏""非此即彼"的思维定式，进而忽视了现实中存在的大量难以区分、错综交织的"中间地带"。"三分法"有助于突破传统、解决问题。将集体诉讼引入法律实施机制可以实现"公共实施-集体诉讼（集体实施）-私人实施"三位一体，有助于促进私人利益和社会利益的融合协调。三元法律实施机制学说来源于"一生二，二生三，三生万物"的哲学思想，与"政治国家-市民社会-个人"的政治结构、"公法-经济法-私法"的法域结构、"公共利益-集体利益-私人利益"的利益结构在逻辑上融会贯通、一脉相承。

（二）为反垄断法实施进行法律经济学分析

反垄断法是法学与经济学结合得最为紧密的学科，尤其是以"芝加哥学派"为代表，将经济学广泛地应用于相关市场界定、合理推定适用、市场替代性、单边效应与协同效应、垄断侵害计算等方面，极大地促进了反垄断执法和司法领域的科学性与效率性。本书从始至终贯穿着法律经济学分析，主要体现在：第一，对 2008 年至 2018 年反垄断行政执法和民事诉讼的案例进行整理，根据案情提炼出三十余个变量，形成反垄断执法与司法数据库。利用数据库，对我国《反垄断法》实施十余年来，公共实施和私人实施的成果、效率及不足进行定量分析。第二，对"锐邦诉强生垄断案""高通垄断案""奇虎 360 诉腾讯垄断案"及 79 号指导性案例等行政和司法案件进行分析，探究其中的法理基础和经济逻辑，以促进个案的效率与公平。第三，运用威廉姆森模型、共用品理论、"结构–行为–绩效"分析范式（Struture—Conduct—Performance，SCP）等经济学理论及工具对反垄断法的实施问题进行分析，并建立了集体诉讼的公益性与私益性模型、集体诉讼律师报酬模型、集体诉讼成本收益模型等。

（三）提炼了具有普遍适用意义的法理经济学命题

本书的研究主题虽然是"反垄断法""集体诉讼"等部门法内容，但研究目的并不仅仅局限于制度构建、个案解决等方面，而是力求"以小见大"，提炼出具有普适性的理论问题，通过经济学分析对法的本质、法的理念、法的作用等法理学问题进行全新视角的研究，并提出了"法应从约束本位向激励本位转变""法律以最有效率的方式实现公平""法律促进社会利益和个人利益的激励相容""鼓励性惩罚与惩罚性鼓励"等"法理经济学"命题。并突破法学的定性和文本研究方法，创新地使用"两线三区四分法"等经济学研究范式，拓展了法学研究的视野。法理经济学研究结果或方法不仅对反垄断集体诉讼制度有指导意义，也可被广泛应用于解决金融纠纷、环境侵权、食药安全、医疗改革等问题。

五、研究内容

（一）从公共实施的不足来看集体诉讼的价值

没收违法所得和罚款是《反垄断法》中主要的行政处罚手段，但在执法实践中，没收违法所得存在计算难度大、认定标准不一的问题，而单处罚款的模式又会造成反垄断行政执法力度不足。通过威廉姆森兼并福利权衡模型分析，我们可以发现集体诉讼和没收违法所得的功能都是让违法者"吐出违法所得"，从而提升反垄断实施的公平与效率。我国应积极构建反垄断集体诉讼制度，待完善之时，应少用、慎用没收违法所得手段。

（二）从私人实施的不足来看集体诉讼的价值

近年来，我国反垄断民事诉讼案件逐渐增多，但囿于原告主体单一、法律适用混乱、赔偿数额不足等问题，反垄断民事诉讼制度难以充分实现对消费者权益的有效救济。以第79号指导性案例为视角，笔者建议在反垄断民事诉讼体系中引入集体诉讼机制，并构建原告拟制、律师激励、和解赔偿等具体制度，从而激励消费者维权，解决多重法律竞合，平衡双方诉讼能力，落实竞争政策的基础性地位。

（三）"法律=激励"命题下集体诉讼的功能定位

"法律=约束"命题会引发反垄断法实施中的"重行政执法、轻民事诉讼""重罚款、轻赔偿"现象，进而造成行政资源短缺、选择性执法、行政俘获等问题。对此，我们应转化思路，变"堵"为"疏"，通过激发私人的力量，协助行政机关实施法律。在"法律=激励"命题下，集体诉讼通过激励众多受害者共同提起诉讼，让违法者"吐出违法所得"。集体诉讼的功能是在维护集体中个人利益的同时，在客观上达到维护社会利益的效果，实现私益与公益的协调相容。

（四）集体诉讼与我国现行法律制度衔接机制

目前，美国是全球集体诉讼制度最成熟、应用最广泛的国家。德国、意大利、巴西等大陆法系国家也纷纷对集体诉讼进行了移植、改良、创新。美国的集体诉讼制度虽然比较成熟，但也会有"律师主导"等问题。我国应结合本国国情构建有中国特色的集体诉讼制度。将集体诉讼应用于《反垄断法》的实施之中，通过建立原告拟制、明示退出制、律师激励与约束、和解、垄断侵害计算等特色机制构建反垄断集体诉讼制度。并将集体诉讼与个别诉讼、公益诉讼合理组合。基于集体诉讼独特的功能定位，将反垄断法律实施机制从二元机制拓展成"公共实施-集体诉讼（集体实施）-私人实施"三元机制，三位一体、各具功能、不可替代、协调相容。在全面推进依法治国的进程中，《反垄断法》的实施可以有效地保障"市场的决定性作用"和"竞争政策的基础性地位"。

六、研究思路

本书将从我国现行的反垄断法二元实施机制无法完整实现效率与公平兼顾的问题出发，发现英美法系国家运行比较成熟的集体诉讼制度，进而通过"拟制原告、代表起诉、胜诉可获赔、败诉无损失"的制度设计，弥补"公共实施无精力""私人实施无动力"的不足。我国应结合本国国情构建有中国特色的集体诉讼制度。首先，应明确反垄断集体诉讼的功能定位，以及与中国现有的公益诉讼、共同诉讼的区别和联系；其次，将集体诉讼制度与中国现行法律制度相衔接，建立集体诉讼与公共实施、私人实施的衔接机制；最后，建立反垄断集体诉讼原告拟制制度、通知制度、律师的激励与约束制度、侵害赔偿制度等。

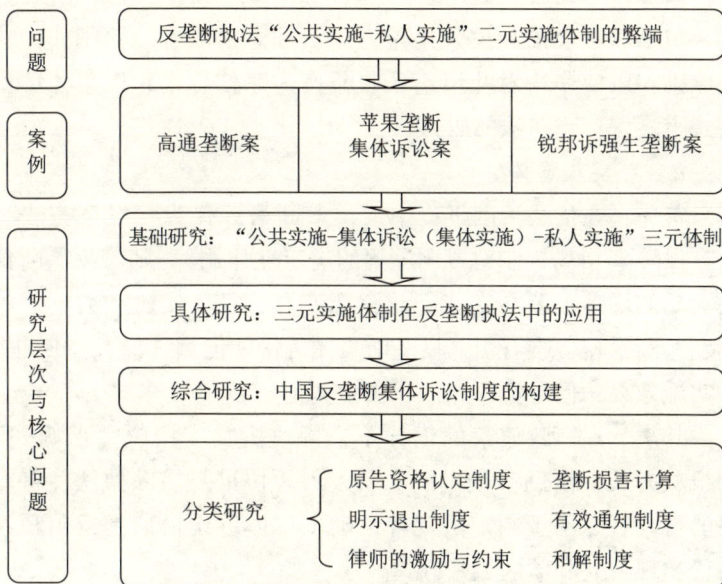

图 0-1　研究思路示意图

七、本书的理论价值和实践意义

（一）理论价值

首先，有助于突破二元法律实施机制的窠臼。集体诉讼主观上是为了维护个人利益，但客观上实现了公共利益，弥补了"公共实施无精力""私人实施无动力"的功能不足。在此基础上构建的"公共实施-集体诉讼（集体实施）-私人实施"三元法律实施机制是对原有二元机制的创新与突破。

其次，有助于促进经济诉讼方式的独立化。集体诉讼超越了一般的民事诉讼，应成为第三法域——经济法——的独特诉讼制度，是《反垄断法》《证券法》《消费者权益保护法》等经济实体法典型的程序保障。

最后，有助于构建中国反垄断集体诉讼制度的研究框架。主要包括以社会福利最大化作为立法理念；以合理原则作为执法原则；以使违法者吐出违法收益作为赔偿标准；以集体诉讼方式来缓解行政执法的压力。

（二）实践意义

首先，在依法治国进程中，《反垄断法》作为"经济宪法"，具有保障"市场机制对资源配置的决定性作用"。随着反垄断执法活动的增多，公共实施行政资源有限、私人实施动力不足等问题逐渐暴露，唯有引入反垄断集体诉讼才能增强《反垄断法》的实施效果，倡导竞争意识和法律文化。

其次，在简政放权的倡导下，行政机关应摆脱"保姆式"的执法方式，借助市场机制、私人力量协助反垄断执法，将有限的行政资源用于制定法规等活动。集体诉讼恰恰是运用私人力量实现公共利益的最好方式。

最后，在改革开放政策下，"引进来、走出去"的企业日益增多，跨国垄断纠纷日趋频繁，建立反垄断集体诉讼制度对健全我国市场规则、抵御外来风险以及塑造我国对外开放的良好形象有不可低估的作用。

上 篇

反垄断法二元实施机制的相关问题

第一章 | 我国反垄断公共实施的现状及问题

　　我国《反垄断法》遵循"公共实施"和"私人实施"共存的二元机制。公共实施有广义、狭义两种解释，狭义的公共实施专指行政执法，即由反垄断执法机构根据报案线索主动执法，并裁决是否违法，是否采取罚款或没收违法所得等处罚手段。广义的公共实施是指由国家机关主导的实施方式，除了反垄断行政机构的执法之外，还包括检察机关提起的反垄断刑事诉讼和公益诉讼。本书中所指的公共实施就是行政执法，其主要处罚方式为"行政罚款"与"没收违法所得"。

一、我国反垄断法公共实施的现状

　　在我国现行的二元反垄断法实施机制中，公共实施的结案数量、覆盖行业及处罚数额远远大于私人实施。公共实施的处罚方式包括没收违法所得与罚款两种，组合模式分为"单处罚款"（以下简称"单处"）和"没收违法所得并处罚款"（以下简称"并处"）两类。[1]

──────────

〔1〕 我国《反垄断法》规定，垄断行为主要包括垄断协议、滥用市场支配地位、经营者集中三种。经营者集中案件只有罚款这一种处罚形式，而且在现实执法中运用的概率较低，数额认定基本无争议。2018 年 2 月 28 日之前，原国家发展和改革委员会、原国家工商行政管理总局在处理垄断协议和滥用市场支配地位两类行政案件中，有"单处罚款"和"并处没收违法所得和罚款"两种处罚方式。本书主要研究的是上述两大机构在处理垄断协议和滥用市场支配地位案件时实施的罚款及没收违法所得的问题。

（一）我国反垄断公共实施案件概况

根据国家市场监督管理总局（以下简称"市场监管总局"）、原国家工商行政管理总局（以下简称"工商部门"）、原国家发展和改革委员会（以下简称"发改委"）及各省级价格主管部门的官方网站发布的反垄断执法行政处罚决定书及相关执法信息：截至 2018 年，工商部门查处反垄断案件 199 起，发改委查处反垄断案件 299 起，市场监管总局查处反垄断案件 3 起，合计查处 501 起。[1]

从地域分布来看，501 起案件中有 54 起违法行为波及全国，其余 447 起广泛分布在 27 个省、自治区及直辖市。浙江省发生的案件数量最多，为 52 件，[2]占全部案件数量的 10.4%；排名第二的是北京市，案件数量为 50 件，占全部案件数量的 10%；排名第三的是四川省，案件数量为 49 件，占全部案件数量的 9.8%；随后按照案件数量从高到低依次为湖南省、山东省、甘肃省、湖北省和上海市、江西省；余下案件发生在其他 17 省、自治区及直辖市，占全部案件数量的 25.6%。

从涉及的行业来看，全国及地方反垄断执法机构执法涉及 37 个行业，[3]排名前六名的行业分别为：商务服务业 110 家，

---

〔1〕 以案件号作为统计"案件"的依据。

〔2〕 就反垄断行政执法案件的发生区域而言，浙江省发生的反垄断行政执法案件最多，共 52 起，分别为工商部门查处的浙江省江山市混凝土经营者从事垄断协议案、浙江省慈溪市建设工程检测协会组织本行业经营者从事垄断协议案和上虞市商品混凝土协会及会员单位垄断协议案，以及发改委查处的浙江省保险行业协会等垄断协议案和浙江省杭州市富阳区造纸行业协会组织浙江鸿昊控股集团有限公司等 17 家造纸企业达成并实施卷筒白板纸垄断协议案。其中浙江省保险行业协会等垄断协议案中有 23 家保险公司及 1 家行业协会被查处，杭州市富阳区造纸行业协会组织浙江鸿昊控股集团有限公司等 17 家造纸企业达成并实施卷筒白板纸垄断协议案中有 17 家企业受到行政处罚。

〔3〕 行业分类按照中华人民共和国国家标准《国民经济行业分类》[2017] 二级分类。

占比 22.5%；保险业 71 家，占比 14.6%；批发业 57 家，占比
11.7%；非金属矿物制品业 41 家，占比 8.4%；机动车、电子产
品和日常产品修理业 37 家，占比 7.6%；专业技术服务业 25 家，
占比 5.1%；其余涉及行业 147 家，占比 30.1%。

从垄断行为来看，在反垄断执法部门查处的 501 起案件中，
垄断行为为横向垄断的案件为 442 起，占比 87.7%；垄断行为
为滥用市场支配地位的案件为 43 起，占比 8.9%；垄断行为为
纵向垄断的为 16 起，占比 3.33%。

（二）我国反垄断法公共实施的主体情况

1. 我国反垄断执法机构情况

发改委系统查处反垄断案件 299 起，其中 2013 年查处 32
起，占比 10.7%；2014 年查处 21 起，占比 7%；2015 年查处 81
起，占比 27.1%；2016 年查处 42 起，占比 14%；2017 年查处 95
起，占比 31.8%；2018 年截至第二季度共查处 28 起，占比 9.4%。

工商部门共查处反垄断案件 230 起，其中 2010 年 6 起，占
比 3%；2011 年 1 起，占比 0.5%；2012 年 31 起，占比 15.6%；
2013 年 24 起，占比 12.1%；2014 年 32 起，占比 16.1%；2015
年 42 起，占比 21.1%；2016 年 55 起，占比 27.6%；2017 年 17
起，占比 8.5%；2018 年截至第一季度 22 起，占比 11.1%。

第十三届全国人民代表大会第一次会议批准了《国务院机
构改革方案》，2018 年 4 月 10 日，国家市场监督管理总局正式
挂牌。市场监管总局的主要任务之一是负责反垄断统一执法，
将以往工商部门、发改委和商务部三部门的反垄断执法权归集
至一处，从此市场监管总局成为反垄断执法的唯一机构。2018
年市场监管总局查处了"冰醋酸原料药横向垄断案"。[1]

---

[1] 国市监处〔2018〕17～19 号。

2. 我国反垄断处罚对象情况

2008 年至 2018 年间，工商部门、发改委及各省级价格主管部门共查处 549 个实施垄断行为的违法主体，处罚对象为企业的共计 488 个，占比 88.9%；处罚对象为个人的为 32 个，占比 5.8%；处罚对象为行业协会的共计 29 个，占比 5.3%。

从被查处的 488 个企业主体的性质来看，民营性质的当事人为 350 个，占比 71.7%，数量最多；国有性质企业共 82 家，占比 16.8%，居第二位；外资性质的企业 42 家，占比 8.6%；中外合资 13 家，占比 2.7%；集体性质的企业 1 家，占比 0.2%。从数据比较来看，民营企业仍然是反垄断执法的主要对象：一方面，民营企业本身数量众多；另一方面，这也反映出民营企业相较于国有企业和外资企业而言，合规意识较为薄弱，法律风险意识较差。此外，被处罚的民营企业是外资主体数量的 7 倍有余，国有企业是外资企业数量的 2 倍，这也说明我国反垄断执法并不存在只针对外资企业的问题。

从被查处的 25 家行业协会主体来看，2010 年查处行业协会 1 家，占比 3.4%；2011 年未查处行业协会主体；2012 年查处 4 家，占比 13.8%；2013 年查处 7 家，占比 24.1%；2015 年查处 3 家，占比 10.3%；2016 年查处 2 家，占比 6.9%；2017 年查处 4 家，占比 13.8%；2018 年查处 4 家，占比 13.8%。

表 1-1　反垄断执法中受罚（调查）行业协会罚款情况

序号	执法机构	受罚（调查）行业协会名称	罚款（万元）
1	工商部门	连云港市建筑材料和建筑机械行业协会混凝土委员会	20
2	工商部门	辽宁省建筑材料工业协会	10
3	工商部门	永州市保险行业协会	40

续表

序号	执法机构	受罚（调查）行业协会名称	罚款（万元）
4	工商部门	张家界市保险行业协会	40
5	工商部门	常德市保险行业协会	45
6	工商部门	郴州市保险行业协会	45
7	工商部门	慈溪市建设工程检测协会	0（终止调查）
8	工商部门	宜宾市砖瓦协会	50
9	工商部门	西双版纳州旅游协会	40
10	工商部门	西双版纳州旅行社协会	40
11	工商部门	上虞市混凝土协会	1
12	工商部门	广州市番禺动漫游艺行业协会	10
13	工商部门	湖北省保险行业协会	20
14	工商部门	河池保险行业协会	10
15	工商部门	淮南市货运商会	10
16	工商部门	上海医健卫生事务服务中心	0（终止调查）
17	工商部门	上海市医药卫生发展基金会	0（终止调查）
18	发改委	浙江省保险行业协会	50
19	发改委	北京市物业服务评估监理协会	35
20	发改委	北京市混凝土协会	50
21	发改委	宿州市机动车驾驶员培训行业协会	40
22	发改委	上海黄金饰品行业协会	50
23	发改委	广州市机动车驾驶培训行业协会	35

续表

序号	执法机构	受罚（调查）行业协会名称	罚款（万元）
24	发改委	深圳市机动车驾驶员培训行业协会	35
25	发改委	佛山市交通运输协会	35
26	发改委	岳阳市电梯协会	5
27	发改委	四川省报废机动车回收拆解行业协会	30
28	发改委	资阳市道路运输协会	20
29	发改委	四川省航空运输销售代理人协会	1

我国《反垄断法》第46条第3款规定了对行业协会罚款的数额限制。从表1-1中我们可以看出，所有对行业协会的罚款数额均在50万元以下，但是不同案件的罚款金额差异较大，既有1万元、5万元的处罚，也有40万元、50万元的处罚，仅四川省一省的4个案件中就出现了1万元和50万元罚款的差异，并且在处罚决定书中并未给出认定罚款数额的理由。

（三）我国反垄断法公共实施的处罚情况

从处罚手段来看，反垄断行政罚款共计99亿元，没收违法数额仅为5671万元。采取单处罚款为449起，52起案件并处了罚款和没收违法所得。在并处的52个案件中，工商部门并处案件为46起，发改委并处案件为3起，市场监管总局并处案件为3起。并处案件约占反垄断案件总数的10%。（见表1-2和表1-3）

表1-2 工商部门并处罚款和没收违法所得的案件

序号	案号	被罚当事人	没收违法所得金额（元）
1	苏工商案字〔2010〕第00038号	连云港新电混凝土有限公司	26 896.08
2	苏工商案字〔2010〕第00039号	连云港苏锦混凝土制品有限公司	24 247.83
3	苏工商案字〔2010〕第00040号	连云港东盛商品混凝土有限公司	18 993.83
4	苏工商案字〔2010〕第00041号	连云港中港混凝土有限公司	30 357.91
5	苏工商案字〔2010〕第00042号	连云港润丰混凝土有限公司	35 985.56
6	赣工商公处字〔2010〕01号	泰和县华维液化石油气储配站	205 537.00
7	豫工商处字〔2012〕第001号	安阳旧机动车辆交易市场有限责任公司	130 522.68
8	豫工商处字〔2012〕第001号	安阳旧机动车交易市场	139 978.87
9	豫工商处字〔2012〕第001号	林州市豫北机动车交易市场有限公司	143 136.65
10	豫工商处字〔2012〕第001号	安阳市东方旧机动车交易有限责任公司	135 303.91
11	豫工商处字〔2012〕第001号	林州市新巨龙旧机动车交易市场有限公司	120 816.00
12	豫工商处字〔2012〕第001号	安阳市中州机动车交易市场有限公司	131 091.69
13	豫工商处字〔2012〕第001号	安阳市大众汽车交易市场有限责任公司	138 546.18
14	豫工商处字〔2012〕第001号	滑县鑫鑫二手车交易市场有限公司	134 951.33

序号	案号	被罚当事人	没收违法所得金额（元）
15	豫工商处字〔2012〕第 001 号	安阳顺达旧机动车交易市场有限责任公司	130 497.17
16	豫工商处字〔2012〕第 001 号	安阳市天天旧机动车交易有限公司	123 988.82
17	豫工商处字〔2012〕第 001 号	安阳市中原机动车交易市场有限公司	139 368.78
18	粤工商经处字〔2013〕第 2 号	广东惠州大亚湾溢源净水有限公司	860 236.09
19	琼工商处字〔2015〕2 号	海南省东方市自来水公司	385 211.48
20	鄂工商处字〔2015〕3002 号	富德生命人寿保险股份公司湖北分公司	433 200.00
21	鄂工商处字〔2015〕3010 号	合众人寿保险股份有限公司湖北分公司	117 700.00
22	鄂工商处字〔2015〕3011 号	平安养老保险股份有限公司湖北分公司	420 100.00
23	鄂工商处字〔2015〕3009 号	太平财产保险有限公司湖北分公司	130 000.00
24	鄂工商处字〔2015〕3004 号	泰康人寿保险股份有限公司湖北分公司	433 200.00
25	鄂工商处字〔2015〕3003 号	永诚财产保险股份有限公司湖北分公司	433 200.00
26	鄂工商处字〔2015〕3005 号	中国大地财产保险股份公司湖北分公司	433 200.00
27	鄂工商处字〔2015〕3008 号	中国人民财产保险股份有限公司武汉市江汉支公司	259 900.00
28	鄂工商处字〔2015〕3007 号	中国人寿保险股份有限公司武汉市汉阳区支公司	433 200.00

序号	案号	被罚当事人	没收违法所得金额（元）
29	鄂工商处字［2015］3006 号	中国太平洋财产保险股份有限公司湖北分公司	433 200.00
30	鄂工商处字［2015］3001 号	中国太平洋人寿保险股份有限公司湖北分公司	914 000.00
31	鲁工商公处字［2016］第 24 号	青岛新奥新城燃气有限公司	52 308.49
32	内工商处罚字［2016］1 号	内蒙古阿拉善左旗城市给排水公司	300 741.00
33	内工商处罚字［2016］002 号	内蒙古广播电视网络集团有限公司锡林郭勒分公司	91 600.00
34	内工商处罚字［2016］4 号	内蒙古赤峰市盐业公司	1 940 544.00
35	皖工商公处字［2016］1 号	上海海基业高科技有限公司	19 854 770.81
36	皖工商公处字［2016］2 号	信雅达系统工程股份有限公司	4 113 690.09
37	皖工商公处字［2016］3 号	北京兆日科技有限责任公司	5 380 259.16
38	渝工商经处字［2016］15 号	重庆西南制药二厂有限责任公司	482 883.90
39	苏工商案［2016］00025 号	宿迁银控自来水有限公司	3 665 347.08
40	湘工商竞处字［2016］2 号	湖南盐业股份有限公司永州市分公司	698 300.00
41	豫工商处字［2016］第 14 号	固始县辰泰烟花爆竹专营有限公司	172 524.24
42	豫工商处字［2016］第 13 号	固始百盛花炮有限公司	172 524.24

序号	案号	被罚当事人	没收违法所得金额（元）
43	豫工商处字〔2016〕第 12 号	固始县烟花爆竹厂	172 524.24
44	豫工商处字〔2016〕第 11 号	固始兆祥烟花爆竹有限责任公司	172 524.24
45	鄂工商处字〔2017〕201 号	武汉新兴精英医药有限公司	1 836 900.00
46	川工商处字〔2017〕7001 号	四川久远银海畅辉软件有限公司	394 730.00

表 1-3　发改委并处罚款和没收违法所得的案件〔1〕

序号	案号	被罚当事人	没收违法所得金额（元）
1	暂无	山东潍坊顺通医药有限公司、潍坊市华新医药贸易有限公司	37 000.00
2	吉省价处〔2016〕14 号	吉化集团信息网络技术有限公司	528 230.00
3	暂无	湖北景琦医药新科技发展有限公司	2 255 065.50

表 1-4　市场监管总局并处罚款和没收违法所得的案件

序号	案号	被罚当事人	没收违法所得金额（元）
1	国市监处〔2018〕17 号	台山市新宁制药有限公司	1 360 900

---

〔1〕　发改委在 2013 年查处的"三星等液晶面板价格垄断案"中并处了罚款和没收违法所得，但其执法依据为《价格法》中的反垄断条款，并非《反垄断法》。

续表

序号	案号	被罚当事人	没收违法所得金额（元）
2	国市监处〔2018〕18号	四川金山制药有限公司	2 359 100.00
3	国市监处〔2018〕19号	成都华邑药用辅料制造有限责任公司	2 862 200.00

从罚款比例方面来看，在处以罚款且写明罚款比例或可推算出罚款比例的443家企业及个人主体中，[1]以1%为罚款比例受罚的企业或个人数量为132家，占比29.8%；以2%为罚款比例的为75家，占比16.9%；以3%为罚款比例的受罚主体为121家，占比27.3%；罚款比例为4%的23家，占比5.2%；罚款比例为5%的25家，占比5.6%；罚款比例为6%的9家，占比2%；罚款比例为7%的为18家，占比4.1%；罚款比例为8%的15家，占比3.4%；罚款比例为9%的1家，占比0.2%。[2]

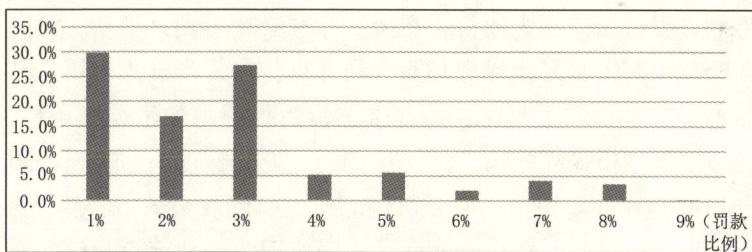

图1-1　反垄断行政处罚罚款比例统计表（2008年至2018年）

---

〔1〕　行业协会并非营利主体，没有销售额，因此没有罚款比例。

〔2〕　上述数据相加并非100%，是因为这里只统计了罚款比例为整数的情况。有些处罚决定书并未直接给出罚款比例，因此通过罚款金额和上一年度销售额计算得到的罚款比例并非整数。

（四）反垄断法公共实施的国内外联动情况

从全球范围来看，超过 110 个国家或地区已经制定了本国的反垄断法规，虽然法规名称略有不同，如我国称《反垄断法》、美国称《反托拉斯法》、欧盟称《竞争法》、德国称《卡特尔法》及日本称《公平交易法》等，规则虽大相径庭，但均重点规制各类卡特尔行为、经营者集中行为、滥用市场支配地位的行为等。

2013 年 11 月，我国国家发展和改革委员会宣布对高通公司（Qualcomm Incorporated）立案调查，调查内容是高通公司滥用在 CDMA、WCDMA 和 LTE 无线通信标准必要专利许可市场及 CDMA、WCDMA 和 LTE 无线通信终端基带芯片市场的支配地位，实施垄断行为。调查持续了近一年半，发改委于 2015 年 2 月作出处罚决定，认定高通公司在中国境内有三项垄断行为：一是当事人滥用在无线标准必要专利许可市场的支配地位，收取不公平的高价专利许可费；二是当事人滥用在无线标准必要专利许可市场的支配地位，在无线标准必要专利许可中，没有正当理由搭售非无线标准必要专利许可；三是当事人滥用在基带芯片市场的支配地位，在基带芯片销售中附加不合理条件，构成了滥用市场支配地位的违法行为。处罚额度为占高通公司 2013 年度中国境内销售额 8% 的罚款，共计 60.88 亿元人民币。继中国调查之后，韩国、欧盟、美国等国家和地区也相继宣布对高通进行调查或处罚。

2016 年 12 月，韩国公平贸易委员会（Faif Trade Commission of Korea，FTC）宣布高通公司在销售智能手机芯片及授权专利时妨碍市场自由竞争，决定对其处以 9.12 亿美元的罚款，这也创下了韩国反垄断史上的最高额罚金记录。高通公司宣布选择上诉，但韩国公平贸易委员会驳回了高通公司的上诉请求。

2015 年，欧盟反垄断机构（European Commission，CEC）发起对高通公司的调查，主要针对 2011 年至 2016 年期间高通滥用在 LTE 基带芯片组市场的支配地位来打压竞争对手的行为，具体表现为高通向苹果公司（Apple Incorporated）支付了数十亿美元，用于阻止苹果公司购买其竞争对手的相关芯片产品。欧盟反垄断机构决定对高通公司罚款 9.97 亿欧元（约合 12.3 亿美元）。

2017 年 1 月，美国联邦贸易委员会（Federal Trade Commission，FTC）起诉高通公司，指控其实施的排除、限制竞争的行为，包括附加不合理条件出售基带处理器；拒绝许可其竞争对手使用无线通信的标准必要专利，这一做法违背了 FRAND 承诺；与其合作伙伴苹果公司签订排他性协议。目前，本案仍在审理过程中，这一案件的结果可能将会对无线通信标准必要专利领域、基带处理器领域及智能手机市场产生深远影响。

表 1-5 美国高通公司在各国遭受反垄断处罚情况表

国家/地区	处罚时间	处罚数额
中国	2015 年	60.88 亿元人民币
韩国	2016 年	9.12 亿元美金
欧盟	2018 年	9.97 亿欧元
美国	-（仍在诉讼中）	-（仍在诉讼中）

随着经济全球化的发展，反垄断案件的违法行为及影响不仅限于一国，应突破区域性思维的局限，健全多辖区协同司法、协同执法机制，甚至建立全球性的反垄断执法机构。当前，国际经济贸易的冲突已经由单纯的贸易问题转为两国或多国间的竞争政策冲突，并且这种冲突日趋激烈。世界贸易组织（World

Trade Organization，WTO）在许多方面已经显得力不从心，我国应当在国际上积极倡导设立"国际竞争组织"，用于解决多国间的竞争政策冲突问题。

二、我国反垄断法公共实施的相关问题

公共实施对竞争政策的贯彻和倡导做出了巨大贡献，在执法力度、执法效率等方面都具有不可替代的优势，但从法律经济学角度考虑，其仍存在执法成本过大、违法成本过低等问题，主要表现在，行政执法过多地依赖罚款这一单一处罚方式，没收违法所得方式适用率较低，甚至在《反垄断法》修订中还存在关于没收违法所得相关规定的存废争论。在单处模式下，我国现有罚款的计算标准不能充分震慑垄断企业的违法行为；在并处模式下，也存在没收违法所得计算难度较大的问题。[1]具体不足之处主要表现在以下三个方面：

（一）罚款和没收违法所得的功能定位有待明确

法律制度的最终目标就是有效地震慑违法行为人，避免违法行为再次发生，主要体现在补偿和惩罚两种功能，两者缺一不可，不能偏废。罚款和没收违法所得同为行政处罚方式，其功能是否相同？分别是"补偿"还是"处罚"功能？一般认为，罚款侧重的是惩罚，是补偿受害者之后，具有惩罚意义的额外处罚。但没收违法所得手段的功能就不甚明了了，如果同为惩罚，就与罚款功能重复，是否可以替代？没收违法所得是否具有补偿功能？如果有，没收违法所得后如何合理地补偿消费者损失，使执法更加公平？如何将罚款和没收违法所得进行合理的组合搭配，从而使得执法兼具补偿和惩罚功能？

---

〔1〕 冯博："没收违法所得与罚款在反垄断执法中的组合适用"，载《法商研究》2018年第3期。

（二）罚款和没收违法所得的认定基数有待明确

我国《价格法》第 40 条规定，垄断企业被缴罚款数额为违法所得 5 倍以下。由此可见，罚款和没收违法所得的认定基数相同，皆为垄断企业上一年度的销售额。2008 年实施的《反垄断法》明确规定罚款的数额认定基数与《价格法》一致，仍旧为垄断企业上一年度销售额，但未清晰阐释违法所得的认定基数。根据文本解释，"违法所得"应是违法行为之所得，也就是通过违法行为而取得的收益，收益既包括收入的增加，也包括成本的减少。在食药安全、假冒伪劣产品案件中，行政机关出于效率和成本的考虑，多以"销售额"数值代替没收违法所得的认定基数。[1]但在垄断案件中，违法企业规模庞大，销售数额多以亿计，生产成本不容忽视，反垄断执法部门力求执法的科学性，以"利润"作为"所得"的计算基数，[2]但"利润"的计算指标适用的是会计利润。"利润"和"销售额"哪个才是没收违法所得的合理认定基数？会计利润能否准确表示垄断企业的违法利润？是否存在操作性更强且更为合理的近似替代方法？

---

〔1〕 在我国以往以及现行立法中，多将销售额作为没收违法所得的基数，比如《卫生部关于违法所得认定中有关问题的批复》（1996 年）认为，"违法所得额是指卫生行政部门在发现食品生产经营者违反《中华人民共和国食品卫生法》的行为时，经调查后而认定的该违法者的全部营业收入"；又如《国家工商行政管理局关于〈反不正当竞争法〉第二十三条和第三十条"质次价高""滥收费用"及"违法所得"认定问题的答复》（1999 年）第 1 条指出："……'违法所得'是指被指定的经营者通过销售质次价高商品或者滥收费用所获取的非法收益，主要包括下列情况：（1）销售不合格商品的销售收入；（2）超出同类商品的通常市场价格销售商品而多获取的销售收入；（3）应当收费而超过规定标准收费所多获取的费用；（4）不应当收费而收取的费用。"再如《国家工商行政管理局关于查处制造、销售假冒伪劣商品案件违法所得计算问题的答复》（1997 年已失效）中认为"计算行为人非法所得，不应扣除生产加工成本"等。

〔2〕 工商部门在进行没收违法所得时多以利润为基准。

（三）罚款和没收违法所得的认定期间应适当延长

根据《反垄断法》及相关指南，罚款数额的认定期间相对比较明确，为"上一年度"，但没有对"没收违法所得"的计算期间作出准确规定。在反垄断执法实践中，不同部门认定标准不一，发改委在"三星等液晶面板价格垄断案"中将"上一个年度"作为认定期间，而工商部门在"安徽信雅达等三家密码器企业垄断协议案"[1]中将"违法行为持续期间"作为认定期间。"上一年度"和"违法行为持续期间"的争议若不解决，将造成没收违法所得数额的巨大偏差。如果垄断企业违法行为多于一年，两种计算方法数值就会相差数倍。如只计算"上一年度"的违法所得，则对持续数年违法活动的企业的执法力度和惩戒效果可能会打折扣，最重要的是与"没收违法所得"这一处罚的根本目的背道而驰。

三、"没收违法所得"与"罚款"的功能定位

之所以对于罚款和没收违法所得两种反垄断执法手段存在认识误区，主要原因在于：一方面，两者的功能定位混淆不清；另一方面，现行法律法规对"没收违法所得"的规定并不具体、详实，实践中，各执法机构难以统一处罚标准。在这两个方面中，功能定位不清这一问题更为关键。功能定位是解决计算数额和两者组合适用等问题的前提与依据。欧盟、美国等国家及地区的反垄断法公共实施体系都是以罚款或罚金为核心，没收违法所得等其他处罚形式为辅助。罚款是一种经济制裁方式，是补偿受害者之后的额外处罚。没收违法所得在形式上虽然也是经济制裁，但实质上却是对违法者因实施垄断行为而获得的

---

[1] 皖工商公处字［2016］1号~3号。

违法收益进行追缴、没收和退还的行政处罚。广义的没收违法所得还包括"退还违法所得"和狭义的"没收违法所得"。前者是指反垄断执法机构将违法所得直接补偿给垄断受害者，这里的受害者一般为交易相对方等企业；后者是指行政机构将垄断企业缴纳的违法所得先收归国库，再通过国家财政转移支付对垄断受害者（包括直接购买者、间接购买者、竞争者）的损失进行间接补偿。因为违法所得来源于直接购买者、间接购买者或竞争者等垄断受害者，理应通过直接退还或财政转移支付的方式返回受害者。正所谓"违法所得是'取自于民'，当然要'返之于民'"。但是，在具体个案查处中，由于没收违法所得的数额认定标准比较模糊，专业性比较强，反垄断执法机构常常有意避免对没收违法所得的适用，单独实施罚款手段。但从法律经济学的角度来看，我们可以比较明确地阐述没收违法所得和罚款两者各自的经济学理论基础，为反垄断执法提供依据和参考。

厘清没收违法所得和罚款的功能定位，应了解其前因后果，前因是两者是为了震慑何种"垄断损害"而产生，后果是两者实现何种价值诉求。因此，在"垄断损害（垄断侵害和垄断损失）-行政处罚（没收违法所得和罚款）-法律目标（公平和效率）"的框架下我们可以明晰没收违法所得和罚款的特殊功能定位。框架的具体路径是：首先，明确垄断行为造成的社会福利损失（垄断损害）中哪些是消费者福利向生产者福利的转移（垄断侵害），哪些是社会总福利的净损失（垄断损失）；其次，根据垄断损害的不同性质确定采用没收违法所得还是罚款，或者组合适用；最后，评估采用的执法手段是否实现了"以最有效率的方式实现公平"的执法目标。

（一）垄断侵害和垄断损失的性质差异

垄断损害是指由某个限制竞争行为造成的，对社会福利、生产者福利、消费者福利造成的负面作用。以受害主体作为划分标准，这种负面作用可以被分为垄断对社会福利造成的影响、垄断对生产者福利造成的影响，以及垄断对消费者福利造成的影响。以侵害性质作为划分标准，负面作用可以被分为垄断侵害和垄断损失。当某个企业实施了一个排除竞争行为后，其借助垄断所带来的市场支配力的增强来提高产品或服务的价格，向消费者索取不公平高价，或是通过降低产量从而提高价格，此时"垄断收益"就产生了，对消费者和其他生产者带来了福利损失。但这部分福利损失并未消失，而是从消费者（或其他生产者）转移到生产者。因此，消费者福利向生产者福利的转移被称为"垄断侵害"。对于这部分违法所得，执法机构可以追缴、没收，消费者可以索赔。"垄断损失"也被称为垄断的无谓损失，是指垄断行为对社会总福利造成的"净损失"（Deadweight Loss）。[1]这部分损失并不是福利的转移，而是福利的无谓消耗。垄断损失由于难以分割，一般只能通过行政处罚的方式进行制裁。

（二）没收违法所得和罚款的功能差异

由于垄断侵害和垄断损失对福利影响上的差异，应根据性质选择不同的处罚手段。垄断侵害属于福利转移，其救济手段是"取之于民，返之于民"。垄断侵害归还的方式包括没收违法所得、退还违法所得及民事赔偿等。没收违法所得是反垄断执法机构收缴垄断企业的违法所得，再以财政转移支付的方式间接回馈社会或补偿消费者；退还违法所得是指反垄断执法机构收缴违法所得之后，通过正当程序直接将之归还给受害者，这里的在受害者多为直接购买者等企业，消费者由于人数众多，

---

[1]　垄断损失多表现为市场竞争环境的破坏、消费者选择权的减少、新企业的竞争市场进入限制、行业创新动力的衰退减弱等。

通常不适用退还违法所得；消费者让垄断企业"吐出违法所得"的方式，一般为反垄断民事损害赔偿。垄断损失是垄断对社会造成的福利净损失，这部分损失数额难以被准确界定，也难以找到合适的原告代替社会整体成员来求偿，因此垄断损失不适合通过民事诉讼来救济，更适合采用罚款来制裁。因此，没收违法所得的功能应定位于追偿垄断侵害，属于补偿性质；罚款的功能应定位于惩罚垄断损失，具有惩罚性质。[1]

2013年，国家发改委对韩国三星和LG公司、我国台湾地区的奇美、友达、中华映管和瀚宇彩晶公司这6家液晶面板企业的横向价格协议行为进行查处，退还违法所得1.72亿元，没收违法所得0.37亿元，罚款1.44亿元，处罚总金额高达3.53亿元人民币。这起案件虽然不是依据《反垄断法》而是依据《价格法》的反垄断条款进行处罚，但其处罚结构比较合理，初步体现出了不同处罚手段的功能与目的。退还违法所得1.72亿元和没收违法所得0.37亿元属于对垄断侵害的追偿，1.44亿元罚款是对垄断企业造成垄断损失的惩罚。我国的《反垄断法》只规定了没收违法所得和罚款两种处罚方式，缺乏退还违法所得的规定，有损没收违法所得的补偿性功能。

（三）没收违法所得和罚款的目的差异

没收违法所得来源于"任何人都不得从自己的过错行为中获利"的法哲学思想。对于这些"不义之财"，政府可以通过行政执法的方式没收，也可以直接退还给受害者，还可能间接通过转移支付的形式回馈给社会。美国政府可以在集体诉讼无法实施的情况下，采用没收违法所得的方式，将没收的金额用于行业竞争情况评估、竞争倡导、撰写白皮书等学术研究和公益活动。

---

〔1〕 冯博："没收违法所得与罚款在反垄断执法中的组合适用"，载《法商研究》2018年第3期。

罚款是在垄断企业将违法收益上缴之后额外被处罚的金额。[1]罚款通过对违法行为人的惩罚，避免类似行为再次发生。因此，没收违法所得的目的是公平，罚款的目的是效率。

垄断虽然与其他民事纠纷的性质一样都属于侵权或违约，侵害者和受害者在形式上是平等的市场主体，但在实质上，侵害者多为实力雄厚的大企业，受害者多为小企业或消费者，两者在经济实力、信息收集、取证能力等各方面都存在显著差距，存在"实质不公平"问题。没收违法所得是在民事诉讼不完善、集体诉讼缺失的情况下，政府代替消费者或小企业来维权，强制垄断侵害的返还，是为了维护消费者权利，营造公平竞争环境，以实现公平。但罚款是在没收违法所得之外对违法者的处罚，以警示违法者不要再犯，由于执法成本较低，计算方式简单，其目的侧重于效率。没收违法所得以补偿性为主，侧重维护公平；罚款以惩罚性为主，侧重维护效率。

四、"没收违法所得"与"罚款"的数额认定

在反垄断执法实践中，不应只重视"罚不罚"的法学定性，还应关注"罚多少"的经济学定量。罚款和没收违法所得数额是否合理，直接关系着法律实施的力度、概率和效率。没收违法所得和罚款的数额认定需要借助经济学工具，因此通常也是行政执法的难点之一，尤其是没收违法所得的数额认定存在法律规定笼统、执行标准模糊等问题，更是执法的最大难点。其实，判断某种行为是不是违法行为，属于什么性质并不困难，难点在于惩罚数额的合理确定。究其原因在于，处罚数额常常需要根据违法者的违法收益（如销售额、超额利润等）来计算

---

〔1〕 徐向华、郭清梅："行政处罚中罚款数额的设定方式——以上海市地方性法规为例"，载《法学研究》2006 年第 6 期。

违法成本（如罚款、罚金、赔偿），在此过程中难免会运用到经济学的分析理念和工具，这对于执法者或司法者而言是"高成本"的。但不应"避重就轻"或"避而不谈"，科学、合理的处罚金额才能够起到惩罚和教育违法企业的双重作用。因此，无论是从违法者还是从执法者的成本收益角度权衡考虑，都应该改变现有的"重法学定性，轻经济定量"的片面执法理念。

2016年，国家发展和改革委员会发布《关于认定经营者垄断行为违法所得和确定罚款的指南（征求意见稿）》。其中对没收违法所得和罚款的认定标准、影响因素等进行了规定，是《反垄断法》的细化、延伸，但也存在理论依据不实、可操作性差、技术难度高等问题，至今也未正式颁布。在明确了罚款和没收违法所得的功能定位之后，我们可以较为清晰地界定罚款和没收违法所得的对象、范围、基数和期间等重要因素。

（一）"没收违法所得"与"罚款"对象的确定

没收违法所得的对象是因垄断行为而获得的"违法所得"，但罚款的对象既包括"违法所得"，也包括"合法所得"，甚至有时"无所得"也会被罚款。某个企业实施了排除、限制竞争行为，其目的是"损人利己"，获得垄断利润就是"有所得"，但有时企业采用掠夺性定价策略时，也会暂时产生"损人不利己"的情况，这时企业"无所得"。尤其是在互联网领域，企业经常采用"免费策略""巨额补贴"等手段暂时不盈利或亏损，而抢占市场份额、排挤竞争对手。在"无所得"的情况下，就不能采取没收违法所得，但可能进行罚款。"所得"也许是"合法所得"或"违法所得"，再或"违法所得"和"合法所得"两者并存。没收违法所得的对象必须是"违法所得"，但是罚款的对象是全部销售额，全部销售额并不一定是"违法所得"，还可能是"合法所得"，甚至"无所得"也会有销售额。2016年工商部门查处的"山东省天元同泰会计师事务所临沂分所等 25 家会计事务所分割市场垄断案"[1]明确说明垄断企业目前无违法所得，但"有所得"，因此只判处了罚款。

（二）"没收违法所得"与"罚款"范围的界定

相关市场界定在反垄断执法中具有非常重要的地位，不仅关系着市场份额的计算和市场支配地位的认定，还决定了罚款和没收违法所得的范围。处罚范围与相关市场界定的关系表现在两个方面：第一，反垄断执法机构如果在案件违法性认定等环节已经进行了相关市场界定，处罚范围就是之前界定的相关市场范围。第二，若行政执法初始并没有进行相关市场界定，在确定处罚数额时不能省略该步骤。在横向垄断协议案件中，一般有垄断行为就可以认定其违法性，无须提前界定相关市场。但在计算处罚数额时还是要以相关市场为范围进行处罚。

因此，相关市场是处罚范围的基本标准，但有时候也会出现相关市场与独立法人相矛盾的情况，有些实施了垄断行为的企业为了规避《反垄断法》罚款计算条款的适用，每年都会成立一个新的子公司，新公司由于没有上一年的销售额而无法被罚款。在这种情况下，如能证明母公司对新成立的子公司有控制关系，并对子公司的排除、限制竞争行为施加了决定性影响，那么罚款的对象就应是处于同一相关市场的母公司和子公司。

（三）"没收违法所得"与"罚款"基数的确定

没收违法所得的基数是因垄断行为而获得的利润，不是全部的销售收入，也不是全部利润。这里的利润应是垄断利润，是会计利润超过正常利润的那部分超额利润。但是，超额利润计算起来比较困难，主要是成本无法估计。因此，可以基于没

---

[1] 鲁工商公处字 [2016] 第 1 号等。

收违法所得的功能定位，采用近似方法估算违法所得。违法所得在理论上是垄断企业对消费者和其他生产者福利的侵占，在数值上约等于遭受垄断侵害的消费者及其他生产者的损害赔偿额。侵害赔偿数额的计算遵循的是补偿原则。具体而言，就是对侵害进行补偿后的情况跟没发生侵害之前一样，也可以被称作"反事实（But for）原则"。[1]罚款是指在侵害赔偿之后，额外地让违法者承担惩罚性的经济制裁，以弥补社会福利的净损失。

我国现行《反垄断法》及相关指南规定，罚款基数为销售额的1%~10%。[2]其中，销售额是相关市场内企业实施垄断行为时获得的销售收入或营业收入，可以从企业损益表提供的财务信息获得。在销售收入核准之后，在1%~10%之间根据不同垄断行为、持续时间、影响程度、违法企业的配合程度以及是否已经没收违法所得等因素来确定罚款比例。欧盟地区对于罚款基数的规定比较详细，数值为相关市场销售额（或营业额）的0~30%（不包括0），并有多种调增、调减情节。（见表1-6）美国政府机构对垄断行为征收的罚金，与中国和欧盟的罚款功能类似，罚金的基数为受影响商业量（销售收入）的20%及与

〔1〕 损害赔偿的常用方法为前后比较法（Before-after comparisons）、以边际成本或平均成本替代法（Using marginal cost or average cost as a proxy for price）、相近市场类比法（Analogy using similar markets as an analogue）、经济计量结构模型模拟法（Structural econometric simulation of a competitive benchmark）、经济计量需求估计与市场模拟法（Econometric demand estimation and market simulation under imperfect competition）、简化型经济计量估计法（Reduced-form econometric estimation of price）。具体方法见后文。See J. A. Brander, "Ross T. W. Estimating Damages from Price-Fixing", *Litigating Conspiracy: an Analysis of Competition Class Action.*, 2006, pp. 342~360.

〔2〕 有的国家法律规定使用"销售额"，有的则使用"营业额"，其实二者本质一致，只是适用范围不同。销售额是增值税的计税依据，主要适用于销售动产（货物）以及加工修理修配劳务；而营业额是营业税的计税依据，主要适用于不动产、无形资产的销售以及加工修理修配业务以外的劳务。为便于论述，后文均用"销售额"一词。

犯罪点数的乘积。（见表 1-7）

表 1-6 欧盟反垄断行政罚款基数

罚款基数的主要部分	具体计算条款
罚款基数	相关市场销售额的百分比（0~30%）×垄断行为持续时间（年）（核心卡特尔为 15%~25%）。
调增	增加罚款比例情节：领导者、重犯或阻挠调查等。
调减	减少罚款比例情节：有限角色、立法授权或鼓励的行为。
服从总体限制	不超过营业额的 10%（每个违法行为的涉案企业或集团）。
最终的考量	宽大减免政策：第一个 100%；第二个 30%~50%；第三个 20%~30%；第四个 20% 以下。处罚对象实际承受能力调整。

资料来源：作者根据欧盟委员会发布的《欧盟竞争法罚款指南》整理。

表 1-7 美国反垄断刑事罚金基数

罚金基数的主要部分	具体计算条款
罚款基数	受影响商业量的 20%×乘数（犯罪点数对应的乘数）
犯罪点数	5±（影响因素对应增加/降低点数）
乘数	根据犯罪点数对应的确定最小和最大乘数
服从总体限制	乘数 ⩾ 0.75
最终的考量	涉案企业的实际支付能力

资料来源：笔者根据 UUSG § 2R& § 8C 自行整理。

（四）"没收违法所得"与"罚款"期间的框定

我国《反垄断法》对于罚款期间规定得比较明确，即为

"上一年度"。基于没收违法所得的补偿功能，其适用期间应为违法行为持续期间，但在实践中存在适用期间与追溯制度、会计准则的协调问题。第一，没收违法所得的违法行为持续期间应是指自侵害发生之日起至侵害终止之日终。在反垄断行政机构作出处罚决定时，如果企业已经终止实施垄断行为，机构就应该援引《行政处罚法》第 29 条关于"除斥期间"的规定，违法行为终止多于 2 年的，不进行处罚。如果违法行为连续，2 年的除斥期间是从违法行为终止之日向后推算 2 年。另一个需要注意的问题是垄断行为发生的时间未必是侵害发生的时间，垄断行为发生的时间多表现为垄断协议达成之日，但是，侵害并非同时发生。第二，罚款的适用期限为"上一年度"，这里的"上一年度"是指上一会计年度，由于《企业会计准则——基本准则》规定会计年度为日历年度，所以上一年度也是上一日历年度。但我国《反垄断法》在域外效力方面，处罚对象包括外资企业、跨国企业、企业集团等，其总公司或主要营业地一般在国外，分支机构遍布全球，总公司或主要经营所在地使用的会计准则与中国不同。[1] 因此，"上一年度"是指企业主要经营所在地的上一会计年度，而非企业注册地或垄断行为发生地的上一年度。

综上所述，罚款和没收违法所得的数额认定需要经过确定对象、范围界定、基数计算和期间框定这四个环节，我们可以基本得出我国处罚手段的认定标准："没收违法所得"是企业在垄断行为持续期间获得的超额利润，数值上约等于损害赔偿额。[2]

---

〔1〕　中国采取会计年度与日历年度一致的"历年制"；英国、日本、新加坡等采用"4 月到次年 3 月制"；澳大利亚、瑞典、埃及等采取"7 月至次年 6 月制"；美国、泰国等采用"10 月至次年 9 月制"；等等。

〔2〕　冯博："没收违法所得与罚款在反垄断执法中的组合适用"，载《法商研究》2018 年第 3 期。

"罚款"是企业在上一会计年度销售额的 1%～10%。其是基于没收违法所得的补偿功能和罚款的惩罚功能而得出的两者数值的计算标准。因此,两者数额之和才是处罚总额,两者不可相互替代,亦不可偏废。

第二章 | 我国反垄断法私人实施的现状及问题

我国《反垄断法》遵循"公共实施"和"私人实施"共存的二元机制。私人实施是指受到垄断侵害的自然人、法人及其他组织向法院提起民事诉讼,由法院判决是否违法及赔偿数额等。由于我国现有法律法规并未规定垄断行为的刑事责任,也尚未出现垄断纠纷的公益诉讼案件。因此,本书中所指的私人实施的救济手段为"民事损害赔偿诉讼"。公共实施与私人实施二元机制各有侧重,独具功能,但两者也存在着不少实践难题:公共实施受制于执法资源,且受害者无法直接获赔;私人实施中单个受害者损失较小,举证难度很大,诉讼利益微薄。

一、我国反垄断法私人实施的现状

(一) 我国反垄断法私人实施概况

反垄断法私人实施主要是指反垄断私人诉讼。截至 2018 年底,全国各级人民法院共审结垄断民事纠纷案件 359 件,其中终审案件 276 件,2017 年以前处于逐年上升趋势。[1](如图 2-1)

---

〔1〕 与反垄断行政执法案件相比,反垄断民事诉讼案件整理难度较大,各种渠道披露的数据也不尽相同,根据最高人民法院知识产权庭官方披露的数据,截至 2016 年底审结的反垄断民事诉讼案件为 522 件。林文、甘蜜在 2017 年出版的《中国反垄断行政执法和司法报告(2016)》中披露的数据为:截至 2016 年底,反垄断民事诉讼案件为 117 件。该报告在参考了各种文献之后,逐一阅读案例全文,对数据进行了筛选和剔除,最终统计结果为 276 件,主要理由在于:第一,将一审、二审、再审案

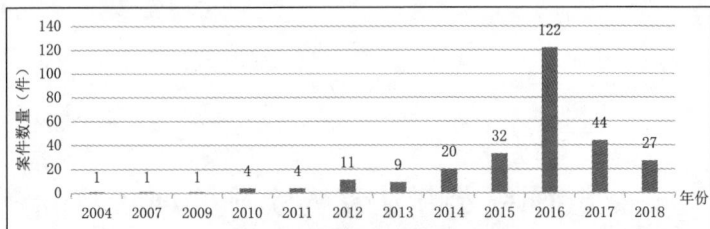

图 2-1　反垄断民事诉讼案件数量

从地域分布来看，案件审理地在北京市、上海市、江苏省、浙江省、广东省这五个地区的案件约占总案件的 63%，均为经济发达的省市，随着市场经济的发展，垄断问题逐渐显现。因此，为维护市场经济的良性发展，经济发达地区对垄断现象的法律规制也会更加严格，同时这些地区的"私人"具有更强的维权意识，也具备对诉讼成本的负担能力，因此，这些地区的反垄断民事诉讼案件比较多。

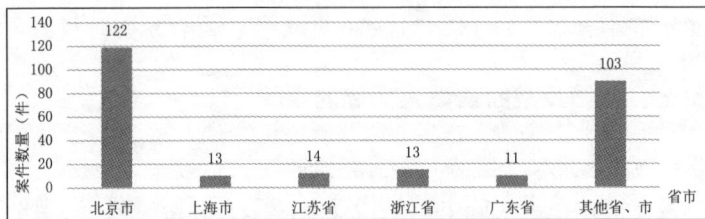

图 2-2　反垄断民事诉讼案件地域分布

（接上页）件作为一个案件统计；第二，由于反垄断案件的立案理由比较复杂，经常以合同纠纷等案例立案，报告统计了案由是合同纠纷、不正当竞争纠纷，以及在抗辩或判决中涉及垄断问题的案件；第三，有些案件虽然标题看起来是垄断纠纷，但是实际并不是垄断纠纷，比如 2016 年，江西省修水县人民法院判决了"陈某甲诉王某某经营者集中纠纷案"（［2016］赣 0424 民初 2180 号），本案的案由虽然是经营者集中，但实际是企业联营案件，并不是《反垄断法》意义上的经营者集中；第四，有些案件并没有公开，通过公开渠道无法查询到。2017 年案件数量较少的原因在于，2017 年一审结的案件，很多还在二审之中并未审结。

　　从涉及行业来看，在统计的 276 个案件中共涉及 33 个行业，[1]其中属于计算机、通信行业的案件有 132 件，占 48%；属于零售业的案件有 23 件，占 8%；非金属矿物制品业案件有 12 件，占 4%；商务服务业案件有 11 件，占 4%；医药制造业案件有 10 件，占 4%；其他行业类案件有 88 件，占 32%。

　　(二) 我国反垄断私人诉讼主体情况

　　1. 反垄断私人诉讼原告分布

　　反垄断私人诉讼主要是指受到垄断侵害的法人、自然人及其他组织向人民法院提起的个别和共同民事诉讼案件。[2]反垄断私人诉讼的适格原告范围广泛，从法律属性看既包括自然人也包括法人和其他组织，从所有制形式看可以分为私营企业、国有企业、外资企业等，从法律关系看包括竞争者、直接购买者、消费者等。原告主体性质是法人的案件有 184 件，占总案件数量的 67%，原告主体性质是个人的案件有 90 件，占 32%，原告主体性质为行业协会的案件有 2 件，占 1%。[3]

　　2. 反垄断私人诉讼原告代理人分布

　　反垄断私人诉讼的原告代理人包括代理律师及普通诉讼代理人。原告委托代理人 (非律师) 的案件最多，达到 91 件，占 33%；其次是原告委托律师作为诉讼代理人的案件 75 件，占 27%；原告同时委托律师和非律师共同作为诉讼代理人的案件 30 件，占 11%；另有 80 起案件的判决书中没有出现原告诉讼代

---

　　[1]　行业分类按照中华人民共和国国家标准《国民经济行业分类 (2017)》二级分类进行的统计。

　　[2]　冯博：“反垄断民事诉讼的法律经济学分析——以最高人民法院第 79 号指导案例为视角”，载《财经理论与实践》2018 年第 2 期。

　　[3]　在反垄断民事诉讼中，原告主体资格往往具有较大的争议，一个焦点问题是是否允许间接购买者提起反垄断民事赔偿诉讼。在“田某伟诉雅培贸易 (上海) 有限公司垄断纠纷案”中，法院认可间接消费者具有诉讼主体资格。

理人，占 29%。与中国的情况不同，在美国，由于反垄断私人诉讼具有专业性和复杂性，反垄断诉讼代理律师在反垄断法实施中具有核心的地位，很多反垄断民事诉讼都是律师主导的。

3. 反垄断私人诉讼被告分布

反垄断私人诉讼被告多为实力雄厚的大型企业，性质为国有企业的案件有 129 件，占总案件数的 47%；被告主体性质为私有企业的案件有 101 件，占 36%；被告主体性质为个人的案件有 19 件，占 7%[1]；被告主体性质为中外合资的案件有 8 件，占 3%；被告主体性质为全外资企业的案件有 9 件，占 3%；被告主体性质为行政机关的案件有 5 件，占 2%；被告主体性质为行业协会的案件有 3 件，占 1%；被告为事业单位的案件有 2 件，占 1%。

（三）我国反垄断私人诉讼审判情况

从案由方面来看，案由为垄断纠纷的案件有 151 件，占 54.7%；案由为合同纠纷的案件有 105 件，占 38.1%；案由为侵权纠纷的案件有 7 件，占 2.5%；案由为确认合同效力纠纷的案件有 7 件，占 2.5%；案由为不正当竞争的案件有 5 件，占 1.8%；案由为不当得利纠纷的案件有 1 件，占 0.4%。

在审结的 276 个案件中，法院最终认定构成垄断行为的案件只有 19 件，占 7%；另外的 257 件均为不构成垄断，占 93%。在构成垄断行为的 19 个案件中，构成滥用市场支配地位的案件有 8 件（见表 2-1）；构成横向垄断协议的案件有 9 件（见表 2-2）；构成纵向垄断协议的案件有 2 件（见表 2-3）。

---

〔1〕 很多垄断案件是以合同纠纷立案，垄断成了被告的抗辩理由，这时被告可能是个人，而具有垄断嫌疑的当事人为原告。

表 2-1　被告构成滥用市场支配地位的案件一览表

序号	案件号	案件名称	具体类型
1	［2013］粤高法民三终字第 306 号	华为技术有限公司诉交互数字技术公司、交互数字通信有限公司、交互数字公司滥用市场支配地位纠纷上诉案	独占市场；搭售
2	［2014］周民终字第 190 号	项城市电视台、项城市亿嘉置业有限公司与被项城市金地置业有限公司、河南省恒宇置业有限公司、项城市明建房地产开发有限公司、河南信德房地产开发有限公司、河南赟金置业有限公司确认合同无效纠纷案	拒绝交易
3	［2015］冀民三终字第 78 号	陈某增因与被上诉人大城县华港燃气有限公司不正当竞争纠纷案	捆绑交易
4	［2015］浙杭商外终字第 57 号	上海万延实业有限公司与华润万家生活超市（浙江）有限公司买卖合同纠纷案	附加不合理条件
5	［2016］最高法民再 98 号	吴某秦与陕西广电网络传媒（集团）股份有限公司垄断纠纷案	捆绑交易
6	［2016］渝 01 民终 1156 号	湖南湘百合药业有限公司与重庆青阳药业有限公司买卖合同纠纷案	拒绝交易
7	［2017］鲁 0782 民初 868 号	魏某洲诉王某阳其他所有权及与所有权相关权利纠纷案	附加不合理条件
8	［2017］湘 0424 民初 442 号	衡东县吴集镇龙门前页岩砖厂诉衡东县领先建材有限公司租赁合同纠纷案	限定交易

表 2-2 被告构成横向垄断协议的案件一览表

序号	案件号	案件名称	具体类型
1	［2011］娄中民一终字第 371 号	陈某葵与刘某峰财产侵害赔偿纠纷案	分割销售市场
2	［2015］郴民二终字第 67 号	汝城县捷运达渣土运输有限公司与汝城县运发渣土运输有限公司、汝城县新俊渣土运输有限公司、郴州市龙胜渣土运输有限公司联营合同纠纷案	分割销售市场
3	［2013］高民终字第 4325 号	北京市水产批发行业协会（简称水产批发协会）垄断纠纷案	固定或者变更商品价格
4	［2015］长民二初字第 378 号	李某伟与金某山庆典服务合同纠纷案	固定商品价格
5	［2015］康民二初字第 2845 号	赣州世鸿气体有限公司等诉赣州市南康区金鑫工业气体有限公司合同纠纷案	固定商品价格；分割销售市场
6	［2016］新 43 民终 169 号	屈某玉与孙某东、杨某学、邱某佳、何某华、马某苓、方某华合同纠纷案	限制商品的生产数量或销售数量
7	［2016］豫 03 民终 1923 号	王某朋与郑某红、常某晶确认合同无效纠纷案	分割销售市场
8	［2016］苏 12 民终 1749 号	蔡某林等与冯某俊合同纠纷上诉案	固定商品价格
9	［2015］宣中民二终字第 00146 号	郎溪县混凝土行业协会与郎溪宇方混凝土搅拌有限公司不当得利纠纷案	分割销售市场

表 2-3 被告构成纵向垄断协议的案件一览表

序号	案件号	案件名称	具体类型
1	[2012] 沪高民三（知）终字第 63 号	北京锐邦涌和科贸有限公司与强生（中国）医疗器材有限公司纵向垄断协议纠纷案	限定向第三人最低转售价格
2	[2016] 湘 13 民终 1405 号	冷水江市宇元建筑材料制造有限公司等诉冷水江市长城贸易有限公司合同纠纷案	固定向第三人转售商品价格

（四）我国反垄断私人诉讼赔偿情况

在统计的 276 件反垄断民事诉讼案件中，判决被告承担民事赔偿责任的案件仅有 7 件，占 3%。（见表 2-4）其余占 97% 的 269 件案件法院均未支持原告要求被告承担民事责任的诉求。

表 2-4 判决被告承担民事赔偿责任的案件一览表

序号	案件号	案件名称	判决被告赔偿金额/元	判赔理由
1	[2012] 沪高民三（知）终字第 63 号	北京锐邦涌和科贸有限公司与强生（中国）医疗器材有限公司纵向垄断协议纠纷案	530 000	2008 年上诉人的正常利润因缝线产品销售额减少造成损失人民币 530 000 元
2	[2013] 粤高法民三终字第 306 号	华为技术有限公司诉交互数字技术公司、交互数字通信有限公司、交互数字公司滥用市场支配地位纠纷上诉案	20 000 000	法院在考虑三被告所实施的侵权行为的性质、实施侵权行为时的主观过错程度以及侵权行为给原告所造成损失的严重程度，酌定三被告赔偿原告垄断民事侵权损失人民币 20 000 000 元

序号	案件号	案件名称	判决被告赔偿金额/元	判赔理由
3	[2013] 衢江商外初字第1号	大陆马牌贸易（上海）有限公司与宁某燕联营合同纠纷案	17 079	按照双方合同约定被告应当赔偿原告的是其装修费用的20%即85 395元×20%＝17 079元
4	[2015] 一中民（商）终字第9787号	北京天阳宏业软件技术有限公司与天逸财金科技服务（武汉）有限公司合同纠纷案	684 840	天逸财金科技服务（武汉）有限公司针对农业银行项目产品部分和客户化开发部分的损失数额为474 840元，针对渤海银行项目的损失数额为210 000元，合计为684 840元
5	[2015] 云高民三终字第35号	封某与保山恒易商业管理有限公司租赁合同纠纷案	20 000	根据恒易商业管理有限公司之缔约过错程度及其影响，酌情判处其向封某支付的损害赔偿金为人民币20 000元
6	[2015] 嘉海知初字第44号	海宁中国皮革城股份有限公司诉咸宁市天成投资有限公司等不正当竞争纠纷、侵害商标权纠纷案	840 000	法院根据咸阳市天成投资有限公司等三被告实施侵权行为的具体情况，酌定三被告赔偿海宁中国皮革城股份有限公司经济损失人民币840 000元
7	[2016] 最高法民再98号	吴某秦与陕西广电网络传媒（集团）股份有限公司捆绑交易纠纷案	15	被告陕西广电网络传媒（集团）股份有限公司收取原告吴某秦数字电视节目费15元的行为无效，应予返还

二、我国反垄断法私人实施的不足

(一) 消费者提起反垄断民事诉讼较少

根据上文的统计数据，反垄断私人诉讼的适格原告具有复杂性，包括私营企业、外资企业、行业协会及自然人，其中，法人占六成，自然人占三成。其中，自然人尤其是消费者提起反垄断民事诉讼具有很大的制度障碍，消费者通常属于间接购买者，并不是垄断企业的合同相对方，很难认定其是否为垄断纠纷的直接利害关系人。作为间接购买者的消费者是否为适格原告，在理论界和司法界一直莫衷一是。直到 2014 年，北京市知识产权法院判决了"田某伟诉雅培贸易 (上海) 有限公司垄断纠纷案"，[1]认可了间接购买者的诉讼主体资格，但是，此案终端消费者以败诉告终。立法缺失和司法障碍造成我国消费者极少提起反垄断私人诉讼。美国反垄断民事诉讼初期，适格原告主要为直接购买者，随着集体诉讼制度的不断完善，如今间接购买者[2]成了反垄断私人救济的重要主体。直接购买者一般是指垄断企业的直接交易方，在多数情况下是企业，在产业链比较短的情况下，可能是消费者；间接购买者不是垄断企业的直接交易方，一般是终端消费者。现今，美国司法判例认定间接购买者和直接购买者都具有诉讼主体资格，间接购买者已经成为美国反垄断集体诉讼的重要主体。

---

〔1〕 北京市高级人民法院 ［2016］京民终 214 号民事判决书。
〔2〕 美国法院通过两个判例确立了间接购买者的诉讼权能。第一个案件是 1968 年的"汉诺威鞋案" (Hanover Shoe, Inc. v. United Shoe Machinery Corp)，第二个案件是 1977 年的"伊利诺伊砖块案" (Illions Brick Co. v. Illions)。间接购买者和禁止转嫁抗辩共同构成了美国法院在间接购买者诉讼方面的两个重要规则。与此同时，《违反欧盟反垄断规则的损害赔偿诉讼绿皮书》承认了直接购买者和间接购买者的诉讼地位，而且允许转嫁抗辩。

（二） 众多消费者共同提起的民事诉讼更少

垄断纠纷不同于普通的民事纠纷，其侵害范围不是一两个人，而是众多消费者。由于反垄断民事诉讼原告数量较多，多以集体诉讼形式出现。我国虽然尚未引入集体诉讼，但也有共同诉讼、代表人诉讼等处理群体纠纷的争端解决机制。目前，在反垄断法领域，我国还没有一起共同诉讼或代表人诉讼，均以个别诉讼的形式出现。例如，被最高人民法院列为第 79 号指导性案例的"吴某秦诉陕西广电网络传媒（集团）股份有限公司垄断案"[1]（以下简称"吴某秦案"）就是最具代表性的反垄断个别诉讼案件。吴某秦作为消费者单枪匹马状告国有企业陕西广电集团存在垄断行为，最后获得了胜诉。但是，陕西广电集团捆绑销售行为的受害者远不止吴某秦一人，其他消费者并没有在指导性案例的示范下积极提起民事诉讼。众多消费者选择"息事宁人"会纵容垄断企业的违法行为。

（三） 反垄断民事诉讼的胜诉概率较低

在我国的反垄断民事诉讼中，认定构成垄断并胜诉的只有 19 起案件，胜诉率只有 7%，远远低于合同、侵权等普通民事纠纷案件。在胜诉的 19 起案件中，原告一般都是法人，在法律关系上属于直接购买者或竞争者，这两类主体在经济实力、举证能力、诉讼利益方面均优于普通消费者。企业间的诉讼在一定程度上有益于维护竞争，但也有竞争者相互倾轧之嫌。自然人作为原告提起诉讼，很难胜诉，有一定社会影响的案件皆以败诉告终。（如表 2-5）在众多败诉案件中，"吴某秦案"的胜诉格外引人注目并发人深思，此案成了反垄断法领域为数不多的具有法律约束力的指导性案例。

---

[1] 最高人民法院 ［2016］ 最高法民再 98 号民事判决书。

表 2-5　典型自然人反垄断民事诉讼案件情况

序号	案号	案件名称	具体类型	判决结果
1	[2015] 沈中民三终字第 00849 号	蔡某富诉中国联合网络通信有限公司垄断案	滥用市场支配地位	败诉
2	[2015] 株中法民二终字第 31 号	刘某许诉库尔勒天山雪域棉业有限责任公司垄断案	横向垄断协议	败诉
3	[2014] 粤高法民三终字第 1141 号	顾某诉中国南方航空股份有限公司垄断案	滥用市场支配地位	败诉
4	[2013] 乌中民二终字第 154 号	张某欣诉三星电子数码打印机有限公司限定交易案	滥用市场支配地位	败诉
5	[2013] 郑民再终字第 169 号	窦某林诉巩义市供电公司垄断案	滥用市场支配地位	败诉

（四）个别消费者提起民事诉讼举证难

在反垄断民事诉讼中，原告胜诉率低的主要原因在于反垄断私人诉讼的举证难度较大。例如，在"刘某华诉湖南华源实业有限公司垄断纠纷案"中，[1]法院以原告举证不足为由判决驳回上诉，维持原判。相关规定也只是对举证责任作了比较笼统、抽象的解释。在诉讼实践中，消费者在案件举证中还存在很大的困难：第一，垄断纠纷的证据多数属于商业秘密或内部协议，作为间接购买者的消费者一般很难获取；第二，我国证据开示制度不完善，民事诉讼中难以直接援引行政执法中所认定的证据；第三，反垄断纠纷与其他侵权纠纷不同，证据的解

---

〔1〕　湖南省高级人民法院 [2012] 湘高法民三终字第 22 号民事判决书。

释需要大量的经济学分析，针对相关市场界定、替代性分析等专业性极强的内容，普通消费者几乎无法提出有力的证据。

（五）反垄断诉讼律师和专家证人稀缺

反垄断法作为一门专业性很强的法律，在反垄断私人诉讼中更需要专业的反垄断律师。真正具备反垄断法律知识、经济学背景，熟悉中国制度环境并且具有国际视野的律师可在反垄断诉讼中承担起立案、举证、庭审、经济学分析、参与和解、协助执行等重要工作。在美国的集体诉讼中，律师更是主导人物，可以起到组织原告、有效通知等极其重要的作用。目前，我国从事反垄断诉讼实务的专业律师集中于北京市、上海市、广东省等经济发达区域，专业律师地域化明显。其他区域的消费者在提起反垄断民事诉讼时通常难以得到专业律师的帮助，导致案件胜诉率低，难以维护众多消费者的合法权益和市场的公平竞争。

在反垄断民事诉讼中，除了专业律师之外，还需要权威的经济学家或咨询机构作为专家证人对相关市场界定、替代性、规模效应、竞争效应等专业内容做大量的经济学分析，并接受双方的质证。目前，我国的权威专家证人极为稀缺。

（六）反垄断诉讼法院适用法律不明晰

如上文所述，我国的反垄断案件通常不是以"垄断"为案由立案的，而是以"合同纠纷""不正当竞争"等案由立案。"垄断"通常是违约方的抗辩理由，法院在审理后如果认为确有垄断情节，就会把原案件认定为"垄断纠纷"，变更案由和适用法律。在垄断协议案件中，通常会出现《合同法》和《反垄断法》竞合问题；在滥用市场支配地位案件中，通常直观地表现为消费者物质利益、选择权等受到侵害，深究原因才是垄断所致。这时便会出现《消费者权益保护法》和《反垄断法》竞合问题。《反垄断法》《合同法》和《消费者权益保护法》三法之间，在动机、范围、成本、原则、机构等方面存在显著的区别。（见表2-6）从法学角度来讲，《反垄断法》有"经济宪法"之称，调整的法律关系和维护的法益较《合同法》和《消费者权益保护法》更为广泛；在产业组织理论中的"结构-行为-绩效"的 SCP 范式中，《反垄断法》主要是结构调整，《合同法》和《消费者权益保护法》侧重于行为控制。由此可见，当《反垄断法》与其他法律发生竞合时，《反垄断法》应被优先适用。

表2-6　三法特征比较

	合同法	消费者权益保护法	反垄断法
动机	维权动机较强，几乎无"搭便车"	维权动机较强，存在轻微"搭便车"	维权动机较弱，存在严重"搭便车"
范围	只限于合同相对方	消费者	竞争者、直接购买者、间接购买者等广泛主体
成本	低、专业性弱	低、少许专业性	高、专业性强
原则	补偿原则	补偿兼惩罚原则	震慑原则
目的	维护个人利益	维护消费者利益	维护社会利益
机构	均为司法机关	司法机关为主，行政机关为辅	行政机构为主，司法机关为辅

通过对《反垄断法》实施十余年来的民事诉讼案件的梳理我们可以发现，起诉动力弱、消费者难合力、举证责任繁重、胜诉率低下等原因严重影响了竞争政策的实施效率。反垄断民事诉讼是反垄断法实施最重要的手段，也是发挥私人力量维护市场竞争的主要途径。与竞争者提起的反垄断民事诉讼相比，消费者积极维权更有利于弥补消费者福利，提升社会整体利益，

有助于震慑垄断企业的违法行为，维护市场的有效竞争。

三、反垄断法私人实施的功能定位

我国《反垄断法》的私人实施手段主要是反垄断私人诉讼。但从审结的民事诉讼和行政执法案件来看，行政案件数量和处罚数额均高于民事诉讼的结案数和赔偿数额，并且存在"以罚代赔"的现象。其主要原因在于，对民事诉讼的功能认识不清。

如图 2-3 所示，威廉姆森兼并福利权衡模型展示了假如有一个企业在经营者集中或其他垄断行为发生前市场结构是完全竞争的，在经营者集中或其他垄断行为发生后，市场结构是完全垄断的。

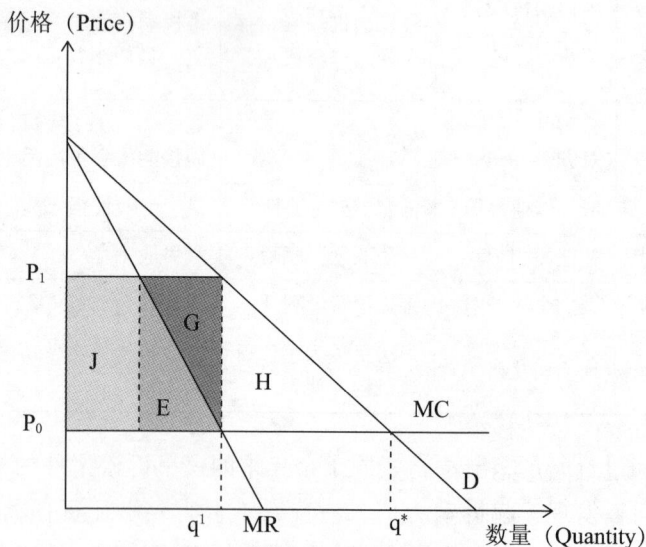

图 2-3 威廉姆森兼并福利权衡模型

图 2-3 中的横轴表示数量，纵轴表示价格，D 是经营者产品或服务的市场需求，MR 为边际收益，假定边际成本为常数。

实施垄断行为前，该经营者的边际成本为 MC，竞争价格为 P_0，均衡产量为 q^*；实施垄断行为之后，效率并未提升，经营者的边际成本依旧为 MC，垄断价格为 P_1，均衡产量下降为 q^1。通过比较前后两种情形我们可以发现，企业限制竞争行为会带来两种效应：一方面是效率效应，体现在生产成本的减少，规模效应的发挥；另一方面是垄断效应，表现在企业市场实力的增加，造成垄断能力的增强。在完全竞争市场中，价格等于"边际收入"（Marginal Revenue），此时价格是由市场机制决定的。然而在完全垄断的情况中，价格则是由垄断者制定的。在效率效应下，生产效率提高，单位成本下降，价格可能下降；但在垄断效应下，企业市场支配力提升，可能会抬高价格。一个企业的垄断行为并不是"当然违法"，只有这个行为造成的"垄断效应"高于"效率效应"，产生垄断侵害时才会被认定为违法行为。

上文所述，"垄断损害"是指对社会总福利的影响，不仅是行政机关判断某个行为是否违法的主要认定标准，也是法院裁量某个行为是否违法的审判要点。垄断损害包括垄断侵害和垄断损失两部分，前者对应着图 2-3 中的 J+E+G 部分，呈现矩形状，对于这部分损失，就是消费者民事诉讼请求的侵害赔偿；[1]后者也被称为垄断的无谓损失，是指垄断行为对社会总福利造成的"净损失"（Deadweight Loss），这部分损失既没有转移给生产者也没有转移给消费者，而是成了社会总福利的无谓净损失，对应着图 2-3 中的 H 部分，呈现三角形状，也被称为净损失三角形。垄断损失由于难以分割，一般只能通过罚款的方式进行制裁。

由此可见，对于垄断行为的震慑，不光是挽回社会福利净

---

[1]　这一部分也可以通过没收违法所得来体现。

损失部分，更应该重视垄断侵害的求偿，这一部分就需要反垄断私人诉讼制度。但是值得注意的是，J+E+G 部分不是一个消费者的垄断侵害，而是所有受害者的垄断侵害。因此，个别诉讼不能有效地挽回垄断侵害，只有全体受害者共同提起民事诉讼才能获得整个矩形部分的垄断损失。

第三章 | 从二元机制的不足来看集体诉讼的必要性

一、从公共实施的不足来看集体诉讼的必要性

在明确了没收违法所得和罚款的功能定位和计算标准之后，我们可以发现单独适用任何一个处罚方式都很难实现有效震慑，唯有将二者组合适用才能达到公平和效率兼顾的目标，实现反垄断法维护市场竞争秩序的目的。近年来，对于没收违法所得的争议不断，一些反垄断执法机构极少适用，也有学者主张"没收违法所得"应在《反垄断法》中废除，以罚款替代。其主要依据在于欧盟的反垄断法公共实施中只有罚款，没有没收违法所得。美国反垄断法的公共实施中除了罚金之外，虽然有没收违法所得，但极少适用，只有在反垄断机构无法提起集体诉讼时才会实施。法律对某种违法行为的震慑来源于惩罚总额，不应只局限于公共实施或私人实施的单一方式。如果仅从其他国家或地区公共实施的处罚方式种类看，就主张取消没收违法所得难免有失偏颇和草率。第一，欧盟和美国的罚款（或罚金）的计算标准与我国不同。美国罚金的基数比例为20%，欧盟罚款基数的最高比例为30%，都高于我国10%的最高比例。第二，欧盟和美国的罚款（或罚金）的计算期限都是违法行为持续期间，而不仅仅是上一年度。第三，欧盟和美国反垄断法实施机制除了公共实施和私人实施之外，都规定了集体诉讼制度，尤

其是在美国集体诉讼的实施频率和赔偿数额远远高于公共实施。因此，美国或欧盟虽然极少适用或根本没有没收违法所得这种处罚方式，但是集体诉讼、行政罚款等手段中都包含了没收违法所得的功能。我国在罚款力度较小、集体诉讼缺失、私人诉讼无力的情况下，现阶段不能轻易取消没收违法所得处罚手段。但没收违法所得毕竟存在计算难度大、执法成本高等局限，我国应从国际经验和本土资源出发，尽快引入集体诉讼制度，统筹公共实施、私人实施和集体诉讼三元机制，从惩罚总额和实施成本角度来研究没收违法所得的存废以及与其他实施方式的组合适用问题。

（一）集体诉讼与没收违法所得在目的上殊途同归

集体诉讼与没收违法所得虽然分属公私两个法域，前者属于民事诉讼程序，后者属于行政处罚手段，但功能却是殊途同归，其目的都是将"取之于民"的违法所得"还之于民"，只不过集体诉讼是受害者起诉到法院请求垄断者赔偿损失，让违法所得直接返还受害者，没收违法所得是反垄断执法机构收缴垄断者违法所得之后，再间接回馈给社会和受害者。集体诉讼与没收违法所得相比，有几点优势：第一，在实施成本上，没收违法所得的实施成本包括调查成本、执行成本等，这些由国家财政承担，但集体诉讼的实施成本由原告的代表律师先行承担，待胜诉之后从所获赔偿中支付，集体诉讼占用政府资源较少，可以内化为私人成本；第二，在激励主体上，集体诉讼制度的律师费采用风险代理，律师有很大动力发觉垄断行为、起诉垄断企业和执行垄断赔偿，原告基本不用承担任何集体诉讼成本，但却可以在胜诉后直接获赔，原告也会积极参与集体诉讼，但没收违法所得手段基本对消费者等受害群体没有激励功能，可能只对竞争对手有些激励，但更多地支持竞争者，会产生《反垄断法》不是保护竞争，而是保护竞争者的质疑；第三，在违法所得返还方式上，集体诉讼中违法所得返还的对象特别明确，就是集体诉讼的原告，返还路径比较直接，返还效率比较高，但没收违法所得手段的返还对象非常模糊，行政机关无法准确界定哪些是受害者，权宜之计就是把违法所得回馈给整个社会，将受害集体与社会全体相混淆，而且违法所得在财政转移支付过程中难免耗损，返还效率不高；第四，在查处概率上，由于集体诉讼的激励性，面对违法行为存在"官不究、民不究、律师究"的情况，律师比普通消费者、竞争者及行政机关有动力、有能力、有精力发现并追究垄断行为，但没收违法所得通常受到行政资源掣肘，只能查处情节最严重、社会影响力最大、涉及范围最广泛、民众舆论最激烈的重大案件，执法概率较低；第五，在实施难度上，没收违法所得的计算难度较大，很难准确界定哪些是违法所得，但集体诉讼中请求的侵害赔偿额比较容易计算，也有操作性强、实施成熟的计算方法。通过实施效果和实施成本的双重考虑，集体诉讼比没收违法所得的实施效益更高。

在美国的反垄断执法实践中，也存在集体诉讼和没收违法所得相互转化的情况。在美国，集体诉讼是反垄断法实施的主要手段，但由于集体诉讼程序步骤、取证成本、诉讼时间都远远高于普通私人诉讼，并不是所有垄断行为都会被集体诉讼，没收违法所得也是在集体诉讼无法实施下，制裁垄断行为的一种补充方式。2015 年，国家发改委查处了"高通公司滥用市场支配地位案"[1]（以下简称"高通垄断案"），以 60.88 亿元的罚款总额开创了中国反垄断罚款数额之最，为知识产权领域反

---

[1]　发改办价监处罚［2015］1 号行政处罚决定书。

垄断执法树立了原则和标准，对其他国家或地区相继查处高通垄断行为作出了示范，促进了全球竞争执法的协调和合作。但遗憾的是，中国作为全球使用高通芯片手机最多的消费者群体并没有提起后续垄断损害赔偿诉讼。但在美国，使用了高通芯片的手机用户却发起了集体诉讼的号召并寻求巨额赔偿。因此，在我国集体诉讼缺失的情况下，没收违法所得同时消失，会造成"高通垄断案"违法成本过低的问题。在我国引入集体诉讼制度并发展成熟后，可以逐步取消没收违法所得，或将其作为集体诉讼无法实施情况下的补充手段。

（二）集体诉讼与行政罚款在功能上的相互补充

集体诉讼与罚款并存是美国、欧盟两大经济体及司法区域比较常用的反垄断法实施手段。一般而言，行政执法机构通过举报线索初步调查决定是否立案，再经过详尽、充分的取证来分析研究某个或某些企业实施的垄断行为是违法行为，最后通过法院审判或行政机关自行决定处以一定数额的罚款。行政处罚的目的更像是宣告性的，一般后续会紧随集体诉讼制度请求巨额损害赔偿，来让垄断企业吐出违法所得，集体诉讼的损害赔偿额远远高于罚款数额。基于证据开示制度，受害者在集体诉讼庭审中可以将行政机构作出处罚决定的结果及依据作为证据，这样可以大幅度减轻举证责任。反垄断执法机构在执法时可以将重点放在法学定性方面，集体诉讼则侧重于经济学定量。公共实施与集体诉讼相互衔接，节省实施成本，简化实施程序。

基于大陆法系传统，欧盟反垄断法以公共实施为主，主要处罚形式只有罚款，并未规定没收违法所得。罚款的数额为"相关市场销售额×（0~30%）×垄断行为持续时间"。由于罚款数额的处罚比例、计算期间都高于我国的计算标准，欧盟的罚款中包含了没收违法所得的功能。而且在2014年，欧盟通过了

《关于反垄断损害赔偿的 2014/104 指令》（Directive 2014/104/EU on Antitrust Damages Actions），明确规定了反垄断集体诉讼制度，并鼓励使用集体诉讼来惩罚垄断企业。欧盟反垄断法的实施机制为"罚款为主，集体诉讼为辅"。美国反垄断法实施机制与欧盟和我国不同，80%的反垄断案件为私人实施。公共实施只是辅助手段，公共实施的处罚方式主要是罚金，没收违法所得使用频率极小。罚金数额为违法行为"持续期间销售额×20%×犯罪点数对应系数区间"。美国反垄断法的实施机制为"集体诉讼为主，罚款为辅"。

（三）罚款、没收违法所得和集体诉讼配合机制

在反垄断执法中，没收违法所得存在计算难度大，认定标准不一的问题，而单处罚款的模式则会造成反垄断行政执法力度不足。为了兼顾反垄断执法的公平与效率，我国应积极构建反垄断集体诉讼制度来发挥补偿功能。为了达到最优震慑效果，罚款、没收违法所得和集体诉讼三者应相互配合，完善路径主要分为三个步骤：第一步，在未引入集体诉讼制度之前，反垄断法实施还应主要依靠公共实施，完善罚款与没收违法所得的计算标准和最适组合方式；第二步，积极引入集体诉讼制度，激励受害者，尤其是间接购买者提起集体诉讼，减少行政成本和司法成本；第三步，为了防止滥诉，法院会对"本项诉讼是否必须以集体诉讼形式开展"进行严格审核，并不是任何一项反垄断纠纷都可以通过集体诉讼来救济，在集体诉讼动议没有通过法院允许的情况下，为了惩处垄断企业的行为，可以实施没收违法所得手段。美国法律对集体诉讼制度的实施有很多的限制条件，在集体诉讼无法开展的情况下，没收违法所得虽然适用不多，但也是不可缺少的补充救济措施。

集体诉讼制度与反垄断法公共实施的配合可以有效地解决

市场失灵和政府失灵问题，是运用私人力量实现公共利益的最好方式。集体诉讼作为一项兼具公平和效率的法律制度不光可以被应用于反垄断领域，还能解决金融欺诈、食品安全、消费纠纷、环境保护等领域中的法律顽疾。在全面推进依法治国的进程中，集体诉讼的构建与完善是对二元法律实施机制的较好补充，私人实施、集体诉讼（集体实施）与公共实施三元联动能够发挥最优的震慑功能，达到最佳的执法效果。公共实施与私人实施相结合，既可以减少行政执法的成本，规制俘获寻租问题，又可以激励消费者主动维权，从而实现反垄断执法私人利益和公共利益的全面保护。

二、从私人实施的不足来看集体诉讼的必要性

我国"一对一"式的个别诉讼，对于解决反垄断案件中众多受害者的诉求尚有不足。而实施比较成熟的集体诉讼，则可以弥补私人诉讼的不足，完善反垄断民事诉讼体系。面对我国反垄断事业的不断推进和深化，亟待引入集体诉讼，聚集数量众多的潜在原告，平衡原被告双方的力量，依靠私人力量协助《反垄断法》的实施。

（一）集体诉讼拓宽了个别诉讼的原告范围

根据传统民事诉讼理论，原告应与诉讼标的有直接的利益关系。个别诉讼在"直接利益关系"学说下，显得名正言顺，在合同纠纷、侵权纠纷等领域，原告数量不多，个别诉讼最为适合。但在垄断纠纷中，如果众多的原告分别提起个别诉讼，难免会出现重复起诉、判决不一等问题。

我国代表人诉讼虽然比个别诉讼能够更好地解决众多原告的诉求，但也存在一定缺陷，难以有效地组织原告，形成统一的诉求和行动。第一，原告明示加入是代表人诉讼的前提，在

代表人诉讼中，原告必须明确表示同意才能加入诉讼，明示加入制度增加了原告参与诉讼的成本和难度；第二，在推选代表人中，必须由全体原告共同推选代表人，众多原告在彼此生疏、交流不多的情况下，难以组织推选出合适的代表人；第三，代表人在参加诉讼中，代理权限有很大限制，代表人诉讼秉承了诉讼代理理论，虽然具有代表出庭、参加庭审、举证质证等权限，但在起诉、反诉、变更诉讼请求、调解等环节，还是必须得到被代表人的同意，而且要征得每一原告的同意，会带来较高的诉讼成本；第四，在举证中，代表人需要付出很大的精力、财力、时间去搜寻证据，并综合运用法学、经济学等多方面知识分析证据，还要对被告提出的证据进行质疑。

但是集体诉讼制度在个别诉讼、代表人诉讼基础上，进一步减少诉讼成本，激励原告维权。第一，集体诉讼原告是明示退出制度，只要受害者不明确表示退出，就可以成为原告；第二，集体诉讼的原告代表人和律师无须全体原告共同推举，法院负有审查代表人和律师资质的责任；第三，在诉讼中，代表人和律师权限很大，在行使起诉、撤诉、变更诉讼请求、举证、接受和解等权限时都无须征得原告同意，由法院进行严格监督；第四，诉讼成本由代表律师先行承担，如果胜诉，就从赔偿金中支付，如果败诉，原告也无需承担举证费用。由此而见，集体诉讼可以有效地弥补个别诉讼、代表人诉讼中原告范围的限制，拓展了原告范围。

（二）集体诉讼纠正了个别诉讼双方力量的不平衡

在民事诉讼过程中，当事人的实力体现在两方面：一是经济能力；二是诉讼能力。在反垄断案件中，被告多为股份有限公司、上市公司、跨国集团等拥有较强经济实力的企业。而且，一些国有企业还与政府有着千丝万缕的联系，对政策影响力极强。反观原告，多为自然人或者中小企业。一般而言，原告的经济实力往往有限，不足以承担长期而复杂的诉讼案件所引发的高昂诉讼成本。然而，集体诉讼制度正是通过原告拟制制度，聚集微弱之力，以拟制集体的力量实现与垄断企业在经济能力上的平衡。

此外，当事人的诉讼能力还体现在专业素养、律师辅助和信息获取三个方面。垄断企业利用雄厚的经济实力，往往会聘请甚至聘任专家和律师为其辩护。然而，自然人除非接受过专业训练，否则很难具有较高的专业素质对垄断行为进行分析。同时，如果律师辅助，自然人将会为其诉讼额外支付更多的费用。鉴于垄断行为的相关信息往往较为隐秘，自然人如果想要掌握更多的信息，证明垄断行为的违法性，那么就需要付出更多的举证成本。第 79 号指导案例正因诉讼能力悬殊（初审原告是自然人，初审被告是国有企业）却最终获偿而成了反垄断民事诉讼的经典案例。然而，在司法实践中，"以小胜大，以弱胜强"的案件并不多见。集体诉讼利用律师胜诉酬金制等方式，促使成千上万个微小的利益相聚合，激励所有受损的消费者加入诉讼，增加集体的专业素养，提升信息的对称程度，实现双方诉讼能力的平衡。

总而言之，集体诉讼制度弥补了私人诉讼在原告势单力薄、举证能力弱等方面的不足，通过在原告拟制、激励律师等方面的制度设计来有效解决群体性的诉讼问题，体现了法律制度的激励效果。在我国虽然也有公益诉讼和共同诉讼等类似制度，但实质上，与集体诉讼还有显著差别，公益诉讼本质上属于公共实施，仍然需要依靠公共资源，而且实施门槛较高，只有侵害全社会公共利益的行为才能适用公益诉讼；共同诉讼本质属于私人诉讼，是个别诉讼的合并审理，其明示加入制度增加了原告参与诉讼的难度。集体诉讼与其他民事诉讼制度相比，不仅维护了私人利益，更增进了公共利益。

中 篇

反垄断集体诉讼制度的构建

第四章 | **集体诉讼制度的功能定位**
—— "法律=激励"命题的应用

一、"法律=激励"——一个法理经济学命题

长期以来，数千年的阶级剥削、阶级压迫造成了人民对"法律"认识的错觉和误解，似乎认为法律是统治阶级制裁有罪之人的工具，法律也通常与"约束""惩罚""制裁"这样的词汇相连。[1]于是，"法律=约束"的思想也被沿袭下去，逐渐成了法律制定和实施所遵循的前提，并反作用于经济、政治和社会制度。历史经验证明，约束思想确实为中国社会的发展提供了保障。在封建法制中，受约束思想指引的法律能够发挥降低成本（如信息成本、沟通成本、战争成本等）的作用。但在市场经济环境下，"法律=约束"思想便会出现不适与扭曲，甚至会演变为冲动立法，只求形式等后果。现实中，在此种思想的引导下，反垄断执法等诸多领域均产生了立法和执法悖论。而如何解决这些法律悖论则成了现代法制完善的重要课题。基于自然法的概念，在法律程序的构建中，"激励机制"的设计理念被适当地纳入，兼顾到"个体利益"与"集体利益"，甚至有利于"公共利益"。其中，"集体诉讼"制度就是典型的代表。

（一）"法律=约束"命题下的悖论

"法律=约束"命题的核心内容是通过法律责任的方式来打

---

[1] 倪正茂：《激励法学探析》，上海社会科学院出版社2012年版，第23页。

击及阻止违法行为。但在现实案件中，承担法律责任并不等于惩罚，有时反而是鼓励，甚至纵容违法行为变本加厉，也被称为"鼓励性惩罚"。鼓励性惩罚在反垄断法实施中普遍存在：第一，从反垄断民事诉讼角度来看，"吴某秦案"（79号指导性案例）[1]虽然认定了陕西广电集团的垄断行为，但是，"15元"的损害赔偿与巨额的垄断收益相比无异于九牛一毛。吴某秦虽然在形式上赢得了胜利，但实际上，其所付出的成本远远高于收益。这种鼓励性惩罚完全无法激励消费者积极地提起民事诉讼，制止垄断行为。第二，从反垄断行政执法角度来看，几乎所有的反垄断行政执法案例都缘起于竞争者的举报。也就是说，反垄断法对"竞争者"的激励远远大于对"消费者"的激励，这会引发"反垄断法不是保护竞争，而是竞争者"的诟病。而且，行政执法的实施手段通常是罚款，在少数情况下会合并实施"没收违法所得"。巨额的行政处罚并不能直接补偿消费者因垄断行为所遭受的损失。而这些罚款有时反而会成为垄断者的生产成本，继而转嫁到消费者身上，沦为了"鼓励性惩罚"，消费者则更加丧失了举报垄断行为及维护市场竞争的动力和热情。

"法律＝约束"的命题将导致反垄断法实施中的"重行政执法，轻民事诉讼""重罚款，轻赔偿"问题，进而造成行政资源短缺、选择性执法、行政俘获等政府失灵现象。对此，我们应转化思路，变"堵"为"疏"，通过激发私人的力量，协助行政机关实施法律。

（二）法律与激励思想的结合

在中国"刑始于兵""民刑合一"的法律传统中，激励思想并不普遍，但也会零星散见于律令中。《尚书·甘誓》就载有

---

〔1〕 最高人民法院［2016］最高法民再98号民事判决书。

"用命，赏于祖"的军令。[1]唐代《杂令》记载，将其他人在河流中丢失的竹木材料收集和堆放在岸边，应向附近官府报告，原所有者认领时，应将认领竹木总数的20%～40%赏于收集者。[2]相对而言，国外的自然法学派更加推崇"激励"性的法律思想。例如，公元前15世纪中叶的阿蒙荷特普三世在可考诸石雕像及铭文的成文法典中有一份训令："在案件审理中，它应当是公平和公正的，这样双方都可以令人满意地离开，并且不会在出身低下的人面前支持地位高的人，并奖励受害人给恶人以报复。"[3]这种原始法律激励思想的胚胎显示了法与理的结合，个人利益与社会利益的统一。随着市场经济的发展，激励不仅停留在法律思想的层面，而且已经内化为法律制度。比如，"私人所有制""知识产权法""宽恕制度""惩罚性赔偿"以及"集体诉讼"等。

传统的法学研究对激励概念有不同的看法，但一般认为，激励是一种奖励或者鼓励。[4]但是，这种理解并没有完全反映出激励的本质。法律激励的内涵是，无论是立法、执法、司法还是守法，都应从个体利益出发，激发个人遵守法律，消除个体违法动机（而不是简单地限制个体行为），并使个体自觉地遵守法律。当然，考虑到个体利益，我们不能忽视集体利益。而现实中存在许多类似"囚徒困境"的现象，虽然满足个体利益，却无法实现集体利益。因此，除了强调"激励"措施之外，还应关注兼容性。个人的自利性质用于约束个体行为，构建高度有序的自治机制，然后实现降低实施成本和提高实施效率的法

---

[1] 倪正茂：《激励法学探析》，上海社会科学院出版社2012年版，第5页。
[2] 朱勇主编：《中国法制史》（第3版），法律出版社2016年版，第160页。
[3] 倪正茂：《激励法学探析》，上海社会科学院出版社2012年版，第11页。
[4] 这里的"激励"是正面激励，负面激励的意义其实是约束。

律目标。

1. 法律的"约束与激励"

纵观法律制度的历史演变，不难发现不同阶段均有自己独特的法律思想。它们的核心思想都是激励与约束之间关系的变化和权衡（如下图4-1所示）：

第一阶段——罪罚本位。在本阶段中，法律制度对人们行为的约束效果远远高于激励效果，几乎没有什么激励作用。法律运用较为简单、粗暴的惩罚方式管束、控制、惩罚人们的行为。在奴隶社会和封建社会的早期，它基本上是一个罪罚本位的时期。

第二阶段——义务本位。在本阶段中，法律制度的约束作用有所放松，已经有了朴素的激励、鼓励思想，但总体来说，法律的约束程度仍然高于激励程度。在法律制定中，法规多为义务性条款、禁止性条款，为人们提供行为准则，而忽视或弱化人民应享有的权利。封建社会后期和近现代基本属于义务本位时期。

第三阶段——权利本位。从义务本位到权利本位的过渡是法律思想的第一次突破。强调享有权利是履行义务的前提。权利是第一，义务是第二。社会主义发展的初级阶段属于权利本位时期，在该阶段，制定了大量私法性、激励性的法律。《专利法》《物权法》规定了专利权和所有权等各种形式的权利。法律制度通过赋予各种权利来激励人民开展经济建设。

第四阶段——激励本位。在此阶段中，法律对人民的激励效果远远高于约束效果，通过法律机制设计，人民自觉主动、积极努力地遵守法律，只有遵守法律才能获得更大的收益，基本上达到个人利益和社会利益激励相容。法律从权力本位向激励本位的转变是法律思想第二次突破。我国目前虽未正式进入该阶段，但已经加紧步伐努力接近。

从罪罚本位、义务本位、权利本位到激励本位（即图 4-1 中横轴从左至右）的发展过程中，我们可以发现两条基本规律：

（1）法律的约束和激励作用处于此消彼长的关系中，约束效果较强的时期激励效果就比较弱，反之亦然。罪罚本位、义务本位和权利本位还都是遵循着"法律=约束"命题，只有激励本位才是对"法律=激励"命题的真正意义上的体现。

（2）无论哪种形式的本位界定，都与一定阶段内的特定经济发展水平、政治体制、社会信仰等物质和精神发展水平相适应。特别是，经济发展程度越高，市场经济发展越深，激励思想就越重要。

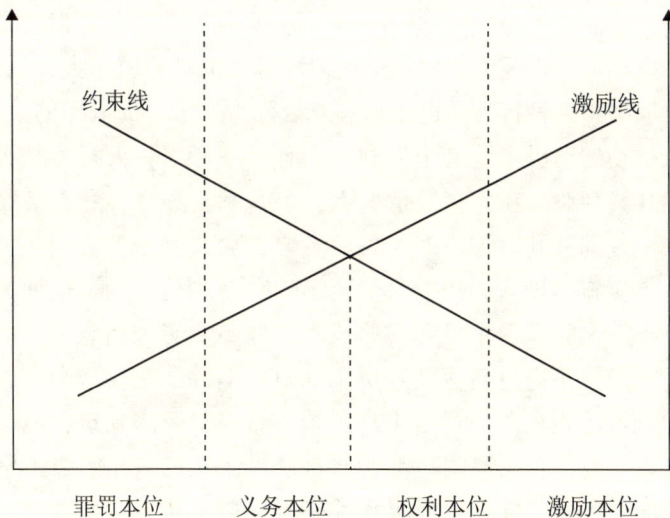

图 4-1 中国法律理念定位的历史演变图

约束线　　　　　　　　　激励线

罪罚本位　　义务本位　　权利本位　　激励本位

图4-1 中国法律理念定位的历史演变图

2. 法律的内在激励

法律制度的最优表现形态是对行为主体的内在激励。正如亚当·斯密用"看不见的手"来描述在市场的作用下整个经济良好的运行。张维迎认为激励是评价制度是否有效的重要方面，一个合理有效的制度安排，个人利益一定能与社会激励形成有机融合，存在一个个人与集体的"纳什均衡"。在这个均衡下，每个人都积极遵守规则，处于一种内在的激励相容状态。[1]从这个角度上讲，法律制度本身就是要营造这样一种良好的机制，来维护整个社会的和谐运行。

经济学中，在有限理性的假设下，激励理论通过对个人成本-收益的权衡来作出最优的选择，实现个人效用最大化和社会效用最大化的同步。一个人实施任何一项行动，都会事先权衡这个行为能够为自己带来多大的利益，要付出多大的成本，如果收益大于成本，那么这个行为就是有效益的。如果成本高于收益，可能就不会实施这个行动。这里的收益更可能是未来收益的折现值，折现值越大，实施某种行为的动机就越大，当然，这也取决于某种行为在现在和未来给行为人带来的效用的大小。个人行动的动机主要是个人利益，有时不考虑个人行为是否会增加社会利益。在大多数情况下，个人利益和社会利益会朝着同一个方向变化。但有时候，两者之间会出现矛盾。当然，人们也会实施"助人为乐""拾金不昧"等利他行为，这种情况取决于个人的道德水平和实施成本，并不具有普遍意义。最典型的就是公司通过高薪鼓励员工加班，但并不是薪酬越高，员工加班就越积极。公司给出高工资，希望员工多加班，但是对于员工来说，收入和闲暇都能给自己带来正的效用。当工资收入较低的时候，提高工资收入的确可以激励员工积极加班，劳动供给随工资水平的增高而增加。但当工资水平足够高，劳动

---

〔1〕 张维迎：《信息、信任与法律》，生活·读书·新知三联书店 2003 年版，第3~5页。

供给时间达到员工所愿意提供的最大值时，再增加工资，闲暇的边际效用会高于单位收入带来的边际效用，工资增加而劳动力供给减少。这时公司与员工的利益并不完全一致，工资激励的效果并没有那么有效，反而会适得其反。因此，当个人利益和社会利益不完全一致时，就需要设计合理机制来使得两者达到高度的统一。

第一，法律的激励是内在的激励。有些学者将"法律＝激励"简单地理解成"奖励"，比如产业政策中的补贴、价格控制、配额限制等等，这种理解是片面的。2018 年，美国纽约布鲁克林联邦区地方法院对我国维生素 C 公司的垄断作出了裁决。被告中国河北维尔康制药有限公司（以下简称"维尔康公司"）和中国华北制药集团有限责任公司（以下简称"华北制药集团"），实施了共谋操纵维生素 C 产品价格的垄断行为，并应承担法律责任。陪审团判定维尔康公司与华北制药集团带来的垄断损失为 5400 万美元，按照美国《反托拉斯法》3 倍惩罚性赔偿的规定，法院裁定损害赔偿金为 1.62 亿美元。[1]中国维生素 C 企业的价格控制行为却缘起于我国政府的产业政策。2011 年，国家发展和改革委员会及工业和信息化部为了推动维

────────────

〔1〕 2001 年 11 月 16 日，为协调无序竞争局面，国内维生素 C 企业在中国医药保健品进出口商会的主持下召开了一次行业会议。此后，中国维生素 C 厂商成立了中国医药保健品进出口商会维生素 C 分会，并在商会的中文网站上宣布达成自律协议，自愿控制出口数量和进度，以防外国提出反倾销调查。2005 年 2 月 7 日和 2005 年 2 月 17 日，美国得克萨斯州的一家动物饲料生产商和新泽西州的一家维生素 C 分销商代表等指控中国 6 家中国企业［石药集团旗下的维生药业（石家庄）有限公司、华北制药集团旗下的维尔康公司、东北制药集团股份有限公司、华源集团旗下的江山制药有限公司以及中国医药集团和石家庄制药集团有限公司］自 2001 年 12 月起联合操纵出口到美国及世界其他地区的维生素 C 价格与数量，触犯了美国反垄断法规。2013 年 3 月 14 日，纽约东区布鲁克林陪审团做出决断，判定维尔康公司与华北制药集团支付 1.62 亿美元的损害赔偿。

生素 C 的出口，规范维生素 C 市场。国家经济和社会发展计划规定了维生素 C 的生产计划和指导价格，并选择了 10 家公司进行生产。这个价格控制行为看似是鼓励，最后却成了违法的根源。由此而见，产业政策中的价格控制、补贴等行为不仅没有激励竞争者内在的创新和有效的竞争，反而由于过度保护而滋生了违法行为，沦为了惩罚性鼓励。

第二，法律的激励应是激励相容。激励相容就是将个人实施的利己"外部性"问题进行"内部化"，通过合理的机制形成责任与利益的结合。使公共利益转化为私人成本和利益，实现个人利益与社会利益的统一，不能因为社会利益而失去个人利益，也不能因个人利益而侵害社会利益。例如，职业索赔一般是指以营利为目的进行的打假，明知商品存在违法问题而故意大量买入，然后通过行政或民事手段获得额外收益。社会大众对其褒贬不一，其法律定位也很模糊。职业索赔虽然能够促进个人利益，减少行政成本，减少行政俘获等现象，但也会产生道德风险，为了获得巨额赔偿金，捏造事实、敲诈勒索，甚至与制假者沆瀣一气，成为制假者的保护伞。职业索赔虽然增进了个人利益，但未作用于社会的公共利益，没有实现个人利益与社会利益的激励相容。

如果将上述案例概括为"合法的恶行"和"不法的善行"，那么它们便从不同侧面证明了法律悖论的存在。"法律=约束"思想下产生的法律悖论将使法律行为、法律主体和法律功能发生逆转。以"劣币驱逐良币"为特征的逆向选择会进一步造成社会成本的增加、社会福利的减少。现实中更多的是"你赢"和"我输"的"零和博弈"，只是收益在不同利益群体之间的转移，如何实现私人与集体的"零和博弈"与"合作共赢"的转化，是我们在中国经济转型时期亟须解决的问题。在此，笔者将以"集体诉讼"为例来探讨激励思想在法律制度中的运用。集体行动对个人的好处并不在于希望的结果与他或她提供的努力之间的差异，而是这两者的总和。因为集体诉讼的目标通常是公众利益，所有人都可以从集体行动中获得利益，唯一的办法是加强自己的投入，支持公共政策。除了逃避和试图"搭便车"之外，真正的利益最大化的方式是个人在目标所设定的范围内充当活跃分子。而集体诉讼可以在很大程度上使两者趋于一致，可以有效地弥补民事诉讼和行政诉讼的不足。

二、"法律＝激励"命题在集体诉讼中的体现

新制度经济学理论认为法律制定以及运行规则，内在蕴含着微妙的激励结构，改变着人们的心理变化和外在行为，个人的行为变化会带来群体、公众及社会的关系变化。因此，对个人行为的激励会最终影响经济的发展、社会的变化。在司法程序中，激励结构也起着重要作用。原告、被告处于不断的博弈过程中，原告在起诉之前会权衡诉讼的收益和成本，被告接到起诉状之后还将考虑相应的成本和收益，以及获胜的可能性，然后确定是否积极应诉。在公共实施中，行政类法律法规以管理、约束为主，突出法律的惩罚功能，激励效果较弱；在私人实施中，激励个人参与诉讼，维护合法权利，从而遏制违法行为，但是，私人实施中的个别诉讼对垄断行为的受害者激励效果不强。集体诉讼制度的起源是鼓励许多受害者共同提起诉讼，以使违法者吐出非法所得。"法律＝激励"命题在集体诉讼制度中获得了很好的实践。

（一）对原告自身的激励

提起诉讼不仅是原告保护自身利益的一种方式，也是积极实施法律的过程。而受害者怠于提起诉讼，恐怕在于诉讼成本

较高，比如，举证成本较高、诉讼时间较长、舆论压力较大等等。诉讼制度应尽量降低受害者捍卫权利的成本，从而降低诉讼门槛。集体诉讼对原告的激励主要表现在：

第一，扩大了原告范围。我国《民事诉讼法》规定，原告必须与本案有直接利害关系，但在垄断案件中，最终消费者不是垄断产品的直接买家，但消费者确实遭受了垄断侵害。法院是否认可消费者的原告资格存在困境：消费者具有原告资格，那么就会引发群体性诉讼，大量的消费者在不同区域、不同时间提起诉讼，司法管辖如何协调？司法判决如何统一？否认消费者的原告资格就是侵犯消费者的合法权益，纵容非法活动。集体诉讼制度的出现可以有效地处理众多消费者的群体性诉讼，既判力效力的扩张可以避免重复诉讼。

第二，减轻了原告负担。在集体诉讼中，原告无论结果如何都无须承担诉讼费用。如果失败，费用由律师承担；如果成功，费用从赔偿金中列支。而且，集体诉讼的"选择退出"制度进一步减少了原告的负担，集体诉讼的原告如果不明示退出诉讼就表示参与诉讼。原告不用举证，不用出庭、和解便可直接获得赔偿。

第三，增加了原告的赔偿额。在通常情况下，集体诉讼比个别诉讼胜诉率更高，获得的赔偿金额更大，执行力度也更强。集体诉讼使价格垄断卡特尔的多个受害者能够比其他救济手段获得更多的赔偿额。在全球的维生素卡特尔中，美国的受害者可以收回约 24 亿美元。在加拿大，集体诉讼导致加拿大支付了迄今为止最大一笔和解金，金额超过了 1.07 亿欧元。[1]

---

〔1〕 Cf. M. Hansfeld, S. Olson and S. Gassmann, "Antitrust Class Actions: Continued Vitality", *The Antitrust Review of the Americas*, 2008: 71~74.

（二）对原告代表人的激励

第一，原告代表人起诉即可立案。集体诉讼与共同诉讼不同，无须所有原告都起诉，而是只要有一定数量代表人起诉即可立案。原告代表人可以代理其他众多原告参加立案、庭审、和解等整个过程，集体诉讼制度赋予了原告代表人更多的权利。

第二，原告代表人获得酬金。集体诉讼代表人比其他原告承担更多的诉讼工作，需要配合律师搜寻证据、分析证据、亲自参加庭审等。因此，作为集体诉讼原告的代表人可以获得比其他原告更多的赔偿，一般是普通原告的 30 倍~50 倍，相当于集体诉讼全部赔偿金额的 10%左右。

（三）对原告代理律师的激励

第一，风险代理制度。集体诉讼案件中的代理律师或代理律师团除了需要履行普通民事诉讼案件中的立案、举证、辩护等职责之外，还需要承担集体诉讼发起的通知、集体诉讼原告的召集、原告成员的确定、原告代表人的选择等工作。这些工作程序及实施成本都是由律师承担。在风险代理制度下，律师虽然不是事先获得律师费，但是可以根据判决结果获得律师费，律师费一般为集体诉讼全部赔偿金的 20%~30%。加之集体诉讼的诉讼标的很大，即便被告选择和解，律师获得酬金数额也非常可观。

第二，扩大行业声望。集体诉讼代理律师一般都是在行业内比较有声望的优秀律师，有时需要多个律师事务所的律师组成律师团来承担。成功代理一个集体诉讼案件会留下很好的工作业绩和履历，进而吸引更多的案源和业务。

（四）对原告集体的激励

集体诉讼对原告、原告代表人、代表律师的激励，都是对个人的激励，由于个人理性不等于集体理性，个人理性会导致集体的非理性，所以对个人的激励不等于对集体的激励。例如，在集体诉讼中，律师可以获得整个赔偿金的20%～30%，进而成为集体诉讼的最大受益者，消费者获得的赔偿金反而很少，这也是集体诉讼被诟病的最大原因。原告利益、代表人利益、律师利益有时会产生矛盾，集体诉讼如何协调集体中各个成员的利益而自觉地采取一致行动呢？

第一，法院参与监督。在普通诉讼中，法院的职责主要是审判，但是在集体诉讼中，法院会对律师进行严格的监管。首先，在律师的选派中，法院要进行严格的审查，而且，不同原告小集体可以选派各自的律师，形成律师之间的竞争；其次，集体诉讼和解中，法院也要参加审查，不允许和解影响普通原告利益；最后，法院对律师费的收取标准进行监督，防止律师权利的滥用。

第二，选择退出制度。如果原告发现集体诉讼的进行不利于自己的利益，可以选择退出。原告选择退出后，不影响原告另行提起私人诉讼。原告可以选择在立案前、判决前退出。

集体诉讼的机制设计可以达到降低诉讼成本、增加诉讼收益的效果，有效激励原告、原告代表人、代表律师积极参加诉讼。对原告的激励就是对被告的约束，原告的赔偿金越高，被告的违法成本就越大。集体诉讼作为俱乐部物品，解决了集体非理性的问题，降低了诉讼成本和违法收益、提高诉讼收益和违法成本，最终使原告的诉讼成本低于诉讼收益，激发诉讼动机，达到私益目的。同时，使被告的违法成本高于违法收益，真正在惩戒违法者的同时发挥震慑作用，达到公益目的。

三、集体诉讼的功能定位

在"法律＝激励"的命题下，集体诉讼激励了私人积极维护个人利益，同时增进了社会利益。[1]法律能够激励人们的行为朝正确的方向发展，让法律成为为人们所认可的行为准则，让人们在法律激励中自觉遵守法律，从而间接地达到法律约束的目的，而非原来那种外在强加的约束，让法律主体从法律制度的运行和实施中获得满足。集体诉讼制度充分反映了激励相容的概念，有效地解决了"私人实施无动力""公共实施无精力"的问题。

（一）集体诉讼功能的表现

第一，在维护法益方面，私人实施立足于个人权利的主张，维护的是个人利益，侧重于私益性，公共实施是为了维护社会整体利益，偏重于公益性。集体诉讼以私人利益为起点，以公共利益为归宿，体现了私益性和公益性的统一。[2]

第二，在保护主体方面，私人实施保护的是少数主体的权益，人数确定、容易组织，个人利益即使数额较大权属也很明确；公共实施维护的人数众多，几乎可以等同于社会全体成员，社会利益难以界定其权属主体；集体诉讼保护的主体人数较多，但每个人的利益数额较小。

第三，在实施方式方面，私人实施主要的方式除了私人诉讼之外，还包括共同诉讼。共同诉讼不同于集体诉讼，只是个别诉讼的合并，在本质上仍旧是个别诉讼，立足于个人权利的主张，维护的是个人利益。公共实施除了前文所述的行政执法之外，还包括公益诉讼。集体实施在广义上包括集体诉讼和集体仲裁等，狭义上可以等同于集体诉讼。

---

〔1〕　冯博、王玥："以法律经济学的视角看食品安全领域法律实施方式及其适用范围"，载《法律适用》2016 年第 6 期。

〔2〕　冯博、杨童："我国反垄断集体诉讼制度的构建与实施"，载《中州学刊》2018 年第 6 期。

第四，在实施目的方面，私人实施的目的是实现效率，具有补偿性；公共实施的目的是实现公平，具有惩罚性，但集体诉讼是以最有效率的手段去实现公平，兼具补偿性和惩罚性。

第五，在实施激励方面，公共实施虽然处以巨额罚款但是受害者不能直接获偿，这对消费者的激励不强。私人实施，只对受害者有激励，但是出于成本收益的考虑，诉讼利益不大，激励比较有限。但是，集体诉讼通过"选择退出""代表人起诉""风险代理制度""惩罚性赔偿"等机制的设计，对受害者、代表人、律师都有激励效果。

表4-1 三元实施机制的功能定位

	公共实施	集体诉讼 （集体实施）	私人实施
功能定位	公共利益	集体利益	私人利益
实施方式	行政立案+行政裁决 （大陆法系） 行政公诉+法院裁决 （英美法系） 公益诉讼	集体诉讼+ 法院裁决	私人诉讼+ 法院裁决
实施目的	惩罚性	补偿性+惩罚性	补偿性
实施原则	合法\违法	合理原则	合法\违法
实施激励	受害者不能直接 获偿几乎无激励	受害者、代表人、 律师都有激励	受害者只获得补偿 激励不明显
典型案例	高通垄断案〔1〕	苹果垄断集体 诉讼案〔2〕	锐邦诉强生案〔3〕

〔1〕 发改办价监处罚 ［2015］1号。
〔2〕 C-05-00037-JW.
〔3〕 上海市高级人民法院 ［2012］沪高民三（知）终字第63号民事判决书。

（二）集体诉讼的经济效益

第一，集体诉讼整合多数且小额的利益。按照人数和数额标准可以把被侵害的利益分为四类：多数且巨大、少数且巨大、多数且小额、少数且小额。如果违法行为侵害的主体人数众多且每个人的数额都十分巨大，那么就证明违法行为的社会影响巨大，应采用刑事追究等公共实施手段；如果受害者人数不多，但每个主体受害数额巨大，这时主体之间"搭便车"问题不明显，可以采用私人诉讼的方式；如果受害者不多，损失也不大，未必会被列为违法行为；唯有在受害者众多且数量不大的情况下，救济难度才会比较大，受害主体之间"搭便车"的效应明显，个人侵害不大，诉讼动力不足，但是数量众多的小额利益会构成巨额违法所得。在垄断纠纷、消费者纠纷、环境侵权等领域，侵害属于多数且小额的侵害。比如，在"高通垄断案"[1]中，根据高通公司的市场占用率，中国手机消费者几乎都使用了高通芯片，也间接地成了垄断行为的受害者，不过，每个消费者的损失并不大，极容易被忽略。但是，无数小额利益汇集起来却是巨额的垄断侵害。集体诉讼将众多的、分散的、小额的利益整合在一起，通过代表来提起诉讼，寻求受损利益的救济。集体诉讼产生的最初动机在于通过聚集尽可能多的受害者，迫使违法者吐出全部违法所得，预防违法行为的发生。

第二，集体诉讼节约法律实施成本。节约成本是集体诉讼产生的最初动因。一方面，降低了执法成本和司法成本。集体诉讼虽然遵循的是民事诉讼程序，但却可以实现与公共实施类似的维护公益的功能。集体诉讼依靠个人力量，不动用任何行政资源，节约了行政成本，减少了行政开支。可以让反垄断行

---

〔1〕 中国世界贸易组织研究会竞争政策与法律专业委员会编著：《中国竞争法律与政策研究报告》(2015 年)，法律出版社 2016 年版，第 56~161 页。

政机关把精力集中于制定法规、编撰指南和处理大案要案。集体诉讼产生的司法成本虽然稍高于普通民事诉讼，但司法成本可以通过风险代理等制度转由违法者承担。另一方面，减少了原、被告双方的诉讼成本。就原告而言，不用承担任何费用，诉讼成本由代表律师先行支付。而且原告不用亲自参与庭审和和解。对于被告而言，集体诉讼避免了重复应诉、分散精力的问题，个别诉讼的逐一审判会造成被告疲于应诉的情形。

（三）集体诉讼的法学意义

集体诉讼虽然起源于普通的民事诉讼程序，但在"原告资格认定""选择退出"等制度上突破了民事诉讼程序"一对一"的思维定式，重构了民事诉讼体系，属于现代型诉讼。[1]

第一，集体诉讼拓展了原告范围。《民事诉讼法》遵循的是"直接利害关系"原则，即要求原告必须与诉讼具有直接的利害关系。但垄断侵害分布广泛，受害主体既包括竞争者和直接购买者等直接利害关系人，也包括间接购买者或终端消费者等并非"狭义"的"直接利害关系人"。[2]间接购买者是否能够成为反垄断民事诉讼中的适格原告，一直是各国反垄断法实施中的疑难问题。在美国反垄断司法实践中，"汉诺威鞋案"（Hanover Shoe, Inc. v. United Shoe Machinery Corp）[3]和"伊利诺伊砖块案"（Illions Brick Co. v. Illinois）[4]制定了直接购买者原则和禁止转嫁原则，认定只有直接购买者才是反垄断民事诉讼的最适原告。当时，否认间接购买者的原告资格主要是没有集体诉讼

---

〔1〕 ［日］小岛武司："现代型诉讼的意义、性质和特点"，载《西南政法大学学报》1999年第1期。

〔2〕 冯博、杨童："我国反垄断集体诉讼制度的构建与实施"，载《中州学刊》2018年第6期。

〔3〕 392 U.S. 481（1968）.

〔4〕 431 U.S. 720（1977）.

制度，无法组织众多原告共同参加诉讼，如果众多原告分别诉讼，会造成管辖混乱、重复判决、判决不一等问题。后来，"伊利诺伊砖块规则"[1]遭到了理论界和消费者的强烈指责，理由在于垄断行为的侵害冲击通常呈"涟漪"状分布，过高索价沿着产业链向终端不断转嫁，最终，不断累加的侵害通常是由间接购买者或最终消费者承担。相比较而言，直接购买者作为"中间人"，出于诉讼成本考虑，往往不愿与上游的生产者或供应商产生争议，而是转而将过高索价转嫁给下游。因而，间接购买者或终端消费者才是最终的受害者。

集体诉讼制度利用"原告拟制""选择退出"等制度设计使组织众多消费者参与诉讼成为现实。包括美国的加利福尼亚州、亚利桑那州和明尼苏达州在内的 25 个州通过了"伊利诺伊州废除法案"，旨在使间接购买者有资格获得原告资格。迄今为止，美国 70% 的州均已合法授予间接购买者提起诉讼的权利。在司法实践中，集体诉讼突破了僵化的直接利益关系论，将间接购买者和最终消费者包括在原告的范围内。

第二，集体诉讼扩张了判决效力。在普通民事诉讼中，判决只对诉讼当事人具有约束力，但在集体诉讼中，法院判决不仅对诉讼当事人有法律效力，其对未参与诉讼的当事人也有法律效力。只要受害人没有明确表示退出，他就可以援引法院判决。集体诉讼的既判力意义之一是减少受害者的诉讼成本，让受害者在没有察觉违法行为、没有起诉、不亲自出庭、不参加和解的情况下，仍然可以获得胜诉判决并得到赔偿。集体诉讼的既判力意义之二是避免同案不同判，杜绝重复诉讼。分布广

---

[1] 在"伊利诺伊砖块案"中，美国联邦最高法院判决认为只有直接购买者作为原告才能因垄断而过高索价提起反垄断损害赔偿之诉。由于美国为判例法国家，所以此案确立这一原则又被称为"伊利诺伊砖块规则"。

泛的受害人在不同地域提起诉讼，会造成司法管辖的混乱，在不同法院进行审判，难免会出现不同的判决。集体诉讼还可以降低被告诉讼的成本并保护被告。集体诉讼通过一次性解决几乎全部受害者的诉讼请求，防止因同一案由再次诉讼的可能。我国现在也出现了多人针对同一垄断行为的民事诉讼，例如"杨某勇诉中国电信股份有限公司、中国电信股份有限公司上海分公司案"、[1]"王某宇诉中国电信股份有限公司案"。[2]不采用集体诉讼的多次个别诉讼严重浪费了司法资源。集体诉讼既判力扩张通过一次审判解决多个同一性质的诉讼，既保证了法律上的正当性，又实现了经济上的合理性。仅依靠集体诉讼便能使诉讼由经济上的自灭行为变成经济上的合理行为，由不计个人得失的英雄行为变成经济人的自我激励活动。

然而，中国自古以来就是以和为贵，以无讼为最高境界。集体诉讼还必须采取激励措施，例如扩大诉讼当事人的资格和三倍赔偿金，以鼓励大规模集体诉讼。此外，立法者一直对集体诉讼持谨慎态度。党的十九届四中全会审议通过的《中共中央关于坚持和完善中国特色社会主义制度、推进国家治理体系和治理能力现代化若干重大问题的决定》明确提出："探索建立集体诉讼制度。"但是，从外国司法实践和执行效率的角度来看，集体诉讼是实施反垄断法最重要、最有效的制度。同时，基于集体诉讼的独特功能定位，法律实施机制可以使反垄断诉讼从二元机制扩展到三元实施机制，促使私人实施、集体实施和公共实施，各展其能、相互协调、彼此兼容。

---

〔1〕 上海市高级人民法院［2015］沪高民三（知）终字第23号民事判决书。
〔2〕 江苏省南京市中级人民法院［2014］宁知民初字第256号民事判决书。

第五章 | 集体诉讼在反垄断法领域的应用

英国的"息诉状"制度是集体诉讼的前身。1848年，美国纽约州制定的《费尔德法典》首次规定了集体诉讼制度。在美国，集体诉讼主要适用于受害者人数众多、单个受损利益较小的行为的追究。1938年，美国联邦法院出台的《联邦民事诉讼规则》在第23条对集体诉讼进行了界定和分类。该条款的颁布一方面激励了大量消费者因小额侵权纠纷进行维权，另一方面也导致了集体诉讼程序的滥用。[1]而后，虽然《联邦民事诉讼规则》经历了多次修改，但是集体诉讼制度的基本框架一直被沿用。直到2005年美国两会两院通过了《集体诉讼公平法案》，更加强化了对集体诉讼律师的约束，细化了原告资格、通知、和解等制度，并把集体诉讼誉为"美国法律制度中最重要和有价值的组成部分"。[2]2003年至2013年间，在美国，私人提起的反垄断诉讼比行政机关提起的多出10倍~20倍，且多以集体诉讼的形式出现，[3]集体诉讼已经成为美国反垄断法律实施的重要手段之一，被誉为"有史以来社会功用最大的救济方式"。[4]

---

〔1〕 范愉编著：《集团诉讼问题研究》，北京大学出版社2005年版，第156页。

〔2〕 钟瑞华："美国消费者集体诉讼初探"，载《环球法律评论》2005年第3期。

〔3〕 洪一军：《反垄断集团诉讼制度研究——以新制度经济学为视角》，人民法院出版社2017年版，第37页。

〔4〕 Abraham L. Pomerantz, "New Development in Class Action-Has Their Death Knell Been Sound?", *The Business Lawyer*, 25 (1970): 1259~1266.

基于美国集体诉讼的成功经验，欧盟委员会（以下简称"欧盟"）近年来在反垄断领域也积极推行集体诉讼制度。欧盟原有的反垄断法实施机制以公共实施为主，私人实施为辅。2000 年以来，欧盟积极鼓励反垄断法的私人实施，规定违反欧盟反垄断规则的受害者可以要求赔偿因侵权而遭受的损失。受害者无论是否是垄断协议的共同缔约方或第三方，只要他能证明该侵权行为与遭受的伤害之间有因果关系，即可以提起反垄断侵害赔偿诉讼。尽管如此，欧盟的反托拉斯侵害赔偿诉讼案件数量仍然很低，私人实施案件最多只占欧盟所有竞争执法数量的 10%。这主要是因为举证责任很高、证明侵权与受害之间的因果关系非常复杂等。此外，反垄断违法行为的许多受害者都是消费者，消费者的个人侵害往往很小，加之他们处于分销链的末端，普遍存在诉讼动力不足、举证责任过重的问题。委员会不断改进反托拉斯损害赔偿诉讼的补救方案。2014 年，欧盟通过了《关于反垄断损害赔偿的 2014/104 指令》，其中提议引入两种反垄断违法行为集体救济机制：代表诉讼和选择加入式集体诉讼。第一项行动将由合格实体（例如消费者协会）代表其部分或全部成员提出，类似于中国的公益诉讼。在第二项行动中，受害者明确决定将他们的个人主张合并为一个单一的行动，就是集体诉讼。但欧盟的集体诉讼制度与美国最大的不同在于加入制度，欧盟的集体诉讼秉承着明示加入制度，也有人把欧盟的集体诉讼称为"选择加入式集体诉讼"。

我国《反垄断法》实施十余年来，我国反垄断民事诉讼案件逐年增加，并出现了"奇虎 360 诉腾讯垄断案"[1]、"锐邦

---

〔1〕 中国世界贸易组织研究会竞争政策与法律专业委员会编著：《中国竞争法律与政策研究报告》（2015 年），法律出版社 2016 年版，第 142 页。

诉强生垄断案"〔1〕等一批具有重要意义的典型案例。根据上文披露的数据，我国审结的反垄断民事诉讼案件均为个别诉讼，未出现过共同诉讼或代表人诉讼。现实中，垄断行为侵害的主体广泛而分散，单个消费者受损利益微小且隐匿。消费者一般基于"搭便车"心理和对高诉讼成本的顾虑而选择放弃诉权。"一对一"个别诉讼不能对众多消费者进行有效救济。〔2〕只有援引集体诉讼制度，整合零散利益，均衡诉讼能力，实现风险代理，才能激励消费者诉讼动力，兼顾效率与公平。

一、集体诉讼与反垄断法功能的契合

集体诉讼制度作为程序法，可以一次性解决众多受害人的纠纷，具有很强的程序正义性，但这一特殊的诉讼形式需要与实体法结合才能发挥更大的作用。借鉴先进经验，集体诉讼广泛适用于群体性侵害事件，比如反垄断纠纷、证券欺诈纠纷及消费纠纷等。反垄断纠纷存在侵害主体广泛的特点，其与集体诉讼结合显出了实体和程序的有效衔接。最高人民法院颁布的《关于审理因垄断行为引发的民事纠纷案件应用法律若干问题的规定》不仅明确了受到垄断侵害的自然人、法人和其他组织都可以提起反垄断民事诉讼，还指出因同一垄断行为，两个或者两个以上原告在立案后移送与合并审理的情形。然而，在司法实践中，我国反垄断民事诉讼案件仍呈现全部为个体诉讼的情形。集体诉讼可通过聚集受损微小且布局分散的消费者利益，

---

〔1〕　中国世界贸易组织研究会竞争政策与法律专业委员会编著：《中国竞争法律与政策研究报告》（2015年），法律出版社2016年版，第161页。

〔2〕　在最高人民法院第79号指导案例中，因陕西广电网络传媒（集团）股份有限公司垄断行为付出的损害赔偿远低于其违法收益，所以并未对违法企业形成威慑。违法企业基于巨大违法利润的吸引并不会终止违法行为。

逼迫垄断企业吐出违法所得。

（一）集体诉讼利于贯彻反垄断法律的宗旨

反垄断法的宗旨就是"保护竞争，而非竞争者"，其维护的是社会利益，尤其是消费者利益。但这里所指的消费者既不是单独的一个消费者，也不是社会所有成员，而是受到侵害的消费者集团。集体诉讼更倾向于对集体成员利益的维护。对于广大消费者集团利益的维护，个别诉讼显然捉襟见肘，集体诉讼制度更为适合。

反垄断法不仅是一个部门法，更是政府对经济干预的主要手段、是发挥市场的决定性作用和更好地发挥政府作用的主要方式。反垄断法有两个目标：一是追求总福利（即消费者福利+生产者福利）最大化；二是消费者福利最大化。[1]无论是何种释义，消费者福利均是关键。然而，在现实中，消费者往往因分散而无法形成合力，势孤而力单，无力获得权利的救济。为达到生产者与消费者双方的势力均衡，反垄断法的实施往往更为强调对消费者福利的重视和倾斜。因此，集体诉讼这种集合消费者之力，增加惩罚力度的制度设计成了贯彻反垄断法宗旨的必行之路。

（二）集体诉讼契合反垄断诉讼主体的特征

提起反垄断民事诉讼的主体主要分为自然人和法人。目前，在我国的反垄断民事诉讼中，原告胜诉的案件主要有"锐邦诉强生垄断案""华为诉交互数字公司垄断案"等，原告均为企业，致使《反垄断法》有沦为企业竞争工具之嫌。[2]然而，在

---

〔1〕 于立等：《法律经济学的学科定位与理论应用》，法律出版社2013年版，第20页。

〔2〕 冯博："反垄断民事诉讼的法律经济学分析——以最高人民法院第79号指导案例为视角"，载《财经理论与实践》2018年第2期。

自然人为原告的反垄断民事诉讼案件中，由于消费者势单力薄、难以形成合力、信息不对称等诸多问题，最终导致胜诉的案例极少。

集体诉讼制度的特征之一即为通过拟制原告，将原本分散的个体集合起来，致使每一个单一的自然人均无需通过普通的私人诉讼制度寻求救济。针对垄断行为此类"较为隐蔽"且个体危害不大的侵害行为，集体诉讼所拟制的集体一旦形成，即可针对侵害行为诉诸赔偿，不限于固有的管辖制度。

（三）集体诉讼提升了反垄断纠纷的专业性

由于反垄断民事诉讼需要很多的经济分析，因此体现了反垄断纠纷的专业性。在原告诉讼时需要专业人士的协助，主要是专业律师。专业的反垄断律师较普通民事案件律师来讲费用更高，按照一般律师费支付方式，无论案件是否胜诉都需要原告承担律师费，而且数额也是事先协商确定好的。在此种方式之下，原告不情愿既要承担数额较高的诉讼费，又要承担胜诉率不高的风险。在集体诉讼中，律师费采用胜诉酬金制，其数额是根据原告在诉讼中所获得的赔偿数额来按一定比例确定。[1]反垄断集体诉讼案件一般诉讼标的较大，亿元以上的案件非常常见，律师胜诉后获得酬金极高。

在反垄断集体诉讼中，由于举证复杂、专业性强、不易组织等原因造成诉讼费用及律师费用较高，如果让原告自行承担，不利于垄断受害者，尤其是消费者积极维权。而让律师事务所先行承担诉讼费用，会激励律师更加尽职勤勉、努力胜诉，如

---

〔1〕　例如，根据美国 Des Moines 律师事务所的记录，在 2007 年"爱荷华州用户微软集体诉讼案"中，为爱荷华市民争取权益的律师们获得了高达 7500 万美元的律师费。洛葛仙妮·柯林律师作为最初向微软公司提出诉讼的代表律师，获得了 1072.50 美元/小时的报酬以及 43% 的风险保险。据统计，在大多数集体诉讼案中，若胜诉，律师费用相当于赔偿总额的 20%~30%。

果不幸败诉，原告也无须补偿律师费用。律师的加入无疑为"非专业"的弱势消费群体增加了胜诉的概率。

二、反垄断集体诉讼制度的构建

集体诉讼与传统的民事诉讼程序相比，容纳了更多的诉求和权利，并且所涉案件难度更大。如若我国反垄断法律实施体系引入集体诉讼制度，那么针对集体诉讼制度的"本土化"构建便势在必行。法院必须对诉讼程序进行重构，引入一些特殊制度，以确保所有利益相关者都能得到效率且公正的代表。这些特殊程序主要包括原告资格认定、有效地通知和加入、律师资格和薪酬管理、和解制度等。

（一）集体诉讼原告资格认定制度

反垄断法不仅是一个部门法，也是发挥市场决定性作用和更好地发挥政府作用的主要手段，是政府进行经济调控、行为监管的重要路径。反垄断民事诉讼原告不仅是苦苦寻求赔偿的受害者，也应是《反垄断法》的实施者、执行人。反垄断集体诉讼的资格问题关系着程序与实体之间的连接，是发挥私人力量参与反垄断法实施的重要前提。

集体诉讼原告资格认定制度突破了传统的直接利益原则，是一种独特的法律制度。与普通民事纠纷不同，垄断行为影响范围很广，竞争对手、直接购买者、间接购买者和最终消费者的利益都可能受到侵害。美国、欧盟和其他国家和地区法院也会根据不同案件支持竞争对手、直接购买者和间接购买者提起反垄断集体诉讼。但是，原告资格的扩大虽然有助于补偿受害者的利益并实现公平，但可能会降低效率并增加原告的组织成本。为了以最有效的方式实现公平，促进私人利益与社会利益的激励相容，应该分析不同原告在反垄断集体诉讼中的成本效益，找到能够以最低成本获得最大利益的最佳原告。

1. 反垄断集体诉讼原告资格的认定依据

原告资格，也被称为当事人的资格，是指诉讼标的物的权利或法律关系的诉讼以及获得判决的能力。美国反垄断民事诉讼的原告资格认定制度经历了由"直接利害关系"到"垄断侵害原则"的转变。在理论变迁的指导下，原告范围不断扩大，但司法实践中规定了详细的限制措施。法院通过严格审查原告资格来过滤案件，杜绝滥诉，从而更好地维护反垄断法。但是，德国、英国、日本及我国通常不会对起诉资格施加限制，由于这些国家没有或极少适用集体诉讼制度，即使原告范围不断扩大，仍然无法有效地鼓励受害者积极提起反垄断民事诉讼。因此，集体诉讼制度为原告资格扩张提供了制度保障。

垄断侵害的原则最初在"Brunswick Corp. v. Pueblo Bowl-O-Mat, Inc. 案"[1]中被确立。垄断侵害是指垄断行为对其他生产者或消费者造成的侵害，是消费者（或其他生产者）福利向垄断者福利的转移。垄断侵害是主体是否能够获得原告资格的首要前提，如果没有受到侵害或受到的侵害不是因垄断而产生，那么都不具有原告资格。"Brunswick Corp. v. Pueblo Bowl-O-Mat, Inc. 案"判决表明，原告保龄球馆所有者遭受的侵害并非是由于竞争对手的收购减少了竞争；而是因为兼并行为促进了竞争，降低了市场集中度，并降低了产生的价格。

2. 反垄断集体诉讼原告的范围

根据垄断侵害原则，反垄断集体诉讼的原告是遭受垄断侵害的主体，广泛分布在产业链的不同环节，例如竞争对手、直接购买者、间接购买者等。这些潜在原告之间关系复杂、能力

---

[1]　429 U.S.477 (1977).

不一、规模悬殊。在资本、信息、市场力量和诉讼能力方面，竞争对手优于间接购买者。产业链中间的直接购买者有时是受害者，但有时却是侵害者。在垄断侵害原则下，间接购买者和消费者是否具有原告资格，国家立法和司法实践不一样，通常需要结合案件的具体情况进行分析。

（1）反垄断集体诉讼的主要原告：

第一，直接购买者。鉴于判例法国家的法律传统，美国的"汉诺威鞋案"[1]和"伊利诺伊砖块案"[2]确定了直接购买者的原告资格以及禁止转嫁原则。长期的司法实践表明，只有直接购买者才是反垄断民事诉讼中的适格原告。这一原则主要源于三点原因：其一，执行者效率原则。首先，直接购买者往往因垄断行为而遭受重大损失，并且他们有足够的诉讼动机。其次，直接购买者直接参与交易行为，所以取证举证的能力相对较强。最后，直接购买者更易形成维权联盟，寻求更为有效的权利救济。其二，司法成本节约原则。鉴于产业链绵长，环节相互嵌套，因此，交易方的成本转嫁行为是较难认定的，尤其是对过高索价转嫁程度的识别更为困难。即便邀请专家证人通过大量数据和经济分析，实证研究出垄断行为前后销售价格和数量的差别，也不能因此而当然地认定交易方存在转嫁行为。与此同时，经济学论证的过程也是基于各类假定，过程漫长而复杂，会导致大量法律实施成本的额外增加。此外，一旦法院确认了间接购买者的原告资格，进而还会导致一系列连锁问题，如赔偿金分配问题等。其三，多重赔偿规避原则。在现实交易中，成本转嫁十分常见。在垄断行为之下，过高索价将会因为层层转嫁而导致最终消费者不得不面临数倍的损失，进而形成

---

〔1〕　392 U. S. 481（1968）.

〔2〕　431 U. S. 720（1977）.

侵害的涟漪。在转嫁情形之下，一旦法院允许间接购买者针对垄断者提起诉讼即会面临是否支持 6 倍赔偿的难题，原因在于被告不是侵害行为的唯一实施者，产业链中的中间商也可能参与了垄断侵害的超额转嫁。鉴于此，法院只赋予直接购买者起诉资格是权益之举，既规避了惩罚过度，又维护了消费者权益。

第二，间接购买者。间接购买者是指并非直接参与交易的购买者。在美国的司法实践中，"伊利诺伊砖块规则"排除了间接购买者在反垄断民事诉讼中的原告资格。当然，此种排除并不是绝对的，它存在三种例外情形：其一，基于成本加成的购买行为。成本加成是指在产品销售成本中增加成本。如果法院认为间接购买者购买产品的价格是源于直接购买者销售原始产品价格的成本加成，间接购买者有权获得与直接购买者相当的原告资格。但遗憾的是，此规定在后来的 "Kansas v. Utilicorp U-nited, Inc 案"[1]中被否决。该案判决认为，即使间接购买者全部吸收了成本加成带来的价格增长，也并不必然具有起诉垄断行为的资格。其二，直接购买者的俘获情形。直接购买者主要处于垄断企业的上游和下游，他们在频繁与垄断企业实施交易行为中，有机会与垄断者形成利益联盟。垄断企业也会基于经济利益等因素而去俘获直接购买者。直接购买者容易隐瞒垄断行为，不予告发。为了避免隐瞒非法垄断行为，法院赋予了间接消费者"顺序起诉"的权利。换句话说，一旦直接购买者被垄断企业控制、俘获或合谋，间接购买者可以代替直接购买者提起反垄断民事诉讼。顺序起诉规则的原理在于，在直接购买者演变成垄断合谋的主体之后，间接购买者取代了直接购买者成了直接利益相关者。其三，基于直接购买者的授权情形。虽

[1]　497 U. S. 199 (1990).

然直接购买者比间接购买者更有能力起诉，但并不一定意味着直接购买者必须提起诉讼。直接购买者往往基于长时间的合作基础或者共同的经济利益而选择息诉。为了达到防止和制止垄断的效果，反垄断民事诉讼确立了诉讼权转让规则。也就是说，直接购买者可以明确地将诉权转让给予垄断行为密切相关的间接购买者。一旦转让诉权，间接购买者便可获得与直接购买者相当的原告资格。然而，需要注意的是，此时的直接购买者因已将诉权转让而不再享有原告资格。

值得注意的是，随着司法实践的发展，"伊利诺伊砖块案"所确立的起诉原则受到了学术界的强烈批评。布伦南大法官认为，垄断侵害的冲击和影响广泛分布于分销链的不同环节，成本不断增加。相反，直接购买者作为"中间人"，会认为将垄断侵害转嫁出去比起诉的成本更低，从而丧失了起诉垄断企业的动力。如果过多的超额索价被转嫁，间接购买者才是真正的受害者。与此同时，随着美国集体诉讼制度趋于成熟，间接购买者提起诉讼也具有了更多的司法程序保障。而且，经济计量方法也使计算和分配侵害赔偿变得更加科学、有据。有鉴于此，美国的加利福尼亚州、亚利桑那州、明尼苏达州和其他 25 个州相继取消了"伊利诺伊砖块规则"。[1]目前，美国大约 70%的州允许部分或全部间接购买者提起反垄断民事诉讼。[2]

第三，直接购买者和间接购买者资格认定中的特殊情形。随着社会分工的不断细化，产业链条不断绵长，传统的管线式企业分布格局被打破。特别是随着平台经济和双边市场的出现，

〔1〕 洪一军：《反垄断集团诉讼制度研究——以新制度经济学为视角》，人民法院出版社 2017 年版，第 243 页。

〔2〕 戴宾、兰磊：《反垄断法民事救济制度比较研究》，法律出版社 2010 年版，第 173 页。

第五章 集体诉讼在反垄断法领域的应用

产业布局更加网络化和平台化。生产者、销售者和消费者不再是仅仅具有单一身份的市场经济参与者，共享经济让生产者和消费者统一为"产消者"，直接购买者和间接购买者也很难在平台经济中被区分开来。因此，在这种情况下，如何确定直接购买者和间接购买者的原告资格是反垄断集体诉讼制度建构中的重要挑战。

其一，直接购买者参与垄断协议时的资格认定问题。在"锐邦诉强生垄断案"[1]中，锐邦公司和强生公司的合作已经持续了 15 年，交易行为使双方都有利可图。在这种情况下，锐邦能否作为直接购买者向强生公司提起反垄断民事赔偿？给予垄断协议参与者原告资格，有利于及时发现垄断行为，减少社会福利损失，节省法律实施成本。但是，也会造成垄断协议的参与者故意逃避合同义务，甚至会造成"钓鱼式执法"式的道德风险问题。显然，锐邦公司在遭受垄断行为侵害的同时也获得了更多的垄断利益。在英美法律体系中，"违法行为不产生诉因""两方过失相等时，被告地位优胜"这两个原则都否认了垄断协议方的原告资格。然而，随着产业组织形式的变革，垄断行为更加隐蔽化和复杂化，反而促使垄断协议的参与者成了反垄断法的最佳实施人。在美国，"Javelin Corp v. Uniroyal 案"[2]为垄断协议的参与者确立了原告资格。该案件规定，垄断协议的参与者具有原告的资格，前提是他们没有参与共谋。在"锐邦诉强生垄断案"中，锐邦作为强生公司的市场经销商之一，尽管不愿意接受转售价格维持（Resale Price Maintenance，RPM）条款，但由于强生的市场势力，锐邦不得不同意销售协议。因此，锐邦虽然是垄断协议方，但并未参与合谋，因此具有原告资格。

---

[1] 上海市高级人民法院 [2012] 沪高民三（知）终字第 63 号民事判决书。
[2] 546 F. 2d 276, 279 (9th Cir. 1976).

095

其二，直接购买者作为居间人的原告资格认定问题。一般而言，直接购买者是市场交易行为的直接参与者，即直接购买者或直接谈判人。需要注意的是，终端消费者并不一定就是直接购买者，即便有时终端消费者会直接与垄断企业进行讨价还价。终端消费者往往与垄断企业直接讨论价格，但最终会通过一个或者多个分销商购买商品。在这种情况下，终端消费者通常认为自己就是直接购买者，但垄断企业却辩称，由于销售协议是在经销商和客户之间达成的，即使客户的产品是"直接"从垄断企业购买，但并不因此认定是直接销售行为。在网络经济和平台模式下，制造商除了在实体店销售之外，还会通过电子商务平台或自建网站进行销售。电子商务平台的法律定位非常复杂，有的是居间人，有的是代理人，也有的是卖方自身。当终端消费者购买产品时，不清楚交易对象是制造商还是电子商务平台企业。因此，终端消费者在反垄断民事诉讼中是直接购买者还是间接购买者更难以判断。为了保护消费者利益，应该将电子商务平台等中介机构视为制造商的代理人，与制造商是一体的。因此，消费者作为直接购买者具有原告的资格。[1]

其三，消费者购买了以垄断产品为原料的商品时的原告资格认定问题。如今，产品工艺日益复杂，产品成分众多，组合方式各异。如果某个产品的一个或几个成分价格是垄断高价，那么购买了这个产品的消费者是否是适格原告？例如，一个生产面粉的企业实施了垄断行为造成了面粉的高价，那么一个蛋糕生产商提高以这种面粉作为原料的蛋糕的价格算不算是垄断高价？在这种情况下，蛋糕的购买者是不是垄断行为的受害者？是否具有原告资格？他是以间接购买者还是直接购买者身份进

---

〔1〕 冯博："反垄断民事诉讼原告资格问题研究"，载《法学评论》2018年第5期。

行起诉？在"高通垄断案"[1]中，高通公司通过收取不公平的芯片专利许可费、无正当理由的搭售、附带不合理条件销售芯片等行为，抬高芯片的价格，使用了高通芯片的手机用户也间接地承受了垄断高价，但是我国手机用户却因为没有直接购买芯片而不能被认定为高通芯片的直接购买者，导致手机用户维权困难。手机用户虽然不能作为直接购买者，但是应属于高通芯片的间接购买者，进而获得原告资格。

（2）反垄断集体诉讼的其他原告：

第一，竞争者。相较于消费者，竞争者往往具有较强的诉讼动机和举证能力。与此同时，竞争者的参与也更容易引发滥诉情形的发生。法院对竞争者资格的认定应严格按照垄断侵害原则，分析竞争者遭受的侵害是垄断行为造成的侵害，还是竞争的结果。竞争对手必须证明他们遭受的垄断侵害是由被告的反竞争行为造成的。反垄断法旨在防止和遏制非法垄断行为，维护公平、有序的市场竞争，其目的是保护竞争，而不是保护竞争对手。在市场竞争中，竞争者之间因生产效率和商业模式的差异，在一部分企业盈利的情况下，肯定会导致部分竞争者利润减损。然而，正是由于市场机制，社会总福利才会得到显著改善。比如，在"Cargill, Inc. v. Monfort of Colorado, Inc. 案"[2]中，原告无法证明竞争对手的降价行为已经破坏了市场竞争。原告的侵害源于被告的低价格销售。只要被告的低价不是掠夺性的，那么被告行为就不具有违法性。有时，竞争者作为原告主张的收入降低，业务量减少，并不是由于垄断侵害，而是竞争促进。这证明了反垄断法保护的是竞争，而不是竞争者。

---

[1]　中国世界贸易组织研究会竞争政策与法律专业委员会编著：《中国竞争法律与政策研究报告》（2015年），法律出版社2016年版，第56页。

[2]　479 U. S. 104 (1986).

第二，新企业。一般而言，遭受垄断侵害的主体必须已经进入了相关市场。然而，根据经济学的进退理论，由于在位企业者的垄断行为，相关市场形成了较高的进入壁垒，新企业无法进入。那么，潜在竞争对手是否具有原告资格？美国联邦法院裁定"反垄断不是让企业在不确定的竞争中获得保护，更不能消除真正的竞争"。该声明确认潜在的竞争者并未参与市场竞争，因此垄断行为导致的损失无法计算或衡量，并不能有效地实施反垄断法。因此，市场上的新进入者不一定具有反垄断民事诉讼的原告资格。

第三，股东。遭受垄断侵害的公司股东是否是反垄断集体诉讼的适格原告，理论上尚无定论。美国早期司法实践否认了公司股东的原告资格。在"Loeb v. Eastman Kodak Co. 案"[1]中，法院的判决表明非法垄断行为的受害者是公司，而不是股东。公司所遭受的侵害是"直接的、短距离的、主要的"，相比较而言，股东所受侵害只是"间接的、遥远的、次要的"。反垄断法并不直接保护公司股东的利益，而是通过促进竞争和维持竞争秩序来保护市场参与者的权利。

总之，反垄断民事诉讼中原告资格的确定不仅涉及诉讼程序，而且涉及影响案件方向的实体问题。在集体诉讼制度中，原告资格的拓展和拟制不但有利于提升司法效益、维护竞争秩序，而且防止了滥诉情形的出现。为了防止原告资格的草率确定，集体诉讼系统将原告资格的认定期限设定为诉讼的早期阶段。为保障司法公正，法院具有一定的自由裁量权，可根据实际案情赋予原告资格的认定时限。例如，法院可将认定时间改为终局裁决之前。虽然反垄断民事诉讼中的原告是垄断违法行为的受害者，但它也是反垄断法的最佳执行者。

---

〔1〕　138 F. 704 (3d Cir, 1910).

（二）集体诉讼中垄断侵害的认定

整个集体诉讼主要分为原告资格认定、违法性认定、侵害赔偿计算等几个环节，"垄断侵害"几乎是贯穿始终的主要因素。前文讨论了垄断侵害是判断原告资格的主要依据，本部分讨论如何对"垄断侵害"进行量化，进而准确计算反垄断损害赔偿数额。垄断侵害是指由于垄断行为发生，消费者或生产者福利向垄断者的转移。或者可以理解为垄断行为受害者遭受的福利减损，但值得注意的是，这种福利减损必须是因垄断而产生的福利减损。但在实践中，尤其是在纵向垄断行为中，垄断侵害会沿着产业链出现转嫁，使垄断侵害的计算变得复杂。

1. 垄断侵害的转嫁问题

转嫁是指将成本或损失由其他主体承担。在转售价格维持等纵向限制案件中，处于产业链条中间的直接购买者虽然受到了垄断侵害，但可能凭借其一定市场势力将垄断侵害转移给下游企业或终端消费者，这种情况被称为"垄断侵害的转嫁"。直接购买者转嫁垄断侵害可能希望减少损失，但有时也会变本加厉，不但没有遭受损失，还会增加垄断利润。

假设某产业链由生产商（F）、批发商（S）、经销商（R）和消费者（C）组成。（见图5-1）生产商的批发单价为100元，批发商以单价100元采购了产品，并以 $P_0=120$ 元的单价进行销售，这时批发商的单位利润为20元。但是生产商实施了垄断行为，将产品单价上涨10元，涨价率为10%。批发商面对垄断行为，承受了10元的垄断侵害，批发商面对10元的垄断侵害可能会有四种应对策略：

图5-1　产业链示意图

第一，批发商维持销售单价不变，仍然以 $P_0 = 120$ 元的价格销售给经销商，由于成本升高为 110 元，利润就从 20 元降为了10 元，10 元的垄断侵害完全自己承担，转嫁数额为 0，转嫁率为 0。这种情况叫作零转嫁。

第二，批发商采取小幅涨价策略，将单价 $P_0 = 120$ 元涨为$P_1 = 125$ 元，由于成本升高为 110 元，利润从 20 元降为 15 元，10 元的垄断侵害自己承担了 5 元，转嫁了 5 元，转嫁率为 50%，称为部分转嫁。

第三，批发商采取了等幅涨价策略，涨价幅度与生产商保持一致，单价由 $P_0 = 120$ 元涨为 $P_2 = 130$ 元，利润保持 20 元不变，10 元的垄断侵害完全转嫁，转嫁率为 100%，也称为完全转嫁。

第四，批发商采取了大幅涨价策略，涨价幅度大于生产商，单价由 $P_0 = 120$ 元涨为 $P_3 = 140$ 元，利润从 20 元增为 30 元，不仅将 10 元的垄断侵害转嫁出去，还获得了 10 元的垄断利润，转嫁率为 200%，也称为超额转嫁。

根据转嫁程度不同，各个主体承担的垄断侵害也是不同。（见表 5-1）

表 5-1　超额索价在不同主体之间的转嫁情况　　（单位：元）

	超额索价	直接购买者（批发商）	间接购买者（经销者）
零转嫁	10	-10	0
部分转嫁	10	-5	-5
完全转嫁	10	0	-10
超额转嫁	10	10	-20

2. 垄断侵害转嫁带来的损害赔偿额认定难题

在没有转嫁问题的情况下，损害赔偿数额基本等于垄断侵害。但是加入转嫁因素，垄断侵害在不同主体之间的分担情况就会发生变化，损害赔偿数额的计算也会出现困难。

第一，在部分转嫁的情况下，间接购买者要求的损害赔偿金额小于垄断侵害数额。超额索价的转嫁涉及两类主体——直接购买者和间接购买者。直接购买者在举证能力、经济实力等方面远远优于间接购买者，直接购买者人数不多，一般会采取个别诉讼或共同诉讼的形式。但是，间接购买者通常是大量的消费者，他们将以集体诉讼的形式起诉。在间接购买者发起的集体诉讼中，这些人请求的损害赔偿数额要少于生产者实际造成的垄断侵害。因为部分垄断侵害由直接购买者承担。如果法院只支持间接购买者的损害赔偿，则会导致震慑不足。

第二，在部分转嫁的情况下，许多受害者将面临损害赔偿金分配难题。在部分转嫁的情况下，直接购买者和间接购买者都具有原告资格。直接购买者的私人诉讼如果是在间接购买者的集体诉讼之前启动的，直接购买者也会提前获得赔偿，如果被告的财务资源有限，间接购买者即使获胜也可能无法获得赔偿。因此，在损害赔偿金的最终分配中，直接购买者将挤压间接购买者。

第三，在超额转嫁的情况下，原告请求的损害赔偿数额大于垄断侵害。如果直接购买者将垄断侵害过度转嫁给间接购买者，则间接购买者将遭受多个主体的侵害。在确认间接购买者的原告资格的情况下，如果垄断行为者是唯一的被告，则会出现过度震慑的问题。以表 5-1 的产业链为例，间接购买者在购买同一产品时比原来多支付 20 元。如果根据美国《谢尔曼反托拉斯法》规定的 3 倍赔偿，间接购买者的赔偿金额可以达到 60

元，是垄断侵害的 6 倍，显然惩罚过重。

3. 反垄断集体诉讼垄断侵害一般计算机制

在这种情况下，不考虑垄断侵害的转嫁问题。垄断侵害的计算原则为填补原则，也可以叫作"反事实原则"，力求补偿后的情况不比侵害之前差。垄断侵害赔偿的计量方法主要有：垄断前后价格比较法、以边际成本或平均成本替代市场价格法、相近市场价格类比法、经济计量结构模型模拟法、经济计量需求估计与市场模拟法、简化型经济计量估计法。[1]

第一，垄断前后价格比较法。这种方式将垄断行为发生前的价格与垄断行为发生后的价格相减，通过前后价格差来计算垄断侵害。此方法是简单、容易操作的方法，但存在显著不足。其一，难以确定垄断行为产生侵害的开始时间和终止时间，产生侵害的时间不一定是垄断行为开始的时间。其二，难以剔除造成价格发生变化的其他因素。影响价格变化的因素有很多，除了垄断之外，还有国际汇率的变动、劳动力价格的变化、能源价格的变化、替代产品的引进、法律政策的改变，甚至是不可抗力等等。在运用前后比较法时，首先要排除其他因素对价格的影响，才能准确计算出垄断侵害。在经济形势相对平稳的情况下，可以适用前后比较法来计算垄断侵害，进而评估出损害赔偿额。但在国内外经济形势变化显著的情况下，前后比较法只能作为一个初步检验的方法。

第二，以边际成本或平均成本替代市场价格法。在此种方法中，用边际成本或平均成本来代替市场价格，用垄断行为发生后的实际价格与市场价格相减来观察价格变化，进而计算出垄断侵害。由于边际成本与平均成本通过财务信息便可获得，

---

〔1〕 冯博："没收违法所得与罚款在反垄断执法中的组合适用"，载《法商研究》2018 年第 3 期。

所以这个方法相对比较具有操作性。但是这个方法也有显著的缺陷，就是"如果有竞争，不知成本有何用；如果无竞争，不知成本为何物"的成本悖论。也就是说，在完全竞争的情况下，市场价格依据的是长期边际成本，也平均成本，这时我们并不需要评估边际成本，因为在完全竞争的情况下，边际成本就是市场价格，但是在垄断的情况下，边际成本就肯定不等于平均成本，也不能作为市场价格的参考。

第三，相近市场价格类比法。此种方法与以边际成本或平均成本替代市场价格法类似，都是寻求一个合理的市场价格参考系。相近市场类比法是以具有替代性的市场价格代替有垄断行为的市场价格，用垄断行为发生后的实际价格减去相似市场价格，通过价格差来计算垄断侵害。这种方法的最大优点就是排除了成本变化、需求变化、汇率波动等因素的干扰。但是，最大的难点在于很难找到一个合适的替代市场。具有替代关系的市场必须具有相似的需求和成本构成，并且具有相似的产品特性和区域特点。与前后比较法一样，相似市场比较法在一定情况下可以提供有用的信息，但不可能完全可靠。

第四，经济计量结构模型模拟法。此种方法需要通过建立经济计量结构模型来模拟出没有垄断发生情况下的市场价格。用垄断行为发生后的时间价格减去模拟出的市场价格，利用价格差计算垄断侵害。这种方法通常需要借助计量经济学工具，一般为回归分析工具，具体公式如下：

$$Q_{di}=\alpha_0+\alpha_1 price_i+\alpha_2 income_i+\alpha_3 X_i+\mu_i. \quad (X)$$

$$Q_{si}=\beta_0+\beta_1 price_i+\beta_2 wage_i+\beta_3 subsidy_i+\beta_4 tax_i+\beta_5 X_i+\varepsilon_i. \quad (Y)$$

其中，Q_{di}，Q_{si} 分别表示完全竞争市场条件下的商品的需求与供给，α_i，β_1 分别为模型中影响因素的系数，X 表示其他控制变量，μ_i，ε_i 是随机误差项。通常利用最小二乘，即使得 $\sum\hat{\mu}_i$，

$\sum \hat{\varepsilon}_i^2$ 最小，模拟完全竞争市场中的需求与供给函数，求解市场均衡价格以及此时的需求量和供给量。当回归模型满足线性的、系数无偏的并且在所有无偏估计量中拥有最小方差（即有效估计量）时，模型的参数估计量被称为最优线性无偏估计量。此时模型将能够有效地模拟真实的需求与供给函数，均衡价格也将更为准确，相应的最终垄断侵害的计算也更加精准。

然而，在现实中要想使模型的结果相对准确，这种估算方法需要解决几个重要的问题。首先，模型的估计建立在庞大的数据采集之上，数据的遗漏、缺失和数据采集的准确性直接影响模型的回归。其次，模型的设定对结果的估计至关重要，一旦遗漏重要变量便将无法对参数做出有效估计，而现实中需求和供给函数的影响因素很多，往往难以穷尽，做到极致完美，因此最后利用模拟函数求解的均衡价格多少会存在偏差。例如，模型（Y）中加入了政府补贴（Subsidy）和税收（Tax）等变量，这些变量对需求的影响可能就没有对供给的影响那么明显。最后，现实中完全竞争市场几乎不存在，更可能的是垄断竞争的市场结构，在这种市场结构下，上述模型对真实需求和供给函数的模拟可能会存在较大的偏差。因此，要想有效地解决上述问题，使得这种估计方法能够更加有效，此种方法还需要改进。

第五，经济计量需求估计与市场模拟法。此种方法与经济计量结构模型模拟法类似，只不过模拟出的市场价格不是完全竞争的市场价格，而是不完全竞争的市场价格，再通过垄断行为发生后的实际价格与模拟出的市场价格计算价格差，进而计算出垄断侵害。

这种方法通过模型（X）模拟真实需求函数，因为在不完全竞争市场（尤其是寡头垄断市场），虽然厂商受市场需求曲线的约束，但其可以自己安排产量，实现利润最大化生产，因此并不存在供给与价格一一对应的关系，也就不存在市场供给曲线。此时，只能估计需求状况，再对市场结构进行分析，利用"古诺产量竞争""伯川德价格竞争"等不完全信息理论，结合厂商生产成本，估计均衡价格。

这种方法的优点在于不需要严格的完全市场竞争条件，在大数据环境下能够对真实需求函数做出较为准确的模拟。但是，这种估算方法的问题也很明显：一是不容易获取厂商的真实成本信息，根据公司的会计成本信息往往难以有效地估计企业生产的经济成本；二是对市场结构的划分相对复杂，因此对计算模型的选择显得尤为重要，否则很难辨别究竟哪个模型更符合现实经济运行的情况。

第六，简化型经济计量估计法。这种方法也是通过经济计量模型模拟出一个市场价格，但这个价格既不是完全竞争市场价格，也不是不完全竞争市场价格，而是一个合理的市场价格，再通过价格差来计算垄断侵害。

$$price_i = \beta_0 + \beta_1 income_i + \beta_2 wage_i + \beta_3 X_i + \beta_4 \mathbf{S_i} + u_i. \qquad (Z)$$

其中，X_i 表示汇率，$\mathbf{S_i}$ 表示季节分类的虚拟变量矩阵，u_i 为随机误差项。

这种估计方式相对直接，一是不需要连立方程求解，而是利用价格的线性模型直接模拟均衡价格，需要对市场结构进行准确划分；二是不需要进行市场结构的划分，现实可操作性相对较强，模型估计的关键在于解释因素是否显著，但是这种方法过于简化，在准确性上一般较差。因此，人们通常利用因子分析的方式，考虑各种综合因素，对变量进行加权平均，分配权重，构造综合解释变量来弥补准确性上的不足。在价格固定案件中，通常被用来估计垄断侵害。

4. 转嫁情况下垄断侵害认定机制

在转嫁情况下，集体诉讼原告诉求的侵害赔偿数额可能与被告造成的垄断侵害有差距。转移识别问题已经成为司法机构在确定损害赔偿金额时遇到的最大问题。根据产业组织理论，发现垄断违法行为与下游企业的市场势力密切相关。那么，通过观察下游企业的市场势力，可以分析是否存在转嫁，进而确定垄断侵害。

（1）如果下游企业或买家的集中度较低，则可以忽略转嫁。（如图 5-2 所示）在上游垄断和下游竞争的情况下，上游公司凭借强大的市场力量将价格提升至 P_0。中间经销商在承受了较高的市场价格之后，如果将过高索价转嫁给下游企业，下游企业由于竞争程度高，面临涨价就会"用脚投票"，不再购买中间的经销商的产品，因此，中间经销商转嫁很困难。无奈之下，经销商也将以 P_0 的价格出售，即 $P_1 = P_0$。此时，下游经销商或终

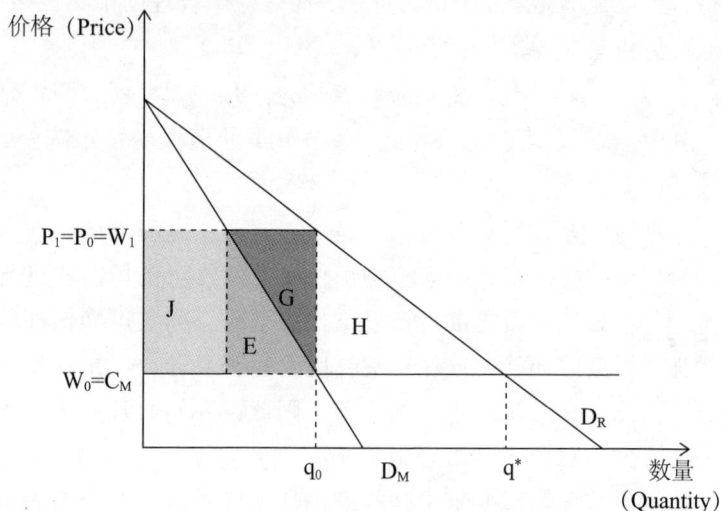

图 5-2　非转嫁情况下垄断侵害示意图

端消费者对垄断侵害没有或几乎没有容忍，经销商的垄断侵害是"J+E+G"，具体数额可以通过借助反事实原则进行估算。

（2）如果下游企业的市场集中度较高，则会发生转嫁。在上游垄断的情况下，上游公司凭借强大的市场力量将价格提升至 P_0，中间经销商的市场价格上涨。如果将过高索价转嫁给下游企业，下游企业由于竞争程度低，面临涨价也只能从中间的经销商购买产品，因此，中间经销商转嫁很容易。经销商通常利用其市场力量将价格 P_0 提高到 P_1 并传递垄断侵害。对下游企业或终端消费者的垄断性侵害，经销商的垄断侵害为 B，批发商的垄断侵害为"E+G-B"。具体数额可以借助无转嫁情况下的计算公式估算。

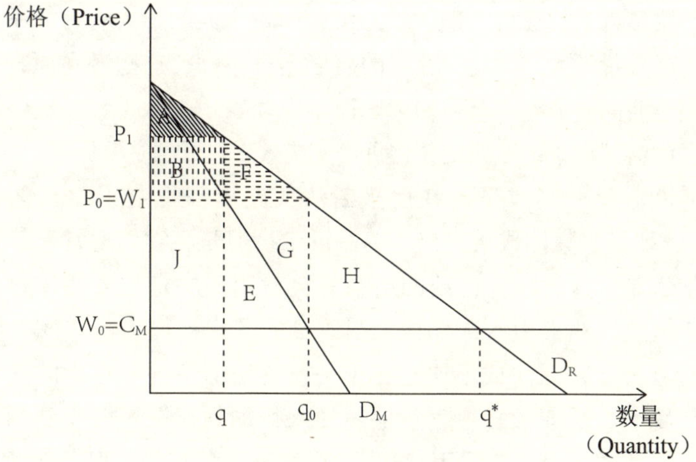

图 5-3　转嫁情况下垄断侵害示意图

（三）集体诉讼加入及有效通知制度

集体诉讼的第三个特色制度就是"选择退出制度"。一个潜在原告是否进入诉讼有两种选择方式，即"选择加入"和"选择退出"。在我国的民事诉讼程序中，无论是个别诉讼还是共同诉讼、代表人诉讼遵循的都是"选择加入制度",也就是原告必须明确表示加入诉讼,才能成为诉讼的原告,享受判决结果。这就要求原告在诉讼前已经形成了一个集合,原告范围基本是确定的。欧盟的集体诉讼制度也是选择加入制度。美国的集体诉讼制度秉承的是"选择退出"制度,也就是如果原告不明确表示退出诉讼,就默认其参与诉讼,虽然不用出庭和参与和解,但可以援引判决结果获得赔偿。构建集体诉讼时,加入制度的选择是最核心的部分。

1. 选择加入制

选择加入制是指潜在原告收到启动集体诉讼通知后只有主动明确表示加入诉讼才能成为原告,而且,根据诉讼进程,必须出席听证会、参加庭审、参与和解协议、请求执行等程序和环节。集体诉讼的原告一般人数众多,但每个人的损失有可能不易察觉或数量不大,因此,获得的赔偿金也不高。这些潜在原告都会出于时间、成本、精力的考虑而不主动表示加入诉讼。这也是我国的共同诉讼、欧盟的集体诉讼实施效率较低的主要原因。

欧盟及一些成员国在反垄断法实施中都规定了"集体诉讼",即代表集体成员提出的单一诉求。但是,它们通常基于选择加入制,这意味着行动的结果只会对明确决定加入集体行动的个人具有约束力。选择加入制的目的是弥补代表性实体(如消费者协会)无法或不愿意提出公益诉讼的情况。在大陆法系的传统下,受害者必须表达他们加入行动的意图,以受到判决的约束。欧盟之所以采用"选择加入",是由于其发现了选择退出制度中常见的缺点:首先,原告及其代表人或律师提出的无理取闹的要求或诉讼风险,这会导致道德风险、浪费时间。[1]

---

[1] Office of Fair Trading, "Private Actions in Competition Law: Effective Redress for Consumers and Business", *Discussion Paper*, OFT916, 2007, p. 18.

其次，大量索赔可能会使损害赔偿量化等问题更加复杂化。再次，间接购买者和最终消费者的识别可能很困难，实际上，在行动开始之前可能难以联系到所有潜在原告。当商品或服务是另一种产品或服务的一部分时，特别难以识别间接购买者，因为有必要追踪整个分销链中垄断行为的间接影响。[1]最后，集体代表和集体成员之间也存在利益冲突的风险，因为律师可能倾向于为自己的利益行事，以获得尽可能大的财务收益。因此，法院必须确定代表不仅追求自己的利益，而且还追求其他集团成员的利益。

2. 选择退出制

选择退出制是美国集体诉讼制度的最大亮点。选择退出集体诉讼是指由一方或多方代表一组身份不明的或可识别的个人提起的诉讼，这些人均受到过相同或类似行为的侵害。如果集体成员在规定的时限内没有选择退出，他将受到判决的约束。受害者在收到集体诉讼起诉通知后，可以在一定时间内表示是否退出诉讼。受害者不做出任何表示，则默认为参加诉讼，如果受害者不愿参加集体诉讼，则需要采用书信、邮件等形式进行明确的表达。选择退出后也并不妨碍日后就同一事项提起私人诉讼。如果选择不退出，只需要提供相关票据证明损失和赔偿即可，可以不参加审判和听证会，也不用自行委托律师。待判决后，可以直接获偿。

选择退出制最著名的代表就是美国集体诉讼。美国反托拉斯法中没有关于集体诉讼的具体规定，但反托拉斯集体诉讼主

---

〔1〕　W. P. J. Wils, "Should Private Antitrust Enforcement Be Encouraged in Europe?", *Social Science Electronic*, 26 (2003).

要是根据《联邦民事诉讼规则》第 23（b）（3）条提起的。[1] 集体诉讼可以由一个人或几个人作为集体代表人提起。集体诉讼代表通常是自行委任的，但事实上，许多集体诉讼是由律师或律师事务所发起的，他们招募集体代表并支付诉讼费用。当某人提起集体诉讼时，法院必须确定该项诉讼是否可以采用集体诉讼形式。该起诉需符合《联邦民事诉讼规则》第 23（a）的四项要求：①当事人的数量，法院将证明某项诉讼是集体诉讼，因为，所有成员的合并是不切实际的；②存在法律或事实的共同问题；③代表当事人的主张或抗辩是典型的集体诉讼或抗辩；④代表人将公平、充分地保护集体的利益。

与选择加入制不同，集体诉讼的选择退出制提供了更多的优势。首先，集体成员不需要采取积极措施就可以从集体诉讼中受益。[2]反垄断纠纷由于潜在的索赔人过于被动而无法采取维权行为，选择退出制在一定程度上保障了个人权利。并且，他们可以决定在提议达成和解时甚至在诉讼程序的后期选择退出。其次，集体诉讼对被告也是有益的，因为他可以在一个案件中解决与众多原告的纠纷。因此，被告的诉讼费用也可以减少，可以获得法律上的确定性，并避免几次审判不一致的结果。

与选择退出制度密切相联系的是有效的通知制度，在原告获得认证后，"法院必须向集体成员提供在这种情况下切实可行的最佳通知，包括通过合理的努力向所有成员发出个人通知"。在选择退出制下，众多原告不用全部参加诉讼，一般只有代表

---

〔1〕 C. Lang, "Class Actions and the US Antitrust Laws: Prerequisites and Interdependencies of the Implementation of a Procedural Devise for the Aggregation of Low-Value Claims", *World Competition*, 24（2001）, p. 287.

〔2〕 R. Mulheron, "Some difficulties with Group Litigation Orders -and Why a Class Action is Superior", C. J. Q. , 24（2005）, p. 48.

人参与诉讼的整个过程，为了保护代表人之外其他未出席原告的利益，集体诉讼必须有充分、有效的通知制度，让全部原告获得案件发展的重要信息。

在集体诉讼中，法院需要对全体原告进行充分、有效的通知，原告代表律师应协助法院完成通知任务，通知一般采用邮寄或电子邮件的方式进行。对于邮寄或电子邮件仍然无法通知的原告，法院也可以在网站或特定媒体平台进行公告通知。通知的内容主要包括原告范围及资格、主要诉讼请求、主要争议点以及答辩意见、选任律师的权利、申请退出的权利、判决结果、和解内容等。由于集体诉讼的原告不一定全部都参与庭审，所以对缺席集体成员进行有效的通知就显得十分重要。有效的通知既要不牺牲任何单个集体成员的重要诉权，又要保证判决的约束力，以避免重复诉讼。每个集体诉讼案件都要根据具体情况给予切合实际的最佳通知。[1]

3. 选择加入制和选择退出制的成本收益分析

原告加入诉讼的制度是集体诉讼的核心，我国在反垄断集体诉讼制度建构中，应谨慎选择。以法律经济学视角，将两种制度进行成本收益分析，可以为制度完善提供重要参考（见表5-2）：

表5-2　集体诉讼选择加入制、选择退出制成本收益分析

	选择加入制（Opt-in）	选择退出制（Opt-out）
详细阅读通知	√	×
出席听证会	√	×
事先支付律师费	×	×

---

〔1〕 S. Lane, "Economics of Consumer Class Actions", *Journal of Consumer Affairs*, 7 (1973): 13~22.

	选择加入制（Opt-in）	选择退出制（Opt-out）
获得诉讼收益	√	√

第一，基于成本考量，选择退出制明显低于选择加入制。在选择退出制中，受害人不需要阅读通知、出席听证会、事先支付律师费就可以参与集体诉讼，但是选择加入制的成本明显更高。

第二，基于收益考量。两种制度中原告的收益几乎是相同的，在选择退出制中即使原告不出席审判和听证会也会受判决及和解的约束。

第三，选择退出制实现的社会总福利更高。

因此，为了体现集体诉讼激励相容的功能，鼓励受害者及代理人积极参与诉讼，减少行政与司法成本，应引入集体诉讼的选择退出制。在选择退出制中，也应确保无论原告是否参与出庭均享有同样的权利，并保护选择退出的受害者的另行起诉权利。

考虑到我国的整体法律环境，违法企业的垄断行为侵害的绝非是单个消费者的利益，而是相关市场内所有消费者的利益，乃至整个社会的利益。在失衡的诉讼能力、繁重的举证责任以及高昂的诉讼成本之下，多数利益受损的消费者往往都会选择放弃诉权。在我国引入集体诉讼之时，"明示退出"是较为理想的原告拟制方式，可以解决人数不定时无法诉讼的困窘，集结原告集体的实力，高效实现所有成员的权利救济。

（四）集体诉讼律师激励约束制度

反垄断集体诉讼程序既烦琐又复杂，而且涉及众多当事人的利益，因此，在诉讼时，律师的辅助对于案件的顺利进行及当事人实体利益的保护起着决定性作用。我国固有的按服务收费的律师收费方式将每次的服务与最后的结果分隔开来。在此种方式之下，由于案件的烦琐和复杂，律师并没有积极的动力为原告进行反垄断集体诉讼。因此，需要一个完全不同的收费方式来激励反垄断集体诉讼中代理律师的行为，这就是律师风险代理制度。

1. 律师风险代理制度

律师风险代理制度是反垄断集体诉讼的重要内容，是律师与其当事人之间有关律师服务费的一种特殊协议。协议中规定当事人不预先支付诉讼代理费，待到案件胜诉后律师才能按照约定收取一定比例的报酬作为律师费。如果案件败诉或者难以执行，律师将得不到任何律师费用。此种律师收费方式在诉讼中对律师及其当事人都存在一定的风险，因此被称为律师风险代理制度。

在反垄断集体诉讼中，由于其案件疑难复杂且程序烦琐，不仅需要有能与违法者相抗衡的"拟制原告集体"和"代表代理起诉"，还需要在律师代理方面引进激励机制，以便于诉讼的进行和对当事人合法权益的保护。此时，采取风险代理制度鼓励律师参与到反垄断集体诉讼，在诉讼前期，律师要先行承担调查取证等费用，如果案件胜诉，律师将会从案件赔偿金额中收取一定比例的律师费用。在美国的反垄断集体诉讼中，律师通过风险代理最高可以获得当事人侵害赔偿金总额的1/3；在英国，律师在风险代理制度中胜诉可以收取"成功费"；加拿大关于反垄断集体诉讼中律师风险代理制度规定了律师根据自己每小时的收费标准乘以其工作时数。在风险代理制度的激励下，律师往往比受害者本人更有起诉动力，而且在诉讼中会尽力争取更高的赔偿额。

2. 律师报酬计算方法

在美国集体诉讼中有两种用于计算集体诉讼律师费用的方

法。一种是"北极星方法"。在这种方法下，参与集体诉讼的律师会记录其用于集体诉讼工作的时间（通常以小时为单位），然后法院根据"北极星"补偿图，将记录好的工作时间乘以一个合理的单位收费比率，最后根据当事人的人数、案件的复杂性和难易程度等因素适当进行调整，得出最终需要支付的律师费用。在这种方法下，会存在律师恶意拖延诉讼时间以获取更高额度律师费用的风险。另一种是"替代法"。这种方法要求律师根据当事人获得的侵害赔偿金的一定比例来收取律师费用。此种方法能够大大提高律师参与并赢得诉讼的积极性，但是，现实中也存在律师为了获得高额律师费而引发敲诈式诉讼的情况。在司法实践中，比较常用的方法是"替代法"，此种方法的监督成本比较低，激励律师积极参与诉讼的效果也比较好。

在替代法中，最关键的部分就是律师费与赔偿金的比例，在司法实践中比例一般为 25% ~ 40%。[1]因此，有人认为律师（而非广大民众及整个社会）是整个集体诉讼的最大受益者，。因此，应严格控制律师报酬的区间。假设集体诉讼的侵害赔偿金为 d；总成本为 c，其中律师付出的成本为 c^*；律师费为 y，a 为律师费与侵害赔偿金的比例，β 表示获赔率。律师费的计算公式可以表示为：

$$y = \frac{a \times d}{\beta} - c^*$$

---

[1] 根据美国"top class action"网站公布的近 5 年（2012 年至 2016 年）的集体诉讼案例整理所得。参见 http://topclassactions.com/lawsuit - settlements/open - lawsuit-settlements，访问时间：2017 年 1 月 1 日。

导出：

$$a = \frac{(y+c^*) \times \beta}{d} \qquad ①$$

假设 $y=0$，也就是集体诉讼律师的净收益为 0，则：

$$a = \frac{c^* \times \beta}{d} \qquad ②$$

假设 $y>0$ 且 $y=c^* \times r$（$r>0$，为市场平均收益率），则：

$$a = \frac{c^* \times (1+\gamma) \times \beta}{d} \qquad ③$$

因此，得出律师费占侵害赔偿金的比例区间为（$\frac{c^* \times \beta}{d}$，$\frac{c^* \times (1+\gamma) \times \beta}{d}$）。

3. 律师报酬监管制度

在反垄断集体诉讼中，律师起到了主导作用，因为律师费用一般能达到全部赔偿金的 20% 左右。律师与当事人之间虽然存在委托代理关系，但律师有时会违背原告利益，而通过拖延诉讼、敲诈和解等方式实现自身利益最大化。律师获得激励的直接方式是集体诉讼人数的扩大，更多的成员通常意味着律师需要付出更多的工作时间或获得更多的赔偿金分配比例，这些都会提高律师费用。律师扩大人数的策略会更吸引弱团体进入，因为强团体可能通过个人诉讼获得更多的赔偿。在弱团体加入后，赔偿金会从强团体向弱团体转移，强团体可能会选择退出集体诉讼。在强团体退出集体诉讼后，全体的赔偿金就会大幅度减少。这就是逆向选择引发的"死亡螺旋"。[1]集体诉讼负

---

〔1〕 孙记："论我国民事诉讼转型中的诚信原则"，载《大连理工大学学报（社会科学版）》2017 年第 3 期。

效应的根源在于律师为了获得高报酬而引发的道德风险。律师费用的高低直接影响着律师启动集体诉讼的动力和勤勉程度。因此，对律师费进行合理规制，要兼顾律师个人利益和社会利益。

根据公式②和③，可以得出以下法律完善建议：

第一，集体诉讼成本主要包括通知成本、取证成本及机会成本等。举证成本高是集体诉讼启动的最主要障碍。因此，让律师进行风险代理是集体诉讼有别于其他诉讼的主要特色。

第二，对于反垄断集体诉讼的律师收费问题，明确反垄断集体诉讼律师代理制度费用收取的合理区间。在律师费合理区间内收取费用，一是可以通过适当的律师费用激励律师提起参与集体诉讼的积极性，发挥集体诉讼的正效应；二是律师不会因为对过高的代理费用有所期冀而设法提起不应有的集体诉讼，防止集体诉讼的负效应。

第三，由于集体诉讼存在信息不对称问题，原告对律师监督的成本过高，因此，法院应承担对律师的监督管理，包括律师费用的强制披露制度、向原告及时告知制度、诉讼时限控制制度等。

（五）集体诉讼和解制度

所有制度的最终构建目标都是实现受损法益的挽回。在反垄断案件中，传统的"填平式"私人民事诉讼本着"一案一结"的实施原则，并不会推此及彼地将相关市场内一个消费者的诉讼适用于其他消费者。这在一定程度上也约束了反垄断民事赔偿诉求的提出。此外，在司法实践中，相对于判决，法官们更加倾向于运用和解制度。

1. 集体诉讼和解制度的优势

在反垄断集体诉讼中，和解可以用一个确定的赔偿数额来取代不可预测的审判结果。对于原告而言，集体诉讼在时间成本和经济成本方面的消耗都是巨大的，同时还面临着败诉的风险。一份合理、可接受的和解报价对当事人来说意味着未来不必再为集体诉讼做出投入，同时也可免去败诉得不到赔偿的风险，且能够尽快拿到赔偿款额，不必因诉讼进程的迟缓而长时间等待。但是，值得警惕的是被告以实质不平等的地位对和解赔偿金额进行压缩的行为。对于被告而言，一方面，作为反垄断违法行为的主体，被告通常为在一定地域内或某行业内具有知名度的大型企业，通过和解，可以大大缩短诉讼进程，减少曝光率，减轻社会负面评价，降低企业损失。另一方面，败诉可能意味着更高额的赔偿。如美国法律中规定的 3 倍的惩罚性赔偿。[1]对于律师而言，和解也能确保其快速收回成本、依约获得报酬。对于法院而言，法官也往往会建议当事人接受调解或使用和解手段解决纠纷。根据调查，有 86% 的和解方案得到了美国地方法院的批准，且没有作出改动。[2]集体诉讼和解制度对于节约司法资源有重要作用。当人们亲自参与博弈而达成了一个结果时，相较于由第三方作出结果，双方的公平感往往会更强，因此在很大程度上减少了对司法资源的占用。

2. 集体诉讼和解制度的风险

集体诉讼和解在存在上述益处的同时也是具有风险的。区别于一般意义的和解制度，集体诉讼的和解并不要求所有原告均参加和解，原告代表人及代理律师认可和解协议即可。消费者在市场中处于天然劣势，法律也因此给予了偏向性的保护，

---

〔1〕　The Antitrust Practice Group Howrey Simon Arhold &White LLP, "Trends in antitrust Litigation: the New Breed of Class Action", *The Antitrust Review of the Americas*, 2005, p. 59.

〔2〕　H. M. Erichson, "Mass Tort Litigation and Inquisitorial Justice", *Georgetown Law Journal*, 87（1999）: 1983.

但是双方一旦选择进入和解阶段，消费者在一定程度上便会失去司法进程的保护，实质的不平等地位会更加凸显出来。处于实质高位的被告有机会压缩处于劣势地位、掌握较少资源的消费者群体应得的补偿及赔偿，使得出现原告即使出于自愿和解也没有得到应得赔偿甚至实质受损的情况。对于被告，同样存在隐患。如原告提起虚假诉讼，被告实际上不存在违法行为，但被告出于品牌声誉、股价等方面的考虑，选择与原告和解，付出本不应当付出的"赔偿款"。这种行为被称作"合法的勒索"（Legalized Black Mail）或"合法的偷窃"（Legalized Theft）[1]。此时的和解制度会沦为虚假诉讼集团及其律师谋财的工具。

除了上述两种情况以外，在多数情况下，在一场反垄断集体诉讼中，和解的风险指向的常常是未到庭参加诉讼或和解谈判的集团成员们。一起集体诉讼预期获得的赔偿金额是巨大的，许多律所和律师也是出于利益的驱使和考量承接集体诉讼案，甚至付出大量时间和精力为可以顺利提起集体诉讼而在垄断行为受害者之间奔走、游说。从集体诉讼律师的角度来看，在案件的早期阶段进入和解程序对其来说通常是利益最大化的，因为案件一旦进入实质审理阶段，集体诉讼律师便必须付出诸如调查取证、参与庭审、提供证据等成本。集体诉讼律师所掌握的原告在案件中的实际优势，往往比集团成员更丰富、更全面。更重要的是，作为诉讼集团的代表，在和解阶段，集体诉讼律师手握与被告的谈判权。此时，律师存在利用职业优势，"引诱"被告出钱"收买"自己的可能性。虽然集团律师受聘于集团成员，但实际诉讼进程由律师控制，和解进程也由律师代表

---

〔1〕 K. Melnick, "In Defense of the Class Action Lawsuit: An Examination of the Implicit Advantages and a Response to Common Criticisms", *St. Johns J. Legal Comment*, 3 (2008).

集团参与谈判，律师的作用与影响力在和解谈判中是重要且巨大的。反观集团成员，虽同为某一垄断行为的受害者，但彼此间往往并不熟识，是一个松散的集体，甚至是通过律师的沟通从而组成诉讼集团，对案件的诉讼、和解进程鲜少参与，更欠缺对集团律师的监管能力。从表面上看，集团律师与集团成员的目标一致，即尽可能多地从被告处获得赔偿，但在和解中，集团律师掌握谈判权，出于自身利益最大化的考虑，抛弃被代理人利益，与被告串通和解，谋取不义之财的情况也通常是难以被集团成员所发现的。

串通和解导致的不良后果体现在两方面：一方面，受害方（即集团成员）没有得到应有且充分的补偿。诉讼集团成员往往人数众多，每个人应得的补偿也许微不足道，但总额可能令被告方难以负担，甚至面临破产。以重金收买集团律师以期望减少赔偿总额是被告减轻损失的手段。但是，这样的串通和解最终将导致集团成员难以获得充分的补偿和应有的赔偿。另一方面，从被告角度来说，实施了违法的垄断行为，却没有充分返还非法所得，没有付出相应代价。据统计，美国有超过 90% 的反垄断私人执行案件是通过和解结案的，以和解结案使得没有通过法庭审判将其定性为"违法行为"，如果再纵容秘密交易、串通和解等此类和解赔偿金额不公平的和解结果，将使得违法主体实质上处于获利的状态，这等于是在助长违法行为，会严重影响反垄断法律的震慑效果。

3. 法院在集体诉讼和解中的监督

为了避免和解风险，法院应对和解方案进行中立审查。在和解的全程，法院均需要进行审查和监督，以保证没有参加出庭的集体成员的利益，避免代表人被收买或者律师为追求酬金而实施不正义的和解。与此同时，法院在进行和解协议审查的过程中也要增加对内容的审查。审查可以从社会财富提升、市场竞争维护等多个角度出发，以免出现企业间的倾轧和对消费者的欺凌。集体诉讼的和解制度平衡了竞争者、国家、消费者三者关系，缓和了垄断行为引发的社会矛盾，更重要的是合集体之力实现了整体利益和个体利益的双性赔偿。

但是，美国国会并没有向地方法院提供一个如何判断是否适当、合理和解协议的具体方案。一些地方法院根据判案经验总结出了一些用于鉴别和解协议是否妥当的方法，"格林内尔因素试验法"（Grinnell Factor Test）是其中常见且常用的方法。根据"格林内尔因素试验法"对和解方案的审查涉及如下因素：

（1）原告集团对和解的态度及反应；

（2）诉讼本身的复杂程度、所需费用和预计消耗的时间；

（3）诉讼进程及当前进程对案件事实的查明程度；

（4）法庭明确双方责任可能产生的结果和风险；

（5）法庭确认侵害赔偿结果可能产生的风险；

（6）继续集体诉讼进程以判决结案可能产生的风险；

（7）被告方对可能产生的判决结果的承受能力；

（8）对比可能获得的最优赔偿金额，和解方案赔偿金额的妥当程度；

（9）诉讼进程中可能存在的风险对赔偿金额的影响。

"格林内尔因素试验法"中并不存在某一项决定性因素，但其中确实有相较于其他因素更为重要的因素。格林内尔法院认为："案件中原告在事实上的优势与和解方案给出的赔偿金额的对等是更为重要的因素。"这一观点在"格林内尔因素试验法"的后两个因素中集中体现。由于法律与事实在特定个案中不能完全匹配，审判结果也会因案件的特殊性而出现不确定性，因此比照最优情况下的赔偿金额给出和解方案是不公平的，并且由于这种特殊性和不确定性的存在，对和解方案给出普遍性的量化指导也是不现实的。这就要求法官在判断某一和解方案是否妥当时必须要考虑所有因素，全面、细致地考量和解方案，以作出批准或驳回的最终决定。此外，听证环节也是不可或缺的。[1]

---

〔1〕 美国《联邦民事诉讼规则》第23条e款规定："未经法院批准以及未将拟定的撤诉或和解方案通知法律规定的应当通知的所有成员并为集团成员提供法庭听证的机会之前，集体诉讼不得撤诉或者进行和解。"

第六章 | 集体诉讼与二元实施机制的衔接

——基于反垄断法实施十余年的执法案件的实证分析[1]

自 2008 年我国《反垄断法》实施以来，行政执法凭借其执行效率高、震慑力度大等特点成了贯彻《反垄断法》的主要手段，执法机构先后处理了"茅台五粮液纵向垄断案"[2]、"高通垄断案"[3]、"利乐忠诚折扣垄断案"[4]等行政案件，不仅夯实了竞争政策的基础性地位，也为国际反垄断执法提供了先例，树立了标杆。行政执法手段主要包括罚款和没收违法所得，但罚款适用概率及处罚数额都远远高于没收违法所得。执法机构鲜有没收违法所得的原因在于，其数额计算需要引用销售额、生产成本、正常利润等指标，估算衡量难度很大。[5]相对而言，罚款数额为上一年度销售额的 1%~10%，计算指标易得、自由裁量度大。迄今为止，现有的反垄断执法案件几乎都适用罚款手段，只有不到10%的案件除了罚款之外还适用了没收违法所

---

〔1〕 本章基于发表在《山东大学学报（哲学社会科学版）》2019 年第 3 期的《反垄断法中罚款数额的影响因素与实证检验——基于我国反垄断法实施十年的数据》一文完善而得。

〔2〕 川发改价检处〔2013〕1 号。

〔3〕 发改办价监处罚〔2015〕号。

〔4〕 工商竞争案字〔2016〕1 号。

〔5〕 冯博："没收违法所得和罚款在反垄断执法中的组合适用"，载《法商研究》2018 年第 3 期。

得。可以说，罚款是我国反垄断行政执法最常见、最重要的手段。罚款数额计算的合理性和科学性直接影响着《反垄断法》的震慑作用，乃至竞争政策的实施效果。

《反垄断法》规定，罚款数额为上一年度销售额的 1%～10%，罚款比例与违法行为的性质、程度和持续时间等因素相关。但在 1%～10% 区间内，具体行为应适用的罚款比例并未规定，执法机构具体实施时，会面临标准不清、难以操作的困境。[1]

虽然在立法层面上，对罚款数额有大体规定，即上一年度销售额的 1%～10%，但是在执法层面，罚款比例应当综合考虑违法行为的性质、程度和持续时间等因素，尤其是准确界定罚款比例具有很大难度。正如波斯纳所说："反垄断政策的健全不但依赖于法律规则，还依赖于执法机制。只有好的规则是不够的，还必须有执法机制保障法律以合理的成本获得合理的遵守。"[2] 因此，准确地找到现实执法中罚款的影响因素与理论的差异并科学地计算罚款的数额显得尤为重要，这不仅要结合相关经济学理论加以分析，还需要通过规范的实证分析进行检验。本章对 2008 年 8 月至 2018 年 4 月间我国反垄断行政罚款案件进行实证研究发现：反垄断执法中没收违法所得与罚款两种手段存在"以罚代没"的情形；违法企业的产权性质并不会左右最终罚款比例的确定，几乎不存在"选择性执法"；执法机关对横向垄断协议行为的罚款比例明显高于其他垄断行为，不存在"一刀切"问题；进一步发现，行业协会的参与并不会提高罚款比例，也就是说，行业协会并没有加重垄断行为的严

---

〔1〕　冯博："反垄断法中罚款数额的影响因素与实证检验——基于我国反垄断法实施十年的数据"，载《山东大学学报（哲学社会科学版）》2019 年第 3 期。

〔2〕　〔美〕理查德·A. 波斯纳：《反托拉斯法》（第 2 版），孙秋宁译，中国政法大学出版社 2003 年版，第 313 页。

重性。

在实证分析基础上，本章结合经济理论、文本分析等方法，进一步研究认为，虽然在立法层面上对于罚款的影响因素规定较少，且对应比例不尽具体，但是在我国反垄断行政执法中广泛地根据垄断行为实施者的主体特点、主观要素、客体特点、客观要素进行权衡，并且在实践中形成了相对统一的标准，并且不存在"选择性执法""一刀切"等问题。除此之外，通过观察没收违法所得、行业协会等影响因素，笔者发现反垄断法立法及执法中存在一些不足：第一，执法机构对没收违法所得的功能认识不清，存在"以罚代没"的情况，在反垄断民事救济手段不完善的情况下，建议没收违法所得和罚款应该组合适用，二者不可偏废；第二，我国《反垄断法》的特色之一就是将行业协会作为处罚对象，并办理多起涉及行业协会的案件，但笔者发现，行业协会并不会显著加重违法性，其原因在于行业协会协调下的横向垄断行为涉及人数较多，价格联盟不稳定，被发现处罚的概率比较大。因此，行业协会的存在并未提高垄断的严重程度，甚至有反垄断的作用。在此，笔者通过实证研究对我国反垄断法实施十余年来的执法效果进行整体性、全面性的评估，以期为我国《反垄断法》的修改、完善提供参考。

一、反垄断罚款数额影响因素的国际比较与文献综述

目前为止，我国学者对反垄断法研究主要处于文本分析和法理研究层面，对罚款的影响因素研究得不多。但是美国、欧盟的反垄断法历史较长，执法实践经验丰富，这些国家及地区都颁布了较为详细的法律法规及指南，对罚款或罚金的影响因素及对应处罚比例进行了明确的规定，是研究罚款影响因素的主要法律渊源。而国外学者则更关注对罚款等执法手段的定量分析和实

证研究。

（一）反垄断罚款数额影响因素的国际比较

公共实施是各国反垄断法实施的主要手段，公共实施在欧盟采用的是罚款，在美国采用的是罚金。虽然罚款属于行政处罚手段，罚金属于刑罚，但两者在功能和适用上殊途同归：①两者的功能都是惩罚性的，体现了对垄断行为的震慑；②各国对罚款或罚金都颁布了详尽的指南，具有较强的操作性，凸显了公平性；③罚款或罚金的计算指南在限制执法随意性的同时，又为执法机构保留了一定的酌情裁定权力。

1. 欧盟反垄断罚款数额的影响因素及计算方式

基于大陆法系的传统，欧盟对反垄断法的实施以行政处罚为主，反垄断行政执法机关兼具行政调查权和处罚权，能够对涉案的组织参与者进行调查、审理、裁决并作出行政处罚。欧盟对反垄断执法中罚款数额具体计算主要依据的是《1998 年的罚款指南》，[1] 在 2006 年进行了修改并颁布了《关于依据第 1/2003 号条例第 23（2）（a）项规定设定罚款方法的指南》（2006/C 210/02，以下简称《指南 2006》）。按照《指南 2006》的规定，反垄断罚款的计算主要分为几个步骤（见表 6-1）：

第一步，确定基础罚款（Basic Amount of the Fine）。基础罚款数额为涉案企业相关产品或服务年销售额的百分比与垄断违法行为持续的年数之积，影响因素包括涉案企业相关产品或服务年销售额、百分比以及与垄断行为持续年数。首先，相关市场的销售额在通常情况下是涉案企业上一营业年度全年参与垄断违法行为产品或服务的销售额（税前）。其次，根据垄断行为的严重程度，适用于涉案企业的相关销售额的百分比最高可达

---

〔1〕　Guidelines on the method of setting fines imposed pursuant to Article 15（2）of Regulation No 17 and Article 65（5）of the ECSC Treaty，（OJ C 9, 14.1.1998, p.3）.

30%。而垄断行为的严重程度又取决于许多影响因素，包括垄断违法行为的类型，地理范围以及垄断违法行为的实施与否。对于核心卡特尔行为（横向固定价格、分割市场、限制产量等）的相关销售额的百分比通常在15%～20%的范围内。最后，垄断违法行为持续的年数[1]通常被认为是决定罚款的重要因素。对于核心卡特尔以及严重的垄断违法行为，无论涉案企业参与垄断违法行为时间的长短，欧盟委员会都有权在基础罚款的计算中额外增加相关产品或服务销售额的15%～25%，以增加对卡特尔的威慑。

第二步，罚款金额的调整（Adjustments to the Basic Amount）。在确定基本罚款金额以后，欧盟委员会或国家竞争管理机构将根据加重情节或减轻情节等影响因素，在原有的基础上进行适当增减。首先，在出现加重处罚的情况时，基础罚款金额将会增加。例如，在垄断违法行为被发现之后涉案企业仍然继续或重复相同或类似的违法活动；拒绝或妨碍执法机构调查；在违法垄断行为中扮演领导者或组织者角色；对拒绝合作的企业进行打击报复或是强制其他企业参与违法行为等情节。其中，对累犯或继续实施相同或类似违法行为的情形，基础罚款将增加100%。其次，在出现减轻处罚的情况时，基础罚款金额将会减少。例如，有证据表明在执法机构介入后就停止了其垄断违法行为，但不适用于秘密协议或是惯例（尤其是核心卡特尔）；有证据表明违法行为是由疏忽造成的；有证据表明涉案企业的违法行为实质受限，并且在其成为违法协议成员期间实际上通过市场竞争来避免实施该违法协议，但单纯表明其参与违法协议的时间比其他成员短将不被视为减轻情节；在宽免协议范围之

---

〔1〕 不足6个月的时间将计为半年，超过6个月但短于1年的时间将计为全年。

外但与委员会有效合作且超出法律义务范围之内的情形；其垄断行为得到当局或立法的授权或鼓励的情形。

第三步，最终罚款的确定（Final Considerations）。除了上述正常情况下的酌情增减之外，对于最终罚款的确定，我们还需要考虑宽大条款的减免、罚款上限以及处罚对象的实际承受能力等因素。首先，是对宽大情形的适用。在欧盟宽大政策中，第一个告发者会获得100%的罚金减免，第二个告发者会获得30%~50%的罚金减免，第三个告发者会获得20%~30%的罚金减免，第四个告发者获得20%以下的罚金减免。其次，是对罚款上限的考虑。在特殊情况下，考虑到威慑的必要性，欧盟委员会可以偏离《指南2006》规定的罚款计算和销售价值30%的比例上限。但根据第1/2003号条例第23（2）条的规定，最终罚款总额不得超过参与涉案企业或企业集团上一个营业年度总营业额的10%；涉及经营者协会的垄断违法行为与其成员的活动有关的，罚款不得超过受违法行为影响的每个在市场上活跃的成员总营业额的10%。此外，是对被处罚对象实际承受能力的考察。在特殊情况下，委员会可根据请求考虑该涉案企业在特殊社会和经济背景下的实际承受能力，对罚款额进行调减。但不能单纯依据罚款将对其经营不利或是将导致其出现亏损的财务状况，必须是有客观证据表明先前的罚款将不可避免地危及涉案企业的生存，并导致其资产全部丧失价值的情况下才能予以调减。最后，委员会在某些情况下可以实施象征性罚款，但应在其决定中给出实施这种罚款的理由。

表 6-1　欧盟反垄断行政罚款的具体计算步骤总结

罚款的主要部分	具体计算条款
基础罚款	相关销售额的百分比（0~30%）×垄断违法行为持续时间（年）（+相关销售额的 15%~25%：针对核心卡特尔的额外威慑）
调增	加重处罚的情节：领导者、重犯或阻挠调查等
调减	减轻处罚的情节：有限角色、当局或立法授权或鼓励的行为等
服从总体限制	不超过营业额的 10%（每个违法行为的涉案企业或企业集团）
最终的考量	宽大减免政策：第一个 100%；第二个 30%~50%；第三个 20%~30%；第四个 20%以下处罚对象实际承受能力调整

数据来源：根据欧盟委员会官网自行整理

2. 美国反垄断罚金数额的影响因素及计算方式

美国反垄断法实施主要采用司法模式，分为政府实施和私人实施两种类型。政府实施的机构主要有司法部和联邦交易委员会，后者被称为准司法机关。这两个部门虽然都没有权力直接罚款，但当原告向其对涉嫌垄断的企业提起刑事或民事诉讼，垄断企业可能会面临刑事罚金（Criminal Fine）[1]或民事罚款（Civil Penalty）。关于刑事罚金和民事罚款的计算，在成文法和判例法中均有涉及，下面，我们主要分析与罚款功能类似的刑事罚金。根据《美国量刑指南》的规定，刑事罚金的计算主要分为以下三个步骤（见表 6-2）：

[1] 根据 1987 年美国《美国刑事罚金实施法》的规定，征收刑事罚金不能超过非法收益或所受损失的 2 倍。其中，依照《美国刑事罚金实施法》计算罚金额不受《谢尔曼法》规定的最高 1 亿美元罚金额的限制。

　　第一步，确定基础罚金（Basic Fine）。基础罚金以受影响的商业量、垄断违法所得以及所受损失三者中最大者作为计算依据。根据 UUSG§2R1.1（d）的规定，垄断违法所得和所受损失计算会使判决过度复杂或延长，不得用作基础罚款的确定。因而，美国司法部通常将"受违法行为影响的商业量"（The Volume of Commerce Affected by the Violation）的20%作为刑事罚金的基础罚金。主要有两个原因：一是避免法院确定违法所得或损失所需的时间和费用；二是因为垄断价格下必然造成社会福利净损失，导致价格合谋给企业带来的收益小于价格合谋给消费者带来的损失，而一般价格合谋的平均收益是在10%左右，因此将受影响商业量（销售收入）的20%作为罚金基础。基础罚金与10%违法收益之间的差额是对社会净损失的弥补。

　　第二步，根据犯罪点数（Culpability Score）[1]对基础罚款进行调整。违法程度用"犯罪点数"来量化，犯罪点数在初始值为5的基础上根据相应的情节进行调整，每个犯罪点数对应着最小和最大乘数。根据 UUSG§2R1.1（d）的规定，应用 UUSG§8C2.6时，最小乘数和最大乘数都不应小于0.75。这一乘数被要求对最不严重的案件处罚至少15%的商业量，以便对反托拉斯罪行提供有效的威慑。影响犯罪点数的因素包括违法对象的组织规模、高层管理者的参与、累犯记录、妨碍执法等增加犯罪点数的因素以及主动告发、积极合作和负责任地接受处罚等降低犯罪点数的因素。

　　第三步，刑事罚金的确定。在反垄断司法实践中，最终刑事罚金数额的确定还要考虑垄断案件的具体情节，涉案企业的实际承受能力等，在确定的罚款区间内确定最终的罚款金额。

---

　　〔1〕　犯罪点数是对公司规模、犯罪历史、自首等加重或减轻因素的量化，垄断罪的基本犯罪点数为5点。

表 6-2　美国企业刑事罚金的计算步骤

罚款的主要部分	具体计算条款
基础罚款	受影响商业量（销售收入）的 20%×乘数（犯罪点数对应的乘数）
犯罪点数	5±（影响因素对应增加/降低点数）
乘数	根据犯罪点数对应的确定最小和最大乘数
服从总体限制	乘数 ≥ 0.75
最终的考量	涉案企业的实际支付能力

资料来源：作者根据 UUSG §2R& §8C 自行整理

3. 我国反垄断罚款数额的影响因素及计算方式

与欧美的"单一罚制"不同，我国《反垄断法》对垄断行为的行政处罚采取的是"双罚制"，即没收违法所得并处罚款。《反垄断法》第 46 条第 1 款规定："经营者违反本法规定，达成并实施垄断协议的，由反垄断执法机构责令停止违法行为，没收违法所得，并处上一年度销售额百分之一以上百分之十以下的罚款；尚未实施所达成的垄断协议的，可以处五十万元以下的罚款。"第 47 条规定："经营者违反本法规定，滥用市场支配地位的，由反垄断执法机构责令停止违法行为，没收违法所得，并处上一年度销售额百分之一以上百分之十以下的罚款。"

第一，确定基础罚款。根据我国现行《反垄断法》的规定，基础罚款为上一年度销售额的 1%~10%。反垄断执法机构在确定具体罚款数额时，应当考虑违法行为的性质、程度和持续时间。但是，法律并没有明确界定这些因素是法定调整因素还是酌定因素，而且也没有说明不同因素对应的百分比。

第二，罚款的调整因素。中国立法层面规定对反垄断行政处罚遵循的是"罚款并没收违法所得"的并罚制度。但在执法中，九成的案件都是单处罚款。在单处罚款的案件中，也并没有明确在未进行没收违法所得时是否应调高罚款比例。

由此我们不难发现，《反垄断法》对两者认定和计算方法等缺乏具体说明，对反垄断执法机构的实际执法指导作用有限。为此，2016 年国务院反垄断委员会依据《反垄断法》和《行政处罚法》制定了《关于认定经营者垄断行为违法所得和确定罚款的指南（征求意见稿）》，其中明确了违法所得的含义、主要考量因素以及"实际收入""假定收入""对照价格"等相关概念。同时，对罚款的确定方法、步骤以及"上一年度""销售额""经营者"等相关概念作出了详细说明。但正式文件尚未出台，使得我国目前反垄断执法由于自由裁量权过大而容易出现处罚尺度不一的现象，罚款金额的确定面临着极大的不确定性。这些都有损我国反垄断执法机构的社会形象，也容易给公众留下选择性执法的印象。

（二）反垄断罚款数额影响因素的理论评述

1. 垄断行为持续时间

垄断行为持续时间是指垄断违法行为从开始到终止的时间间隔，垄断持续时间越长，造成的损害越大。而且，垄断行为持续期间影响着卡特尔是否稳定，[1]进而影响社会危害性。因此，垄断持续时间一直是计算罚款数额所考量的重要因素。欧盟发布的《指南 2006》直接将垄断持续时间作为系数乘以相关产品或服务销售额的百分比，以此来确定基础罚款数额。

2. 垄断行为差异

被法律所禁止并适用罚款计算规则的垄断行为主要有垄断

---

〔1〕　M. C. Levenstein and V. Y. Suslow, "Breaking up is Hard to do: Determinants of Cartel Duration", *The Journal of Law and Economics*, 54 (2011): 455~492.

协议和滥用市场支配地位。不同垄断行为是否适用同样的罚款计算标准一直是理论界和实务界争议的核心问题。有学者认为，不同垄断行为的认定标准应统一。[1]但更多学者认为不同行为应对应不同比例，与具体垄断行为相匹配的反垄断罚款能有效地阻止垄断违法行为的发生。[2]就垄断协议而言，横向垄断协议和纵向垄断协议对社会福利造成的损害是不同的。在横向垄断中，是否有行业协会参与的卡特尔对整个社会福利造成的损害存在极大的差异。

3. 从轻及宽大情节

在确定基础罚款数额后，一般会根据从轻及宽大情节降低罚款数额或比例。从轻情节包括坦白或提供关键证据，积极配合调查或整改。安库尔·察达和马克·杰格斯[3]认为宽大政策通过改变卡特尔成员的参与约束或激励相容约束条件，可以对卡特尔起到威慑和瓦解效果。康纳[4]指出没有证据表明宽大政策大幅度减少了罚款，同时反卡特尔政策的目标应该是降低卡特尔行为的预期收益或提高处罚概率。

4. 从重情节

在确定基础罚款数额后，也会根据一些从重情节增加罚款数额或比例。从重情节主要有违法行为企业是垄断行为的领导

〔1〕 Y. V. Bolotova, "Cartel Overcharges: An Empirical Analysis", *Journal of Economic Behavior & Organization*, 70 (2009): 321~341.

〔2〕 C. J. Werden, "Sanctioning Cartel Activity: Let the Punishment Fit the Crime", *European Competition Journal*, 5 (2009): 19~36.

〔3〕 Ankur Chavda and Marc Jegers, "The Effects of Leniency Programs and Fines on Cartel Stability", *Metroeconomica*, 58 (2010): 291~313.

〔4〕 J. M. Connor, "Effectiveness of Antitrust Sanctions on Modern International Cartels", *Journal of Industry, Competition and Trade*, 6 (2006): 195~223.

者或组织者。克雷卡夫特和加洛[1]指出罚款应充分结合实际偿付能力，并且对起主导作用的违法者予以重罚才能避免威慑不足或过度。依据违法行为的情节适当加重罚款对制裁垄断违法行为和维护良好的市场竞争环境都是有利的。[2]

5. 违法企业规模大小

被处罚企业的实际负担能力以及特定的社会经济背景应该作为罚款确定的重要裁量因素。彼得罗夫和什马科夫[3]提出了一种确定经济实体实施垄断行为的最佳罚款方法和几点有针对性的建议：罚款制度需要在基本框架内有一定的灵活性，除了要考虑垄断违法者在相关市场的销售收入以外，还应该考虑其营业额、企业规模、盈利能力来确定罚款金额。

6. 行业协会的参与

在横向垄断协议中，库玛等[4]强调行业协会的参与强化了卡特尔成员企业的数量，也增加了监督的难度，容易发生背叛。然而，后坝等[5]则认为行业协会的参与强化了卡特尔合谋企业之间的信息交流，但容易留下更多的书面信息。罗伊特[6]指出行业协会的参与会增加卡特尔的稳定性，增加了被查处的概率，

〔1〕 C. Craycraft, J. L. Craycraft and J. C. Gallo, "Antitrust Sanctions and a Firm's Ability to Pay", *Review of Industrial Organization*, 12 (1997): 171~183.

〔2〕 R. D. Blair and C. P. Durrance, "Antitrust Sanctions: Deterrence and (Possibly) Overdeterrence", *Antitrust Bulletin*, 53 (2008): 643~661.

〔3〕 S. Petrov and A. Shmakov, "An Economic Approach Towards Fine Value Optimization for Antimonopoly Violations", *Journal of Competition Law & Economics*, 11 (2015): 775~790.

〔4〕 V. Kumar et al., "Buyer Resistance for Cartel Versus Merger", *International Journal of Industrial Organization*, 39 (2005): 71~80.

〔5〕 H. Houba, E. Motchenkova and Q. Wen, "Competitive Prices as Optimal Cartel Prices", *Economics Letters*, 114 (2012): 39~42.

〔6〕 T. Reuter, "Endogenous Cartel Organization and Antitrust Fine Discrimination", *Review of Industrial Organization*, 51 (2017): 291~313.

从而影响垄断持续时间的长度，最终影响执法机构对罚款比例的确定。

与已有文献相比，本书的进步之处在于：

（1）增加了没收违法所得的因素，欧盟反垄断处罚手段只有罚款，并没有没收违法所得，美国虽然有没收违法所得，但也是在不能进行集团诉讼条件下的补充手段，极少适用。因此，现有国外文献并没有研究没收违法所得对罚款的影响，国内学者虽然有人研究没收违法所得和罚款的关系，但从未进行实证检验。

（2）增加了违法企业性质的因素，国外文献并不关注企业的所有制性质，但在我国存在大量的国有企业。这些国有企业在历史上享受国家补贴、产业政策、财税制度的眷顾，在某些领域有明显市场的优势，因此，外国企业及媒体指责反垄断机构对国有企业"网开一面"，而执法机构虽然可以反驳谣言但缺少规范的实证分析数据的支持。

（3）我国《反垄断法》制定及实施的重要特点之一就是加强对行业协会的处罚力度，但是国外的反垄断执法机构都是直接对企业罚款，极少对行业协会进行罚款，本书通过实证方法探析了我国行业协会对横向垄断协议社会危害性的影响。

二、理论假设与模型设计

（一）没收违法所得对罚款的影响

从反垄断执法机构的官方网站查询，笔者发现已公布的 535 个反垄断行政执法案件[1]中仅有 49 个案件涉及没收违法所得，在对行政处罚决定书分析时发现，其大致遵循了调查对象、案件

---

[1] 535 个案例数据是工商总局官网竞争执法报告和国家发改委以及地方物价局搜到的反垄断行政执法案件的汇总，每一份行政处罚决定书均可视为一个案件，其中一些案件没有公告（行政处罚决定书），如山西电力垄断案件并没有收录其中。

事实与证据、行为分析、违法认定、处罚决定的固定模式。斟酌我国《反垄断法》第 46、47 条的法律条文不难发现，没收违法所得与罚款之间的连接词为"并"，即没收违法所得应该与罚款一并适用，两者在逻辑上应该是捆绑在一起的。行政处罚从垄断侵害和垄断损失两者总量出发，这符合经济学逻辑，但在现实执法实践中却缺乏具体配套的实施细则，没收违法所得由于核算问题而容易遭到忽视。目前，学者对没收违法所得与罚款问题的研究主要存在三种不同的观点：

第一种观点认为，两者应该并处，不能单独适用。吴汉洪和权金亮[1]比较了我国和日韩对垄断协议的处罚规定，认为没收违法所得与罚款并处并不会造成双重处罚，反而能够形成有效的威慑。蒋岩波[2]认为没收违法所得与罚款具有整体性，在实施时不能择一而用，而应当一并适用。

第二种观点认为，两者可以替代，单独适用。黄勇和刘燕南[3]对比了美国和欧盟垄断罚款的计算方法，认为目前我国反垄断行政处罚应以适度为宜，不必将没收违法所得与罚款捆绑在一起，同时应明确相关概念的具体量化，增强可操作性。有学者建议取消我国反垄断的"没收违法所得"，侧重"罚款"功能作用。

第三种观点认为，两者应组合适用，不应"以罚代没"。冯博研究了没收违法所得与罚款在反垄断执法中的组合适用问题，认为两者具有不同功能，不可相互替代，可以根据垄断行为的类

---

[1] 吴汉洪、权金亮："日韩对达成垄断协议行为的处罚规定及其对中国的启示"，载《中国物价》2015 年第 3 期。

[2] 蒋岩波、肖秀娟："别嘌醇片垄断协议案行政处罚的法律适用问题探究——基于《反垄断法》第 46 条的规范分析"，载《江西财经大学学报》2017 年第 3 期。

[3] 黄勇、刘燕南："垄断违法行为行政罚款计算标准研究"，载《价格理论与实践》2013 年第 8 期。

型进行组合，实现成本优化，达到最优执法效果。支持这种观点的还有王健和张靖、[1]丁茂中等。[2]

从本质上讲，没收违法所得与罚款之间是收益转移与潜在损失的关系。"以罚代没"观点一是忽略了"垄断侵害"与"垄断损失"的经济内涵；二是没有明确没收违法所得和罚款的功能定位；三是忽略了我国现阶段反垄断执法体系的缺陷，比如无集体诉讼。关于"罚"与"没"的认识，应从垄断损害、违法处罚、司法目标这三个角度来理解。其中，垄断损害的经济学内涵应包括"垄断侵害"与"垄断损失"之和；而违法处罚在法律的规定上也应囊括"损害赔偿"和"垄断罚款"两个部分。此外，司法目标从法律经济学的视角分析更应体现"公平"和"效率"的融合。解决我国反垄断执法的困境，需要建立"最适处罚结构"与"最适执法结构"相结合的模式。[3]综上，理论上罚款与没收违法所得具有不同的功能定位，两者不具有替代性，但为了观察我国反垄断执法中是否存在"以罚代没"现象，故提出假设1：在其他因素不变的情况下，垄断企业有违法所得但未没收情形下的罚款比例高于并罚情形下的罚款比例。

（二）企业产权性质对罚款的影响

近年来，我国反垄断案件查处力度逐年增强，国际影响力不断增大，但也因此遭到外资企业对执法机构因违法企业产权

［1］ 王健、张靖："威慑理论与我国反垄断罚款制度的完善——法经济学的研究进路"，载《法律科学（西北政法大学学报）》2016年第4期。

［2］ 丁茂中："垄断行为法律责任条款实施困境的消解"，载《法学》2017年第9期。

［3］ 参见国务院反垄断委员会专家咨询组成员、我国工业经济学会竞争政策专业委员会主任、天津财经大学于立教授关于"2017年第十五届法经济学论坛"所做的报告。其中最适处罚结构：赔偿原则与惩罚原则的结合，公平与效率的统一。最适执法结构：法院与行政的配合（私人诉讼、集体诉讼、公益诉讼）对应的是市场作用（民事）与政府职能（行政）的配合。

性质不同造成罚款不公的质疑。欧洲及美国的官员、行业协会认为我国存在"借反垄断之名，行保护主义之实"，对本国企业和外资企业采用双重标准，罚款尺度不一，对外国企业，存在执法选择的"偏见"。[1]面对外国的质疑，谭袁[2]对此进行了反驳，认为外国对我国反垄断罚款存在选择性执法的错觉主要有两个方面的原因：一是我国反垄断案件总量少，国内企业涉案多且小，而涉外企业案件少但大；二是忽略了全球范围内各国对跨国巨头垄断行为罚款的比较。

《反垄断法》在市场经济国家中素有"经济宪法"之称，其反对的是"垄断行为"，而非"垄断地位"，其保护的是竞争，而不是竞争者。[3]《反垄断法》旨在营造良好的市场竞争环境。然而，如果执法者对于不同违法企业的同一垄断行为采取双重标准，区别对待，这就会破坏潜在违法者对自己行为的预期，无法实现有效的公平竞争秩序。[4]综上，为了明晰我国反垄断执法是否存在选择性执法问题，提出假设2：在其他条件不变的情况下，对外资企业的罚款比例高于国有企业。

（三）垄断行为差异对罚款的影响

1. 垄断行为类型对罚款的影响

企业垄断违法行为不同，所适用的法律原则也不同。本身违法原则简便易行，但难免僵化；合理推定原则追求经济效率，

---

〔1〕　Y. S. Tang, *Lawmaking Process and Non-Governmental Stakeholders in China's Antimonopoly Law*, Social Science Electronic Publishing.

〔2〕　袁嘉、郝俊淇："国际反垄断行政罚款制度评析及其对我国的启示"，载《价格理论与实践》2015年第5期。

〔3〕　于立、吴绪亮：《产业组织与反垄断法》，东北财经大学出版社2008年版，第20页。

〔4〕　焦海涛："反垄断执法和解中的利益平衡"，载《西南政法大学学报》2007年第2期。

但执法成本高。在具体案件的调查认定中，本身违法原则与合理推定原则都存在各自的不足，不能完全替代，需要根据具体垄断行为选择适用。[1]不同垄断行为的认定有时会遵循不同的处罚方式，比如在我国，垄断协议适合"本身违法原则"（Illigal Per se Rule），滥用市场支配地位适用"合理推定原则"（Rule of Reason）。[2]合理原则打破了本身违法之下非黑即白的执法逻辑，同时也给反垄断执法机构带来了极大的困难。为了解决这种困难，各国在实践中都逐步将各种垄断行为类型化，为每种垄断行为分别制定不同的分析要件，以此来指导执法机构的工作。垄断行为的类型不一，发生的概率也不一样，反垄断机构的关注程度也会不一样。

在所有的垄断行为中，固定价格、划分市场或限制产量等被认为是最严重的损害竞争的核心卡特尔行为，其中，针对价格合谋应放弃罚款上限规定，并加重罚款。[3]而有学者则认为应当废除罚款下限的规定，明确从重从轻的辅助裁量因素。[4]此外，巴盖里和卡苏拉科斯[5]指出，最优罚款应当依据不同类型的垄断行为设置有针对性的处罚方式。达戈德和曼托瓦尼[6]

---

〔1〕 余东华："从'本身违法'到'合理推定'——美国反垄断违法判定原则的演进"，载《华东经济管理》2008年第9期。

〔2〕 于立等：《法律经济学的学科定位与理论应用》，法律出版社2013年版，第125~267页。

〔3〕 王健："追寻反垄断罚款的确定性——基于我国反垄断典型罚款案例的分析"，载《法学》2016年第12期。

〔4〕 袁嘉、郝俊淇："国际反垄断行政罚款制度评析及其对我国的启示"，载《价格理论与实际》2015年第5期。

〔5〕 V. Bageri and Y. Katsoulacos, "A Simple Quantitative Methodology for the Setting of 'Optimal Fines' by Antitrust and Regulatory Authorities", *European Competition Journal*, 10 (2014): 253~278.

〔6〕 E. Dargaud, A. Mantovani and C. Reggiani, "Cartel Punishment and the Distortive Effects of Fines", *Journal of Competition Law & Economics*, 12 (2016): 375~399.

也对这种观点表示认同。但在我国的反垄断立法中,并没有明确不同垄断行为应该参照不同的罚款比例,为了验证我国在进行罚款时是否存在"一刀切"问题,故提出假设3:在其他条件不变的情况下,反垄断执法机构对横向垄断协议行为的罚款比例高于其他垄断行为。

2. 横向垄断协议中组织形式差异对罚款的影响

在反垄断执法过程中应当充分考虑违法行为的性质、程度和持续时间等多种因素,但更要关注这些因素如何左右判罚,分析其中的作用机理。[1]在欧盟,垄断行为持续时间是确定基础罚款的重要系数,使得垄断持续时间与罚款比例之间存在一种正相关关系。杰涅索夫和穆林[2]也指出行业协会促进了卡特尔内部的信息交流,造成的福利损害更大,因而罚款比例会相对高一些。但是穆拉维耶夫[3]则强调在横向垄断协议中,行业协会的参与会增加卡特尔被查处的风险,从而影响垄断持续时间的长度,降低了的罚款比例。故提出假设4:在其他条件不变的情况下,行业协会的参与增加了垄断行为的持续时间,从而提高了罚款比例。

为了验证上述假设1~3,设计如下基准模型:

$$ratio_{ci} = \alpha + \beta confiscation_{ci} + \gamma duration_{ci} + \lambda ia_{ci} + \sigma X_{ci} + \mu_c + \varepsilon_{ci} \quad ①$$

这里的下标 c 和 i 分别表示案件和被处罚对象。$ratio_{ci}$ 是本研究所关注的反垄断执法机构在行政处罚中对违法企业实施的

---

〔1〕 I. Bos and M. P. Schinkel, "On the Scope for the European Commission's 2006 Fining Guidelines Underthe Legal Maximum Fine", *Journal of Competition Law and Economics*, 2 (2006): 673~682.

〔2〕 D. Genesove and W. P. Mullin, "Rules, Communication, and Collusion: Narrative Evidence From the Sugar Institute Case", *American Economic Review*, 91 (2001): 379~398.

〔3〕 I. Mouraviev, "Explicit Collusion under Antitrust Enforcement", *Working Paper*, 2013, p. 494.

罚款比例。$confiscation_{ci}$ 是虚拟变量，当反垄断机构对垄断违法企业处以没收违法所得时取 1，否则为 0。$duration_{ci}$ 表示垄断违法对象 i 的垄断持续时间。ia_{ci} 表示垄断行为是否有行业协会的参与。X 表示控制变量，包括等宽大情节[1]：是否坦白或提供关键证据、是否积极配合调查或整改（从轻情节）和是否组织者或领导者等控制变量（从重情节）；被处罚企业的产权性质：是否国有（控股），是否民营（控股），是否外资（控股）；垄断行为类型：是否横向垄断协议，是否纵向垄断协议，是否滥用市场支配地位等。另外，μ_c 是控制个案的固定效应，ε_i 为随机误差项。

另外，针对假设 4，采用中介模型来检验横向垄断协议中是否有行业协会参与通过改变垄断持续时间进而影响罚款，模型的具体形式如下：

在横向垄断协议的分样本中考察行业协会对罚款的影响。为分析行业协会对罚款比例的影响机理，本书构建式②，具体形式如下：

$$duration_{ci} = \alpha_2 + \lambda_2 ia_{ci} + \sigma_2 X_{ci} + \mu_c + \varepsilon_{ci} \qquad ②$$

在式②基础上加入中介变量构建模型，以检验行业协会的参与通过影响垄断持续时间进而间接影响罚款比例的中介效应，具体形式如下：

$$ratio_{ci} = \alpha_3 + \gamma_3 duration_{ci} + \lambda_3 ia_{ci} + \sigma_3 X_{ci} + \mu_c + \varepsilon_{ci} \qquad ③$$

---

[1]《反价格垄断行政执法程序规定》（已失效）第 14 条第 2 款规定："第一个主动报告达成价格垄断协议的有关情况并提供重要证据的，可以免除处罚；第二个主动报告达成价格垄断协议的有关情况并提供重要证据的，可以按照不低于 50% 的幅度减轻处罚；其他主动报告达成价格垄断协议的有关情况并提供重要证据的，可以按照不高于 50% 的幅度减轻处罚。"

三、数据来源及说明

（一）数据来源

本书搜集整理了 2008 年 8 月至 2018 年 4 月之间，原工商行政管理总局下设的反垄断与反正当竞争执法局、原国家发展和改革委员会下设的价格监督检查与反垄断局和各省原物价局官网上公布的反垄断执法案例共 535 个。通过对 535 个反垄断执法案件的处罚决定书或公告逐一研读、筛选整理为 484 份案例，剔除了 19 个中止或终止调查的案件（其中 5 个涉及行业协会），3 个涉嫌滥用行政权力排除、限制竞争，事后积极整改不予处罚的案件，29 个行业协会垄断案[1]，在 484 个案件中提取了罚款比例、垄断行为类型、垄断行为持续时间、没收违法所得、宽大情节、从重情节等影响罚款程度的指标。最后，通过全国企业信用信息公示系统对每一个违法企业进行查询，整理出的注册资本、所有制形式等反应企业规模的指标，以及是否国有（控股）、民营或外资（控股）等反映企业性质的指标。

（二）指标设计与描述性统计说明

1. 被解释变量

罚款：直接使用行政处罚决定书或公告中对违法对象相关产品或服务销售额的罚款比例作为罚款强度的衡量指标，罚款比例越大，惩罚力度越重。[2]

2. 核心解释变量

没收违法所得：没收违法所得可以作为无法提起反垄断诉

---

[1]　对行业协会的罚款是直接给出的，不存在比例，而且行业协会一般是非营利性的，没有"上一年度涉案销售额"。

[2]　F. Smuda, "Cartel Overcharges and the Deterrent Effect of Eu Competition Law", *Journal of Competition Law and Economics*, Vol. 10, No. 1, pp. 63~86.

讼的必要救济手段，解决和解制度威慑不足的问题，[1] 反垄断执法机构是否对违法企业进行没收违法所得，没收违法所得赋值为 1，否则为 0。

垄断持续时间：垄断违法行为从开始到停止的时间，垄断持续时间越长，造成的损害越大。垄断持续时间是反垄断执法所考量的重要因素，同时影响着卡特尔是否稳定[2]。

垄断组织差异：横向垄断协议中，卡特尔的组织形式会影响其自身稳定性，有行业协会参与的卡特尔组织会更稳定，垄断持续时间也更长。横向垄断协议案件有行业协会组织或参与的赋值为 1，否则为 0。

3. 控制变量

垄断企业产权性质：是否是国有（控股）企业，是否是民营企业，是否是外资（控股）企业等可能会影响罚款比例的因素。将被处罚的民营企业作为参照组对象，根据全国企业信用信息公示系统的股权结构，是国有（控股）企业的赋值为 1，否则为 0；是外资的赋值为 1，否则为 0。

垄断企业的酌定情节：从轻情节包括是否坦白或提供关键证据，是否积极配合调查或整改；从重情节包括是否是领导者或组织者。有坦白、配合调查等从轻情节的赋值为 1，否则为 0。是领导者或组织者等从重情节的赋值为 1，否则为 0。

垄断行为性质：是否是横向垄断协议、是否是纵向垄断协议、是否存在滥用市场支配地位等垄断行为类型。类型化使得《反垄断法》的内容更为丰富和完善，也大大降低了反垄断执法

---

[1] 张昕："垄断行为没收违法所得的美国经验及对我国的启示"，载《价格理论与实践》2013 年第 11 期。

[2] M. C. ALevenstein, "Suslow V. Y. Breaking Up is Hard to Do: Determinants of Cartel Duration", *The Journal of Law and Economics*, 54 (2011): 455~492.

机构的执法成本。[1]

违法企业规模大小：被处罚的上一年度的销售额，是否是有限公司，是否是股份公司等。确定罚款比例所需要考虑企业的承受能力。被处罚企业的实际负担能力以及特定的社会经济背景应该作为罚款确定的重要裁量因素。

案件的执法机构：执法机构分为原工商局和发改委，执法机构是工商局的记为 1，发改委为 0。同时还对案件发生的时间、地区等因素进行了考量，全文相关指标的说明和描述性统计见表 6-3。

表 6-3　主要变量指标的说明和统计

变量	变量名称	样本数	均值	标准差	最小值	最大值
ratio	罚款比列（%）	434	2.8018	1.9396	0	9
confiscation	是否没收违法所得	484	0.1198	0.3251	0	1
duration	垄断持续时间（月）	478	36.4163	25.5048	2	132
ia	是否有行业协会的参与	484	0.3616	0.4810	0	1
aa	处理案件的执法机构	484	0.3595	0.4804	0	1
leader	是否是组织者或领导者	460	0.2522	0.4347	0	1
cooperation	是否配合调查或整改	460	0.9783	0.1460	0	1
confess	是否坦白或提供关键证据	460	0.0935	0.2914	0	1

---

〔1〕　侯利阳："垄断行为类型化中的跨界行为——以联合抵制为视角"，载《中外法学》2016 年第 4 期。

续表

变量	变量名称	样本数	均值	标准差	最小值	最大值
lnsale	上一年度的销售额的对数	414	15.6621	3.2791	8.0813	25.0553
limited	是否是有限责任公司	481	0.6819	0.4662	0	1
incorporated	是否是股份有限公司	481	0.1830	0.3870	0	1
soe	是否是国有（控股）企业	484	0.1818	0.3861	0	1
private	是否是民营企业	484	0.7438	0.4370	0	1
foreign	是否是外资（控股）企业	484	0.0744	0.2627	0	1
horizontal	是否属于横向垄断协议	484	0.8430	0.3642	0	1
vertical	是否属于纵向垄断协议	484	0.0785	0.2693	0	1
abuse	是否滥用市场支配地位	484	0.0868	0.2818	0	1

注：其中免于罚款的，罚款比例记为 0，已公布的处罚决定书中最高罚款比例为 9%。

四、实证分析与计量结果

（一）基准回归结果

在回归中，我们使用模型①作为基准回归模型，主要考察是否没收违法所得、垄断持续时间、垄断组织差异在不同控制变量下对罚款比例的影响。OLS 回归结果见表 6-4，其中列 1 为加入控制变量条件下，是否没收违法所得对罚款比例的回归结果。结果发现，核心解释变量 $confiscation_{ci}$ 的系数显著为负，这表明现实中我国反垄断执法存在没收违法所得与罚款的相互替代情况，即在违法所得难以计算时，通常采用"以罚代没"的方式，并且在有违法所得但未被没收的情况下，罚款会明显高于有违法所得并被没收的情形，这正好印证了假设1。而按照《反垄断法》"罚"与"没"并处的规定，对违法企业的处罚应该是从垄断总福利损失的角度出发，没收违法所得与罚款两者并不存在双重处罚。

列2、列3分别为加入控制变量条件下，垄断持续时间和横向垄断协议中是否有行业协会参与对罚款影响的回归结果。列2中 $duration_{ci}$ 的系数显著为正，表明垄断持续时间和罚款存在一种正向相关关系。列3中 ia_{ci} 的系数也显著为负，这说明横向垄断协议中，反垄断执法机构在对行业协会进行罚款的同时，也降低了相关违法企业的罚款比例。

列4为加入从轻、从重情节等控制变量条件下，所有核心解释变量对罚款的回归结果。发现从轻或从重情节的系数都一直非常显著，这表明我国反垄断执法过程中对从重和从轻情节都予以充分的考量，加重对领导者或组织者的处罚，而对积极配合调查或整改、首先坦白并提供关键证据的违法企业减免罚款，甚至不罚。

列5为加入违法对象规模控制变量后的回归结果。从中发现 $lnsale_{ci}$ 的系数并不显著，这可能是由于不同行业的业务不同，并不能很好地反映不同行业的企业之间营利状况的差别。而执法机构的自由裁量过大，对企业实际承受能力和事后的持续经营考量的其他因素在一定程度上影响着垄断协议罚款幅度的确定，另外，aa_{ci} 的系数也不显著，这表明罚款比例的确定并不会因为执法部门的不同而存在明显差异。

列6为控制违法对象产权性质后的回归结果。结果发现 soe_{ci}

和 $foreign_{ci}$ 的系数均不显著，这说明在横向垄断协议中，产权性质并不会影响对违法对象的最终罚款比例，我国反垄断执法也并不存在所谓针对外企的"选择性执法"。

表6-4　基准模型的 OLS 回归结果

Variables	(1) 全样本 ratio	(2) 全样本 ratio	(3) 分样本 ratio	(4) 分样本 ratio	(5) 分样本 ratio	(6) 分样本 ratio
confiscation	−3.2632 ** (1.3664)			−3.1472 *** (0.5189)	−2.6093 *** (0.5006)	−2.6183 *** (0.5017)
duration		0.0511 *** (0.0097)		0.0564 *** (0.0100)	0.0348 *** (0.0082)	0.0356 *** (0.0083)
ia			−2.6579 *** (0.5446)	−3.8124 *** (0.5591)	−3.4467 *** (0.5122)	−3.5506 *** (0.5271)
leader	1.4713 *** (0.1273)	1.4410 *** (0.1614)	1.5631 *** (0.1558)	1.5150 *** (0.1654)	1.5650 *** (0.1583)	1.5751 *** (0.1263)
cooperation	−1.4138 *** (0.3614)	−1.2357 *** (0.3503)	−1.2157 ** (0.5387)	−1.2249 ** (0.5149)	−1.2285 *** (0.4015)	−1.2186 *** (0.4025)
confess	−1.0956 *** (0.2025)	−1.2132 *** (0.1966)	−0.8075 *** (0.2257)	−0.8715 *** (0.2160)	−0.6931 *** (0.1773)	−0.6857 *** (0.1780)
aa	0.2632 (0.6522)	−2.3363 ** (1.1653)	0.3237 (0.6669)	0.0637 (0.6390)	0.1823 (0.5235)	0.1048 (0.5325)

146

续表

Variables	(1) 全样本 ratio	(2) 全样本 ratio	(3) 分样本 ratio	(4) 分样本 ratio	(5) 分样本 ratio	(6) 分样本 ratio
horizontal	2. 2081 *** （0. 7055）	3. 1544 *** （0. 7041）				
abuse	1. 0000 （0. 7204）	0. 7447 （0. 6967）				
lnsale	（0. 0321）	（0. 0322）			0. 0191	0. 0185
limited					−0. 0867 （0. 1405）	−0. 0920 （0. 1409）
incorporated					0. 0026 （0. 2999）	0. 0579 （0. 3075）
soe						−0. 1055 （0. 1250）
foreign						0. 0423 （0. 3783）
常数项	2. 9425 *** （0. 6405）	0. 9567 （0. 7245）	4. 8919 *** （0. 6144）	3. 8633 *** （0. 6147）	3. 9671 *** （0. 6766）	4. 0256 *** （0. 6814）
个案效应	Yes	Yes	Yes	Yes	Yes	Yes
观测值	434	434	364	364	358	358
R2	0. 848	0. 859	0. 815	0. 831	0. 897	0. 898

注：括号内数值为标准误；***、**、*分别表示在1%、5%、10%水平上显著。基准回归结果中的分样本指的是横向垄断协议案件条件下的回归结果。

（二）处罚对象异质性分析

考虑到国有企业和民营企业在社会地位、营利能力和融资渠道等的差异，本书根据被处罚对象的产权性质分为国有企业和民营企业，并考察各变量对罚款的影响在两者之间的差异。通过比较表 6-5 中国有企业和民营企业的回归结果，发现 $duration_{ci}$ 和 aa_{ci} 的系数在国有企业和民营企业之间存在明显差异。国有企业 $duration_{ci}$ 的系数较小且不显著，但民营企业却相对较大且非常显著，这表明当被处罚对象为国有企业时，执法机构确定罚款时更关注其他因素，而未对垄断持续时间进行考量，但当被处罚对象是民营企业时，垄断持续时间才是执法机构考察的重点。另外，国有企业 aa_{ci} 的系数较大且显著，而民营企业较小且不显著。这表明工商部门与发改委对国有企业和民营企业关注的重点存在差异。

表 6-5　不同产权性质企业回归结果的差异

Variables	国有企业			民营企业		
	(1)	(2)	(3)	(4)	(5)	(6)
	ratio	ratio	ratio	ratio	ratio	ratio
confiscation	-2.6325 *** (0.8543)	-0.7144 *** (0.2070)	-0.6285 *** (0.2061)	-3.4703 *** (1.1201)	-4.0315 *** (0.6259)	-3.1412 *** (0.6624)
duration	0.0073 (0.0194)	-0.0002 (0.0085)	0.0045 (0.0084)	0.0882 *** (0.0148)	0.0846 *** (0.0130)	0.0541 *** (0.0106)
ia	-4.3457 *** (0.7459)	-2.9965 *** (0.4690)	-3.6447 *** (0.5564)	-3.7645 *** (1.0490)	-3.6109 *** (0.9161)	-3.0628 *** (0.8640)

续表

Variables	国有企业			民营企业		
	(1)	(2)	(3)	(4)	(5)	(6)
	ratio	ratio	ratio	ratio	ratio	ratio
aa		-1.0018 ** (0.4836)	-1.5723 *** (0.5731)		0.6614 (0.9422)	0.6821 (0.7495)
leader		2.0481 *** (0.1967)	2.2252 *** (0.2047)		1.4400 *** (0.1843)	1.5190 *** (0.1492)
cooperation		-0.9519 (0.6113)	-0.6887 (0.6286)		-0.8852 (0.6610)	-0.8702 * (0.5143)
confess		-1.0000 *** (0.2824)	-1.0853 *** (0.3624)		-0.9024 *** (0.2565)	-0.6987 *** (0.2049)
lnsale			0.0344 (0.0270)			0.0164 (0.0472)
limited			-0.0771 (0.4486)			-0.1337 (0.1518)
incorporated			0.5229 (0.4209)			-0.1383 (0.5105)
常数项	4.8616 *** (1.0941)	4.9552 *** (0.6885)	4.3563 *** (0.4321)	1.3237 (0.7256)	2.2769 ** (1.0037)	2.7046 ** (1.0981)
个案效应	Yes	Yes	Yes	Yes	Yes	Yes
观测值	56	56	55	305	305	300
R2	0.8073	0.966	0.9714	0.7628	0.821	0.8930

注：括号内数值为标准误；***、**、*分别表示在1%、5%、10%水平上显著。由于现有的外资企业的横向垄断案件数量有限，没有进行相关的分样本回归。

（三）垄断行为、组织形式差异对罚款的影响及机制分析

表6-6列1、列2中，将纵向垄断协议（verticalci）作为参照组，加入横向垄断协议（horizontalci）和滥用市场支配地位（abuseci）进行回归，发现只有横向垄断协议的系数是显著的，且系数相对较大。这说明，反垄断执法机构对每种垄断行为的重视程度是不一样的，对横向垄断协议的罚款力度要明显高于其他垄断行为。

另外，横向垄断协议中，行业协会的影响主要表现在两个方面：一是促进了卡特尔合谋的形成，有利于扩大成员数量，但也增加了背叛的风险[1]；二是强化了卡特尔内部的信息沟通和监督控制，但也留下了更多的书面信息。[2]这两个方面也相应增加了卡特尔被查处的风险，改变了垄断持续时间的期望，而垄断持续时间又直接影响最终罚款的确定。[3]

通过对表6-6回归结果的分析，列1为在加入控制变量条件下，行业协会的参与对罚款比例存在负向影响。列2为行业协会的参与对垄断持续时间的影响，对应于中介效应模型中式②。从回归结果上看，行业协会的参与对垄断持续时间的影响显著为负，这不难理解，因为目前行业协会的参与经常会产生一些能够作为证据的协议文件，在很大程度上提高了被处罚的可能性，因而垄断持续时间相对较短，垄断的损害也并不严重，因而罚款比例相对较低。列3为将垄断持续时间作为中介变量考虑其对罚款的影响，对应中介模型中的式③。其中，行业协

〔1〕 V. Kumar et al. , "Buger Kesistance for Cartel Nersus Merger", *Internationt Jaurnal of Industrial Organization*, 39（2015）: 71~80.

〔2〕 H. Horba , E. Motchenkova and Q. Wen,"Competitine Prices as Optimal Cartel Prices", *Econaornics Letters*, 114（2012）: 39~42.

〔3〕 T. Reuter, "Endogenous Cartel Organization and Anfifrust Fine Discrimination", *Review of Indusfrial Orgnization*, 51（2017）: 291~313.

会的系数依旧显著为负，而垄断持续时间的系数仍然保持对罚款比例的正向影响，这表明存在部分中介效应。即行业协会的参与增加横向垄断协议稳定性的同时，增加了被查处的概率，缩短了垄断持续时间，从而降低了执法机构对违法对象的罚款比例。此外，本书还通过 Tobit 模型对整个中介模型涉及的回归进行了稳健性检验，发现回归系数符号、显著性水平并未发生明显变化，行业协会的参与对罚款比例的中介效应依旧存在。

表 6-6　行业协会改变垄断持续时间影响罚款的
中介效应及其稳健性检验结果

	OLS			Tobit		
	（1）	（2）	（3）	（4）	（5）	（6）
	分样本	分样本	分样本	分样本	分样本	分样本
Variables	ratio	duration	ratio	ratio	duration	ratio
ia	−2.8517 *** (0.5150)	−1.9652 *** (0.3420)	−3.5506 *** (0.5271)	−1.8022 *** (0.3969)	−1.3074 *** (0.2674)	−2.5252 *** (0.3465)
duration			0.0356 *** (0.0083)			0.0298 *** (0.0072)
leader	1.5711 *** (0.1307)	−0.1148 (0.8632)	1.5751 *** (0.1273)	1.5860 *** (0.1228)	0.0660 (0.8516)	1.5891 *** (0.1141)
cooperation	−1.2559 *** (0.4133)	−1.0500 (2.7295)	−1.2186 *** (0.4025)	−0.8916 ** (0.3674)	−7.3281 *** (2.5444)	−0.9341 *** (0.3168)
confess	−0.6660 *** (0.1827)	0.5516 (1.2067)	−0.6857 *** (0.1780)	−0.7041 *** (0.1760)	0.7412 (1.2116)	−0.7654 *** (0.1635)
aa	0.3911 (0.5426)	8.0495 ** (3.5836)	0.1048 (0.5325)	0.2108 (0.3852)	0.7348 (2.6605)	−0.4354 (0.3345)

	OLS			Tobit		
	(1) 分样本	(2) 分样本	(3) 分样本	(4) 分样本	(5) 分样本	(6) 分样本
lnsale	0.0544 * (0.0319)	1.0105 *** (0.2109)	0.0185 (0.0322)	0.0892 *** (0.0201)	-0.0003 (0.1389)	0.0728 *** (0.0190)
limited	-0.0829 (0.1448)	0.2561 (0.9560)	-0.0920 (0.1409)	-0.1426 (0.1287)	-0.5614 (0.8915)	-0.2155 * (0.1198)
Variables	ratio	duration	ratio	ratio	duration	ratio
incorporated	0.0237 (0.3158)	-0.9627 (2.0854)	0.0579 (0.3075)	-0.7153 *** (0.2171)	0.6448 (1.5075)	-0.8394 *** (0.2029)
soe	-0.0464 (0.1277)	1.6606 ** (0.8430)	-0.1055 (0.1250)	-0.0225 (0.1217)	1.1420 (0.8430)	-0.0775 (0.1136)
foreign	0.0396 (0.3886)	-0.0764 (2.5663)	0.0423 (0.3783)	0.0311 (0.3732)	0.4089 (2.5861)	0.0753 (0.3464)
常数项	4.0685 *** (0.0301)	1.2052 (0.6998)	4.0256 *** (4.6214)	2.7683 *** (0.6814)	3.2108 *** (0.0324)	2.7653 *** (0.2245)
sigma				0.6128 *** (0.0225)	0.4247 *** (0.0158)	0.5689 *** (0.0192)
个案效应	Yes	Yes	Yes	Yes	Yes	Yes
观测值	358	358	358	358	358	358
R2	0.892	0.971	0.898			

五、稳健性检验

由于《反垄断法》对罚款比例设有 10% 的上限，且将免于处罚的罚款比例定为零，即罚款比例的值在 0%~10% 之间。采用受限因变量模型进行回归，分别对基准模型和中介模型进行稳健性检验，回归结果分别见表 6-7 和表 6-6 的列 4~列 6。结果表明基准回归的结果和 Tobit 模型回归的结果无显著变化，结果是稳健的。

　　表 6-7 中，是否没收违法所得、垄断持续时间和是否有行业协会参与等核心解释变量对罚款比例影响的系数依旧显著，其他控制变量的系数符号、显著性也未发生变化。比较回归结果列 1~列 4，发现"以罚代没"的关系依旧成立。

　　此外，还用 Tobit 模型对被处罚对象规模大小、产权性质进行了回归，结果见列 5~列 6。发现违法企业的产权性质对罚款比例的影响依旧不显著，即反垄断执法部门对垄断行为的罚款并不存在选择性执法。综上所述，上述基本结论依然成立。

表 6-7　Tobit 模型的回归结果

	(1) 全样本	(2) 全样本	(3) 分样本	(4) 分样本	(5) 分样本	(6) 分样本
Variables	ratio	ratio	ratio	ratio	ratio	ratio
confiscation	−3.2239 ** (1.2612)			−2.6412 *** (0.3759)	−1.2953 *** (0.3113)	−1.1475 *** (0.3004)
duration		0.0514 *** (0.0090)		0.0620 *** (0.0088)	0.0332 *** (0.0077)	0.0320 *** (0.0071)
ia			−1.4434 *** (0.4081)	−3.4523 *** (0.4755)	−2.6338 *** (0.4028)	−2.3150 *** (0.2860)

	(1) 全样本	(2) 全样本	(3) 分样本	(4) 分样本	(5) 分样本	(6) 分样本
leader	1.4586 *** (0.1490)	1.4286 *** (0.1436)	1.4739 *** (0.1417)	1.5600 *** (0.1409)	1.5523 *** (0.1180)	1.5671 *** (0.1171)
Variables	ratio	ratio	ratio	ratio	ratio	ratio
cooperation	-1.5023 *** (0.3366)	-1.3205 *** (0.3257)	-0.7243 * (0.3767)	-0.6452 * (0.3864)	-0.9077 ** (0.3543)	-1.1086 *** (0.2923)
confess	-1.2891 *** (0.1965)	-1.4041 *** (0.1907)	-0.7024 *** (0.2010)	-0.9253 *** (0.2041)	-0.7390 *** (0.1703)	-0.7212 *** (0.1673)
aa	0.2239 (0.6022)	-2.3320 ** (1.0735)	-0.0070 (0.4339)	-0.1138 (0.4793)	-0.1468 (0.3890)	0.0398 (0.2876)
horizontal	2.2346 *** (0.6513)	3.1872 *** (0.6490)				
abuse	1.0000 (0.6649)	0.7431 (0.6418)				
lnsale					0.0594 *** (0.0206)	0.0568 *** (0.0200)
limited					-0.1606 (0.1257)	-0.1780 (0.1239)

续表

	（1）全样本	（2）全样本	（3）分样本	（4）分样本	（5）分样本	（6）分样本
incorporated					-0.6071 *** (0.2087)	-0.6531 *** (0.2139)
soe						-0.0627 (0.1158)
Variables	ratio	ratio	ratio	ratio	ratio	ratio
foreign						0.0576 (0.3561)
常数项	3.0438 *** (0.5930)	1.0420 (0.6693)	3.9265 *** (0.0389)	2.6626 *** (0.0390)	2.7389 *** (0.0314)	2.7825 *** (0.0309)
sigma	0.7678 *** (0.0265)	0.7393 *** (0.0256)	0.7408 *** (0.0221)	0.7427 *** (0.0260)	0.5930 *** (0.0216)	0.5849 *** (0.0208)
个案效应	Yes	Yes	Yes	Yes	Yes	Yes
观测值	434	434	364	364	358	358

六、进一步分析与建议

准确地理解《反垄断法》对行政处罚的规定，量化影响罚款数额确定的合理裁量因素，对于规范和指导我国反垄断执法具有重大意义。基于2008年8月至2018年4月官方公布的反垄断行政执法案件搜集整理的数据实证分析发现：没收违法所得与罚款之间"以罚代没"的现象普遍存在，并且当违法企业有违法所得但未被没收时，罚款比例会明显高于未被没收的情形；在同一垄断案件中，反垄断执法机构确定的罚款比例不会因为违法企业的产权性质不同而有差别，不存在选择性执法。此外，在横向垄断协议中，行业协会的参与虽然增加了垄断持续时间，但并没有提高罚款比例。

（一）《反垄断法》实施情况评估

我国《反垄断法》虽然颁布较晚，但后发优势明显，立法水平高，实施力度强。尤其是在行政罚款手段的运用方面，不仅在最短的时间内制定出了科学标准，还通过"高通垄断案"为国际执法树立了科学计算的标杆。

1. 综合考虑多种影响因素

虽然在立法层面，对于罚款的影响因素规定比较宽泛，但是在实践中充分考虑了违法行为的性质、持续时间、违法企业的累犯、主犯、从犯、宽大、坦白等情形。考量因素比较全面，罚款结果比较准确。

2. 不存在选择性执法问题

虽然我国反垄断机构备受存在选择性执法的质疑和诟病，但一直没有强有力的数据来反驳。通过实证检验可以充分说明我国面对国有企业、外资企业、民营企业都是一视同仁的，坚持竞争中立原则。

3. 不同执法机构标准统一

在2018年3月之前，我国反垄断罚款主要由发改委和原工商部门两家机构实施，也有人质疑会不会出现执法标准不一、宽严不均的问题。通过实证检验可以充分说明不同执法机构对罚款比例并没有影响。

（二）《反垄断法》完善及修改意见

我国《反垄断法》实施十余年来，成绩斐然、影响深远，但也存在可完善的空间。结合欧盟、美国的执法经验以及实证分析我们发现，我国《反垄断法》对行政处罚的规定与现实执法的不匹配，"以罚代没"造成"双罚制"变成"单罚制"，在当前的法治环境下，造成《反垄断法》的威慑不足。因此笔者从这三个方面提出几点建议：

（1）将合理裁量因素法定化，并出台对违法所得认定和罚款确定的指南。欧盟和我国都是采用反垄断行政执法。比较而言，欧盟出台了细致的反垄断罚款指南，对影响罚款数额的合理裁量因素进行了量化，增加了执法的透明性，又保留了执法机构有限的自由裁量权。这种配套法规的出台能够增强反垄断执法机构的实操性，提高执法效率，节约稀缺的行政资源。

（2）将罚款和没收违法所得组合适用以实现反垄断执法的公平与效率。在我国缺乏集团诉讼等救济手段的现状下，难以实现消费者垄断侵害的返还，如果能够有效地实施没收违法所得与罚款的组合适用，可以弥补处罚力度的不足，有利于反垄断法形成有效威慑，提高经营者对《反垄断法》的认知。

（3）将是否有行业协会参与作为最终罚款确定的重要考量因素，增加有行业协会参与垄断协议案件中违法企业的罚款数额。在已公布的反垄断典型案件中，都不乏行业协会的身影，例如"上海黄金垄断案""湖南保险垄断案"等。建议在行业协会参与下，应加重企业罚款，而不用对行业协会本身罚款。在我国行业协会"去行政化"的背景下，利用公平竞争审查比罚款更能体现对行业协会的约束。

第七章 | 集体诉讼与二元实施机制的衔接
——基于网约车的行业分析[1]

网约私家车是以"滴滴专车""优步"（Uber）为代表，通过网络平台连接私家车与乘客的服务活动。由于双边市场属性、交叉网络外部性效应的存在，致使传统的出租车监管体系无法适用，虽然交通运输部及各省市先后颁布了"网约车管理办法"及相关配套法规，但是仍体现明显的"人+车+平台"的全面监管色彩，有碍于城市交通的有效竞争，损害消费者的选择权。借鉴美国关于优步的司法经验，建议我国应建立"竞争优于管制"的理念，放松出租车及网约车的事前监管、增加网约平台的自主权和责任承担。

2008年，网约车以"共享经济、低价出行"的光环横空出世，并凭借"返利补贴"的经营策略迅猛发展，进而对民众的出行方式、就业途径、交通产业结构带来了巨大的影响。与此同时，网约车与出租车的利益冲突不断激化，进而引发了《城市出租汽车管理办法》的存废之争、网约车合法化之争、网约车平台垄断之争、乘客遇害平台责任之争，网约车问题持续引发了理论界、实务界及民众的激烈讨论。这一系列法律问题对网约车的法律监管制度提出强烈的挑战。2015年10月，交通运

---

〔1〕 本章基于发表在《大连理工大学学报（社会科学版）》2018年第3期上的《中国网约私家车监管路径转型研究》一文完善而得。

输部公布了《关于深化改革进一步推进出租汽车行业健康发展的指导意见（征求意见稿）》[1]和《网络预约出租汽车经营服务管理暂行办法（征求意见稿）》[2]，均表明监管理念由"打击黑车"向"鼓励创新"进行转变，但各地制定网约车监管细则及实施并没有达到鼓励竞争、倡导创新、惠及公众的效果。此外，由于网约车问世比共享单车早 6 年，且两者都有共享经济的特征，那么针对网约车的监管方式同样也会影响到未来共享单车、共享汽车等各类新兴城市交通方式的发展和监管。因此，对于网约车的监管制度应建立在全面厘清中国现有网约车的概念、类型及经营模式的基础上，系统构建我国网约车（尤其是网约私家车）监管制度，以最低的执法成本实现最优的监管效益，以有效的监管方式维护中国计程车行业乃至整体城市交通体系的健康运行。

一、中国网约车现有监管制度的不足

交通运输部于 2016 年 7 月 27 日颁布《网络预约出租汽车经营服务管理暂行办法》（以下简称《网约车管理办法》），此后北京市、上海市、重庆市、天津市、武汉市等也相继出台实施细则。（如表 7-1 所示）从表面看来，对司机资质、车辆类型、平台监管、定价方式、许可期间等方面进行了因地制宜的细化，但实质上都遵循了"人+车+平台"的全面监管模式。这种监管模式从实施效果上看，有增加行政执法成本、阻碍市场竞争、损害消费者利益之嫌。其主要原因如下：

---

〔1〕《国务院办公厅关于深化改革推进出租汽车行业健康发展的指导意见》（国办发〔2016〕58 号），已于 2016 年 7 月生效。

〔2〕《网络预约出租汽车经营服务管理暂行办法》，已于 2016 年 11 月 1 日生效，2019 年 12 月修正。

表7-1 7个典型省（市）关于网约车的相关规定的简要比较

地区	司机	车辆	平台	定价	许可期限
上海市	户籍+资格+不良记录	车籍+排量+型号+配置	注册地+运营规模+运营信息	实行市场调节价	3年
北京市	户籍+资格+不良记录+年龄+考试	车籍+排量+型号+配置+支付系统+所有者	注册地+运营规模+运营信息+支付系统	实行市场调节价，必要时可实行政府指导价	4年
武汉市	户籍+资格+不良记录	车籍+排量+型号+配置+年限+所有者	注册地+运营规模+运营信息+支付系统+运营制度	实行市场调节价，并在市价格部门备案	6年
重庆市	资格+不良记录+年龄	排量+型号+配置+行驶里程+运营区域+年限+购买价	运营规模+运营信息+支付系统	实行市场调节价	4年
合肥市	户籍+资格+不良记录+年龄+考试	车籍+排量+型号+配置+年限+行驶里程	注册地+运营规模+运营信息	实行市场调节价	4年
天津市	户籍+资格+文化程度+不良记录+年龄+考试	车籍+不良记录+排量+型号+配置+年限+性质+所有人	注册地+纳税+运营规模+运营信息	实行市场调节价，必要时可实行政府指导价	4年

续表

地区	司机	车辆	平台	定价	许可期限
广州市	资格+文化程度+不良记录+年龄	排量+型号+配置+年限	运营规模+运营信息+司机劳务+投诉系统+培训制度+公示制度+系统配置+安全责任	实行市场调节价	8年

（一）概念混淆误导监管对象

《网约车管理办法》开宗明义，指出"促进出租汽车行业和互联网融合发展，规范网络预约出租汽车经营服务行为……制定本办法"，并首次对"网约车"进行了法律界定。其中也特别说明，巡游车、私人小客车合乘不适用于该办法。这就意味着，在内涵上，网约车属于出租车，但必须是基于互联网平台的独乘服务；在外延上，网约车与巡游车、私人小客车合乘有明显区别。（如表7-2所示）然而，随着O2O（Online to Offline）经营模式的普及，线上线下的频繁互动，硬性划分网约车、巡游车与私人小客车合乘，背离了共享经济和"互联网+"理念。

表7-2　《网约车管理办法》中网约车、巡游车与私人小客车合乘概念比较

	网约车	巡游车	私人小轿车合乘
存在类型	专车、快车中的非拼车	计程车	拼车、顺风车
预约方式	互联网	无	互联网
乘坐方式	独乘	独乘	合乘
信息来源	网约车平台	无	网约车平台

	网约车	巡游车	私人小轿车合乘
服务方式	点对点	巡游揽客	点对点,指定路线
定价方式	市场定价,部分地区必要时实行政府指导价	政府统一定价	市场定价,部分地区必要时实行政府指导价,非营利
收费方式	GPS 定位实时价格	里程表价格	GPS 定位实时价格
支付方式	网络支付	现金支付	网络支付

第一,网约车归属出租车,造成监管错位。《网约车管理办法》立法目的明确指出网约车是网络预约出租车,应属于出租车,但又不适用《城市出租汽车管理办法》(已失效),其中的立法矛盾显而易见。相反,美国"伊利诺伊州运输贸易协会诉芝加哥市政府与 DAN BURGESS "[1]垄断案指出,优步等网约车是指交通网络运输提供者(Transportation Network Providers, TNPs)或称出行共享。优步等网约车是在共享经济下,通过网络平台连接私家车与乘客的服务活动,将网约车称为"网约私家车"更为准确。网约车与出租车具有明显差异,不属于同一相关市场,两者不适用同样的监管标准,而且对网约车的监管不能阻碍市场竞争。

第二,网约车与巡游车混淆,引发监管套利。巡游车虽然可以借助"滴滴出租车"等软件进行网络预约,但法律规定其并不适用《网约车管理办法》,而是遵循《城市出租汽车管理办法》。但在现实中,巡游车借助网络预约在高峰时期可以提高价格,但路边载客却只能"执行由城市的物价部门会同同级行政

---

[1]　Nos 16-2009,-2007,&-2980.

主管部门制定的收费标准"致使有些巡游车路边拒载，只接乘网约乘客，从而损害了消费者利益。

第三，网约车与私人小客车合乘区分，增加监管成本。《小客车合乘（拼车）指导意见》规定两者的区别在于是否以营利为目的，但在现实中是否盈利并不容易判断，尤其是滴滴出行中的"快车"业务有拼车和不拼车之分，两者的界限并不明显，转换随意。将"是否盈利"作为执法标准会引发执法成本激增，甚至可能出现"钓鱼式执法"现象。

第四，"滴滴巴士"等新兴业务，面临监管空白。随着共享经济模式的不断深化，滴滴巴士等新兴业务不断涌现，其以价格低廉、多人共乘等特点规避了"营利性"和"小客车"的限制，不适用"网约车"和"私人客车合乘"的监管制度，新兴业务面临监管空白。

（二）责任不清增加监管成本

从现有网约车监管政策来看，问题在于监管主体的混杂，监管责任的交叉。大多省市的监管主体为当地交通运输管理部门。但各地也规定，各政府相关部门也会按照各自职责，实施相关监督管理。（见图 7-1）与此同时，根据《网约车管理办法》，虽然网约车的具体监管放权地方，但中央各部门仍要进行相应监督。这就意味着，网约车从其平台设立到最终的载客运营至少要受到十多个行政部门的监管。在"多部门监管"的模式之下，监管成本与监管主体的数量必然呈现正相关的发展趋势。每个部门至少要涉及执法人员 3 人~5 人，消耗执法时间 10 个工作日~20 个工作日。这意味着在执法过程中，大量的执法资源将被投入其中。而由于重复取证、交叉调查而导致的损耗至少占执法总成本的 2/3。在"多部门监管"的模式之下，由于责任不清而产生的监管真空、监管重叠均会导致最终监管效益的折损，监管成本的增加。因此，若想以最低的监管成本获取理想的监管效果，其关键在于监管责任的明晰。

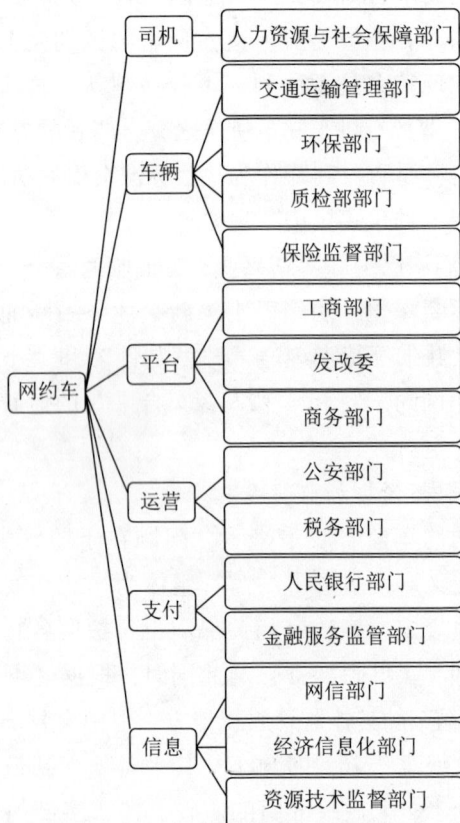

图7-1　网约车监管机构简要分布图

（三）准入过严埋藏垄断隐患

在网约车出现之前，出租车行业竞争显著不足，尤其"行政垄断"现象明显，致使大量"拒载""绕道""随意讲价"等

164

损害消费者利益的行为出现。正如弗兰克纳的和波特莱[1]的研究表明，准入规制时期在位经营者能够获得垄断租金，进而逐步形成垄断，而大量潜在竞争者出于行业利润率的吸引也将会以各种打破"限制"的形式存在。"滴滴快车"、优步等网约车增加了城市交通运输的竞争，也在一定程度打破了出租车的垄断地位。据预测，到 2022 年，中国网约车交易规模可能将达到5036 亿元。而后随着《网约车管理办法》的颁布，地方政府"人+车+平台"的全面准入规定纷纷出台，或导致各地可以从事网约车服务的车辆不足 20%，其中保证每日从事经营的仅占2%。在城市交通布局无法满足城市出行需要的情况下，不符合准入条件的车辆或将再次成为"黑车"。

网约车运营管控导致传统计程车垄断空间增加。规制前，网约车平台提供的车辆类型是市场调节的结果，充分满足了不同群体个性化和差异化的出行需求。然而，"人+车+平台"的全面监管模式背离了"市场对资源配置的决定性作用"。这不仅将导致用车成本的大幅增加、司机和车辆的大量退出、传统计程车垄断地位的进一步持续，而且将引发"不加价无车乘"等城市交通乱象的出现。

二、网约私家车监管中争论焦点辨析

"滴滴快车"、优步等网约车自诞生之初，便伴随着诸多争议和质疑，比如网约车的类型有哪些？网约车与出租车相比，其优势和功能在哪里？网约车在法律上的地位是什么？等等。

（一）网约车的类型

城市交通类型大体可分为计程车、私家车、公交车、轨道

---

[1]　M. W. Frankena and A. P. Paul, "An Economics Staff Regulation", *Bureau of Economics Staff Re-port*, Federal Trade Commission, 1984.

交通和长途车，随着"互联网+"模式的引入，在传统交通出行方式之上衍生出不同的网约车形式，即网约计程车、网约私家车、网约公交车以及网约租车。这四种网约车在服务形式、补贴形式、政府交通管制程度、运营成本与收入以及合同类型等方面存在一定差异。（如表7-3所示）

网约计程车是指通过互联网技术平台预约计程车出行。网约计程车与传统计程车的运行方式类似。例如，"滴滴出租车""上海大众 APP"。网约私家车是指司机和乘客通过互联网技术平台接通供需信息，通过移动网络预约私家车出行。[1]例如，"优步""滴滴专车""滴滴快车"等。网约公交车指乘客通过互联网技术平台预约指定路线的多人大巴车中的指定座位，其运行方式与长途汽车类似。例如，"滴滴巴士""嗒嗒巴士"等。网约出租车指租赁人通过互联网预约租赁车辆，其只提供车辆服务。例如，"神州租车""首汽租车"等。

表7-3 中国城市交通分类及特征

城市交通类型	预约方式	服务形式	补贴形式	政府交通管制	运营成本	运营收入	合同类型
传统计程车	电话或无预约	车+司机	政府补贴	出行不限号，牌照管制	车钱+油费+车辆耗损+司机工资+份子钱	里程计价车费+补贴	服务合同
私家车	无	无	无	出行限号，牌照不限	无	无	无

---

〔1〕 冯博、杨童："中国网约私家车监管路径转型研究"，载《大连理工大学学报（社会科学版）》2018年第3期。

续表

城市交通类型		预约方式	服务形式	补贴形式	政府交通管制	运营成本	运营收入	合同类型
公交车		无	车+司机	政府补贴	出行不限号，牌照管制	车钱+油费+车辆耗损+司机工资	政府定价	服务合同
长途车		无	车+司机	无	出行限号，牌照管制	车钱+油费+车辆耗损+司机工资	指定路线车费	服务合同
网约车	网约计程车	互联网	车+司机	政府补贴和企补贴业	出行不限号，牌照管制	车钱+油费+车辆耗损+司机工资+份子钱	里程计价车费+补贴	服务合同
	网约私家车	互联网	车+司机	企补贴业	出行限号，牌照不限	车钱+油费+车辆耗损+司机基本费用	GPS计价车费+补贴	居间合同
	网约公交车	互联网	车+司机	企补贴业	出行不限号，牌照管制	车钱+油费+车辆耗损+司机工资	指定路线车费+补贴	服务合同
	网约租车	互联网	车	无补贴	出行限号，牌照不限	车钱+油费+车辆耗损	汽车租赁费	租赁合同

(二) 网约车的功能特征

网约车作为共享经济的产物，具有双边市场属性，其特征表现为网络外部性、价格非对称性、相互依赖性及互补性。

(1) 交叉网络外部性。网络外部性指随着使用同一产品或服务的用户数量变化，导致所获得效用的变化。网络外部性通常分为直接网络外部性和间接网络外部性。直接网络外部性是由于某一产品的用户数量增加而直接导致网络价值的增大，间接网络外部性指随着某一产品使用数量的增加，该产品的互补产品数量越来越多、价格不断降低而产生的价值。在网约车市场上，这两者均有体现，一方面乘客数量增加，网约车的市场更有价值，另一方面也导致加入网约车市场的司机数量增加，网约车供给增加，导致每单价格降低。随着网约车司机的数量的增加，每一乘客选择网约车作为日常交通工具的意愿也会加强，因此网约车市场供给与需求是交叉的，也称交叉网络外部性。

（2）价格非对称性。价格非对称性指需求方与供给方的价格不相等，两者价格无实质联系，价格由中介平台决定，在经济学中也被称为信息不对称。在每笔交易中，由于双方对信息的获取有差异，因此网约车平台企业收取乘客费用与司机单笔收入有差异，两者均由网约车中介平台决定。因此，若定义 P 为平台收益，$P_{乘交}$ 为平台收取的乘客费用，$P_{司机}$ 为平台支付给司机的费用，α 为平台提成率（$0<\alpha<1$），$\alpha P_{乘交}$ 为司机支付平台的费用，那么平台收益可以表示为 $P =（1+\alpha）P_{乘交}-P_{司机}$。即乘客支付费用与司机收益的价差总是存在，所以网约车平台企业确定的乘客与司机二者的价格也就体现出了非对称性。

（3）相互依赖性及互补性。相互依赖性与互补性是互补品的典型特征，在经济学上称两种要一起消费才能使消费者得到满足的商品为互补品，互补品可被划分为完全互补品（比如眼镜框架与镜片）和普通互补品（比如牛奶和咖啡），网约车市场上司机与乘客两者可看成普通互补品的关系。互补品的需求交叉弹性系数为负值，并且功能互补性越强的商品交叉弹性系数的绝对值越大。在网约车市场上，虽然乘客与司机不是两种商品，但两者的关系类似于普通互补品，只有司机和乘客双方同时对所提供的服务产生需求时，网约车平台企业的产品或服务才存在价值，需求交叉弹性系数的绝对值越大，两者的相互依赖性与互补性就越强。

由此可知，网约私家车具有明显的交叉网络外部性、价格非对称性、相互依赖性及互补性，是共享经济、双边市场最集中、最典型的体现。而网约计程车、网约公交车、网约租车、神州快车等服务的双边市场效应并不明显。

（三）网约私家车的法律定位

网约私家车明显的双边市场属性造成现有基于单边市场构建的法律条文明显缺乏解释力。因此，对于"滴滴快车"、优步等网约私家车的监管是网约车监管的最主要、最困难的内容。

1. 网约私家车有"私有性"

由于网约私家车其运行的车辆为私家车，从其物权属性而言，有别于传统的计程车和出租车。如果将车辆的所有权划分为车的所有权以及牌照的所有权，那么，网约私家车均属于真正的"私有"即个人（自然人）所有的范畴。而出租汽车的所有人均为法人，该法人设立的目的通常为从事汽车租赁或运输业务。此外，由于各地计程车管理制度的差异，计程车车辆的所有权有所不同，但是，牌照均需得到政府特殊许可。在一定意义上，计程车的牌照所有者是政府。网约私家车与出租汽车和传统计程车相比，具有真正的私有属性。

2. 网约私家车的判别标准

根据《网约车管理办法》，网约车与私人小客车合乘最重要的区分点在于是否以营利为目的。然而，出于共享经济的理念，乘客无论是否选择拼车，对于车主而言，从事网络运输即为闲置资源的再利用。资源闲置对于所有者而言，收益为 0 或者为负。一旦闲置资源被再次利用，其产生的任何收益均为盈利。

在共享经济中，闲置资源产生的盈利不是取决于共享的人数，而是其最终被再利用而带来的收益。共享的人数对于收益的影响不是体现在单次的共享过程，而是参与人数导致共享频次的增加。因此，网约私家车本身具有营利性，既不能成为其区分于其他交通运营方式的标准，也不能成为其内部分类的准则。

3. 网约私家车平台的定位

网约私家车的法律主体由于网约车平台运营的商业模式的不同，其法律关系并不能以"四方协议"简单概括，其法律关系仍需要根据网约车平台企业商业模式的差异区分为 B2C（Business to Customer）商业模式下的法律关系以及 C2C（Consumer to Consumer）商业模式下的法律关系。（如表 7-4 所示）由于在 B2C 商业模式中，网约车平台既是车辆管理企业，拥有车辆的所有权，也是司机的劳务雇佣企业，所以 B2C 商业模式中的网约车平台实质即为生产者与销售者，是管线式经营的一环，并非经济学上的"平台模式"，不是真正的网约车平台。因此，笔者认为，仅有在 C2C 商业模式下运行的网约车平台才具备"平台"属性，才是真正的网约私家车平台。

表 7-4　两种商业模式下网约车对比

商业模式	协议性质	司机类型	举例	利弊
B2C	服务合同	专职司机（与平台是雇佣关系）	神州专车、首汽约车	安全系数更高，符合政策的要求，不用担心驾驶员流失，利于加强监管，避免违规事件的发生。 运营资本较大，布局慢、管理成本高，而且本质上没有解决社会闲置车辆的问题，有造成道路拥堵、车辆剧增的潜在风险。

续表

商业模式	协议性质	司机类型	举例	利弊
C2C	居间合同	私家车司机（平台充当媒介）	易到用车、滴滴出行	社会闲置资源的利用，社会福利整体提高。 服务难以规范，易发生信用问题，车辆不属于平台，只能通过线上平台的注册和审核机制，难免良莠不齐。

在 C2C 商业模式下，网约私家车的法律主体涉及司机、平台企业和乘客三方。司机为车辆的所有者，不受任何企业的雇佣，平台企业仅为乘客和司机搭建信息接通的渠道。司机、平台企业以及乘客之间缔结的是居间合同。（如图 7-2 所示）C2C 网约平台企业在乘车合同的缔结过程中起到媒介的作用，对于行驶车辆、司机资质以及乘客安全不承担任何责任。网约车平台的信息具有开放性，乘客可以进行信息比对，选择服务。传统意义的居间合同存在委托关系，在 C2C 商业模式下的网约私家车平台仅承担提供真实的车辆、司机、乘客以及服务信息，履行促进服务缔结概率的义务。在现有监管模式之下，司机对于乘客的义务仅限于提供车辆服务，而乘客对于司机也仅需履行给付费用的义务，对于行车安全、车辆资质、价格合理性等问题均处于监管"空白"。

图 7-2　C2C 商业模式下的法律关系

三、域外网约私家车监管模式借鉴

自《网约车管理办法》颁布以来，学界对其褒贬不一。目前，伴随着"兰州市总量控制""上海市规格限制""北京市户籍化管理"等地方网约车管理实施细则的相关规定出台，各种网约私家车的监管模式已经初现端倪。然而，此类监管制度不仅存在将"互联网+"变成"互联网-"的趋势，而且有用新规制取代旧规制的倾向，不仅无法释放市场活力，更加无法对网约私家车形成真正意义上的监管。因此，如何构建合理的网约车监管制度仍旧是中国城市交通管理的重要问题。在网约车"合法化"的国家中，新加坡、美国以及英国的监管模式对于我国有着十分重要的借鉴意义。

新加坡对于计程车行业实行完全的市场化运作。无论是之前的传统计程车还是之后出现的网约车，新加坡政府对于从业车均不设限，只要申请"拥车证"（类似于车辆行驶证）即可批准入行。在新加坡，网约车与传统计程车的总量均不控制且价格放开，由经营公司自行定价，只需向政府报备。新加坡政府监管部门只对服务质量进行监管。关于网约车的营运价格，新加坡政府只规定价格（包括预约费或附加费）需要提前告知乘客，预约费不能超过现有计程车公司所实施的费用，而具体的定价仍由经营公司来确定。从新加坡的经验来看，服务监管的执法成本主要体现在服务标准的制定、服务过程的监督、服务资质的审核等。

美国各州对于网约车的监管方式不尽相同，但是就现有立法承认网约车合法化的 54 个州而言，其中大多采用的是"政+企"的监管模式。以加利福尼亚州为例，根据法律规定，加州传统从事客运服务的公司有三种类型，即计程车公司

（Taxicab）、旅客承运公司（Passenger Stage Company，PSC）以及客运租赁公司（Charter Party Carrier，TCP）。为对网约车进行有效监管，加利福尼亚州公共事业委员会特意创设了新的交通运输服务公司概念，即"交通网络公司"（Transportation Network Company，TNC），并为其构建了专门的监管路径。网约车平台企业，只需向监管部门购买一种用于"交通网络公司"的运营牌照。此外，接入网约车平台企业的私家车主也无须申请任何行政许可且接入总量不受控制。在监管方式上，政府仅对车辆和司机设置详细的准入标准、责任保险要求和运营要求，而车辆和司机的准入以及日常运行均由平台企业自行监管。网约车平台企业需要定期向监管部门上交运营报告以证明其运营现状。

虽然英国的计程车行业一直存在较为严苛的管理体系，但是鉴于网约车与传统计程车的功能差异，二者的监管制度也是有所差异的。由于英国将网约车纳入了现有的英国约租车监管体系，实行服务与平台的全程监管，所以政府并不禁止私家车从事网约车营运。私家车只要符合交通局设定的准入门槛，即可顺利申请到"网约车执照"，并且相较于传统计程车其准入条件更为宽松。与此同时，由于英国的网约车是依据 1998 年《约租车法案》进行规制，所以无论是网约车平台企业还是私家车主，只要涉及提供网约车服务均要受到政府的监管，只是监管标准相较于严苛的计程车从业标准更为宽松。

通过对比美国、英国、新加坡等国家的网约车监管模式，不难看出，其监管思路主要集中于"放"，即赋予网约车平台更多的自主管理权。（如表 7-5 所示）网约车平台可以自助管理车辆以及相关运营。政府将更多的精力集中于对平台资质和平台运营情况的监管。此种"管住中间，放开两边"的监管模式相较于全面监管模式而言，节省执法资源，提高执法效率，可以达到事半功倍的执法效果。

表 7-5　各国网约车"合法化"后规定比较

国家	准入限制	价格限制	监管方式
新加坡	鼓励私家车共享自驾司机和车辆必须提前在新加坡陆路交通管理局申请备案	搭乘过程中的预约费和附加费必须事先向乘客说明,使用打车软件的预约费不能超过现有计程车所实施的费用	只对服务质量进行监管
美国	只需购买"交通网络公司"的运营牌照。接入交通网络公司的私家车主无须申请任何行政许可	交通网络公司根据里程和/或时间计费,自行定价,并向监管部门提交明确的运营数据报告	监管机构与网络平台合作的"政+企"监管模式
英国	符合交通局设定的准入门槛,私家车均可申请到"网约车执照",相较于传统计程车条件更为宽松	根据 GPS 信号按里程计价	由 1998 年《约租车法案》进行规制,实行平台与服务的双重监管
中国	车辆规格、车辆总数限制,车辆需为本地车籍、司机资格限制、平台运营要求	根据 GPS 信号按里程计价和附加费,企业自行定价,但总体价格要高于政府定价的普通计程车	"人+车+平台"的政府监管模式

四、中国网约私家车的监管路径构建

网约车服务体现了共享经济的理念,是交通网络信息服务而非单纯的运输服务。借鉴美国的司法判决,[1]网约车的监管

---

〔1〕　T. M. Adrian and Tedb, "Do Economists Reach a Conclusion on Taxi Deregulation", *Econ Journal Watch*, 2006 (1): 109~111.

应当树立"竞争优于管制"[1]的理念，不能让网约车成为第二个出租车。网约车与巡游车是具有业务交叉但又截然不同的两个市场，因此，其监管模式也应有所区分。然而，监管不同于管制。[2]管制强调政府悖逆市场规律进行行政干预，监管则体现的是政府顺应市场规律，通过规制政策和竞争政策对市场进行合理协调。由于网络平台具备"开启、参与社会交往"的特征，[3]所以网约私家车的监管更应强调利用市场，通过竞争实现监管目标。但就目前出台的相关规定而言，中国网约私家车的监管仍具有较重的管制色彩，很多地方的监管政策有待完善。从其他国家的成熟经验来看，"政+企"即政府管理平台、平台管理服务的方式才是更贴近市场，更反映监管内涵，更体现市场决定性作用的有效途径。网约私家车的监管模式应体现出竞争政策的基础性地位，达到执法成本最低、社会福利最高的监管目标。就当前中国网约私家车的发展程度而言，系统构建其监管路径至少需要以下三步：

（一）放松事前监管激发市场活力

共享经济中，市场监管主要表现在两方面，即消费者的保护与市场的准入。合理的市场准入制度是共享经济发展的前提。一般认为，传统计程车具有服务双方的流动随机性和消费的一次性。然而，网约私家车与传统计程车不同，它使经过一次交易就退出流通的资源或资源上的某种权能得以反复进入经济循环。此种经济循环延展的基础是较为宽松的市场准入制度而非

---

[1] 丁轶："权利保障中的'组织失败'与'路径依赖'——对于'运动式治理'的法律社会学考察"，载《法学评论》2016年第2期。

[2] 王思源："论网络运营者的安全保障义务"，载《当代法学》2017年第1期。

[3] 张素凤："'专车'运营中的非典型用工问题及其规范"，载《华东政法大学学报》2016年第6期。

传统的特许式经营模式或审批式经营模式。此外，为传统计程车设立较为严格的行政许可，在一定程度上是因为传统计程车会"占用大量道路资源具有不经济性以及加剧交通拥堵等负外部性"。然而，网约私家车市场属于双边市场，具有交叉网络外部性。网约私家车准入标准的降低不仅不会存在传统计程车的隐患，而且可以实现道路交通资源的合理分配，减轻交通拥堵。特殊行政许可制度是传统出租车行业无法满足大量乘客需求以及发挥城市交通功能的重要原因。

如图 7-3 所示，横轴、纵轴分别表示网约车市场上网约车的数量 Q 和价格 P，当市场充分竞争时，供给曲线、需求曲线如图中曲线 S 和 D 所示，市场均衡点为 E（p_1，q_1），无论网约车是否受到管制，市场需求不变，即曲线 S 的位置不发生变动。当市场受到管制，就会对网约车供给数量进行限制，受到管制时供给曲线为 S^*，市场均衡点为 E^*（p_2，q_2），从 E 点到 E^* 点，均衡价格提高而交易数量降低，因此点 E 比点 $E*$ 更具有市场活力。

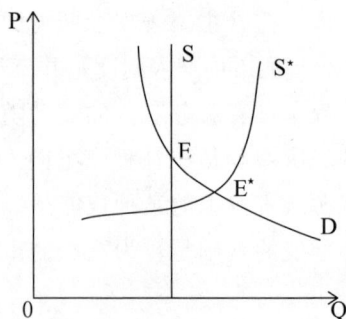

图 7-3　政府有无管制下网约车供求关系示意图

但在公平竞争审查制度之下，任何有碍和限制竞争的行政行为都将被排除。这无疑为网约私家车的发展提供了清明的环境。然而，目前各地出台的网约车的监管制度似有重蹈计程车覆辙之嫌。网约车平台企业不得不将运营的重点放在共享性较低的"专车"领域。然而，"快车"模式才是网约私家车共享经济理念的主要表现。因此，在制定监管规则时，政府需要注重安全、环保等社会性规制，但更应充分利用公平竞争审查制度破除网约私家车领域的行政垄断。从"权力管制权利"到把"权力还给权利"，适度降低准入标准，充分发挥竞争在资源配置中的作用。一旦市场实现了进出无障碍，那么竞争机制自会激发市场活力，厘清市场结构。

（二）增加平台自主权激发市场创新

截止到 2015 年，中国使用网约私家车的用户已为 3.5 亿人，网约私家车的司机约为 1500 万人。根据数据显示，在监管过程中车辆安全、服务质量、乘客权益以及支付安全均是重要因素。然而，如果政府意图实现全方位监管不仅会耗费巨大的执法资源，付出高额的执法成本，还将导致网约车平台违规操作和违法运营的机会成本的增加。过度监管下的网约私家车将缺乏创新意识与发展动力。网约车平台企业与传统计程车公司最大的区别在于互联网技术的介入。而互联网技术最重要的特征就是"颠覆式创新"。区别于传统的"继承式创新"，每一次互联网技术的创新都可在短时间内颠覆原有的市场结构。在激烈的市场竞争中，企业只有不断创新才能得以生存。基于此种属性，在网约车平台监管的过程中，增加企业的自主权不但不会扰乱市场，反而会激发市场创新的动力。在监管规则的制定中，政府把权利赋予平台企业，不是放任自流，而是将权利放给市场，利用市场的竞争机制，实现对平台企业的有效监管。在监管的过程中，政府需要的是划定边界，具体针对司机、车辆、服务以及安全等方面的举措均可由平台企业自主制定。当网约车平台企业拥有较大的自主权时，为争取用户量其必会力求规模化。联合定价、限制司机和乘客选择自由的情况等垄断行为也将发生。此时，政府自可依靠反垄断执法，维护市场秩序的运行。一旦平台企业不能在市场竞争中力保创新，不断优化，其势必会被市场所淘汰。

（三）增加事后监管明确责任形式

当网约车平台无须为网约私家车承担任何法律责任之时，其必将出于经营者营利目的接入大量司机和乘客信息，进而引发更多侵害消费者权益、威胁城市交通安全的事件。放开准入，增加平台自主权，并不代表监管部门就要舍弃监管。本着"政府管平台、平台管车辆"的"政+企"监管思想，监管部门需要用竞争政策代替规制政策，明确网约车平台企业的责任形式，让平台与网约私家车承担无限连带责任。一旦权责明确，依靠《反垄断法》《消费者权益保护法》《合同法》等法律法规，消费者仍可通过司法途径实现权利的有效救济。由于网约车平台与网约私家车承担无限连带责任，因此一旦出现侵害乘客权益或者影响市场竞争的行为，即便监管部门尚未对平台企业和司机进行惩处，但是，消费者通过诉讼的方式仍可寻求赔偿。然而，由于信息不对称，诉讼成本过高以及举证责任过重等问题，在网约私家车相关诉讼中，可以考虑集体诉讼的适当引入，利用集体诉讼制度中拟制原告、激励律师、举证责任倒置等方式，保障消费者的合法权益。网约私家车的事后监管需要注重利用市场竞争机制，发挥竞争政策功效，绑定平台与车辆责任，形成权责明确、激励相容的监管模式。竞争政策与诉讼制度的融合不仅可使平台企业实现自治与优化，而且在实现市场充分竞争的同时也保障了城市交通的平稳运行。

为适应当前监管规定，网约车平台企业纷纷根据各地规定改变经营方式，转变功能定位，调整商业模式，力求以"合规"方式满足市场需求。然而，这样的变化不仅迫使消费者为改变政策之后的提价后果买单，更有将网约私家车变为网约计程车的错位运营趋势。但即便是在"约束式"监管之下，中国网约私家车市场仍难掩其活力。一方面，这源于公平竞争审查制度的落实。各地"网约车新政"中有碍竞争的问题已引发各界关注。以兰州市为首的多地行政部门已就明显违法的具体规定作出修正，如更改车轴距的具体限定等。另一方面，伴随共享经济的发展，越来越多类似于网约私家车的共享经济产物也在不断涌现，例如"OFO""AIRBNB"等。近年来，随着网络技术、大数据、人工智能等新兴科学技术的变革，各类"颠覆性创新"不断涌现，跨类经营的"巨型互联网平台"已成为网络经济发展的新趋势。例如"美团"平台在主营食品外卖派送服务之外，还在一些城市试点经营网约私家车服务。针对此种跨类经营发展趋势，网约私家车的监管模式则更需将关注点集中于平台。根据"防范成本最低者负主责"的法律经济学基本原则，网约私家车的监管模式只有"管住"平台这个关键环节，才能够达到更有效率地实现公平的监管。中国互联网已历三十余年，共享经济理念植根十多年，网络强国、数字中国以及智慧社会的改革方向均依赖于公平有序的竞争环境以及合理、高效的监管模式。网约私家车作为中国共享经济发展的早期产物，其监管制度不仅对未来各类共享品的发展具有示范性效应，其监管理念更事关竞争政策的贯彻。激励相容的监管方式是有效预防、遏制垄断行为之方，是实现公平、有序市场竞争之基，是贯彻竞争政策基础性地位之法。因此，秉承"激励优于管制"，注重平台责任落实，利用多元主体追责，强化竞争政策落实是实现中国网约私家车监管制度完善的必然，是发挥市场决定性作用的关键。

第八章 | 集体诉讼与二元实施机制的衔接
——基于银行卡的行业分析

2014 年 10 月 29 日，国务院常务会议决定，放开银行卡清算市场，凡是符合条件的内外资企业，均可申请在我国境内设立银行卡清算机构，这也就标志着中国的银行卡支付清算市场将迎来真正的竞争时代。中国银联作为中国银行卡支付清算系统的主要建设者及运营商，一度在线上和线下都具有独占性地位，后受到第三方支付机构的冲击，其为了重获在银行卡支付清算市场的优势地位，通过发布文件、协商约谈、巨额罚款等"软硬兼施"的方式强制所有银行卡支付清算业务必须通过银联。很多人认为银联此举有垄断之嫌，应重罚银联。但也有人认为银联具有公用品性质，《反垄断法》应予以豁免。两个说法虽都有一定道理，但均缺乏理性分析，结论莫衷一是。本章将从银联（中国银联股份有限公司，简称"银联"）、第三方支付机构、商业银行等银行卡支付清算主体之间的竞争关系入手，从立法（制定清算市场准入规则）、执法（反垄断执法）和司法（反垄断民事诉讼）等方面促进银行卡市场充分竞争，为市场主体的支付清算活动提供一个市场化、法治化的营商环境。

一、国内外银行卡支付清算市场垄断案件概述

银行卡支付清算是指银行卡跨行、跨境及发卡行内部的支付清算活动，包括线下及线上支付清算，前者主要通过中国银

联的 POS 机实现，后者主要通过支付宝、财付通等第三方支付
机构实现。因此，在银行卡支付清算市场中，主要参与竞争的
主体包括：第一是银行卡组织，比如中国的银联、美国的 Visa、
Master Card、American Express 和 DISCOVER 等；第二是第三方
支付机构，比如支付宝、美国 PayPal、Google Checkout 等；第
三是商业银行。在国内外，银行卡支付清算主体之间发生过多
种类型的垄断案件或事件（见表 8-1）：

表 8-1　银行卡支付清算市场垄断案件或事件一览表

	类型	业务	典型案例或事件	诉由
Ⅰ类	银行卡组织之间	境内支付清算	美国司法部起诉 Visa 和 Master Card 垄断案（1998 年）	Visa 和 Master Card 限制美国运通等在支付清算市场的竞争
			美国运通起诉 Visa 和 Master Card 垄断案（2004 年）	美国运通指控 Master Card 和 Visa 阻碍新产品开发，对消费者构成伤害
		跨境支付清算	美国向 WTO 起诉中国银联垄断案（2010 年）	美国向 WTO 提出申诉，表示中国银联垄断中国的本地电子支付业务，损害 Visa、Master-Card 和美国运通等美国企业的利益
Ⅱ类	第三方支付机构之间	线上支付清算	美国反垄断机构诉 PayPal 垄断案（2006 年）	PayPal 不允许 Checkout 在 eBay 上进行进行支付清算业务

	类型	业务	典型案例或事件	诉由
Ⅲ类	第三方支付机构与银行卡组织之间	线上支付清算	中国银联要求线上支付清算业务必须经过银联（2012 年）	中国银联发布《关于规范与非金融支付机构银联卡业务合作的函》等
		线下支付清算	银联对上海银行等成员银行和汇付天下等第三方支付机构进行了巨额罚款（2014 年）	银联因一些成员银行与第三方支付机构直连，对违规成员银行及第三方支付机构进行了数百万的罚款

1. Ⅰ类案件——银行卡组织之间的垄断案件

Ⅰ类案件是最早出现的银行卡支付市场垄断案件，由于美国的银行卡支付清算市场起步较早，其反垄断执法经验值得中国借鉴。Ⅰ类案件集中发生在线下支付业务中，比如"美国运通诉 Visa 和 Master Card 案"等，通过该案确认了 Visa 和 Master Card 限制美国运通进入支付清算市场的行为是垄断行为，促进了银行卡支付清算市场的竞争。

2. Ⅱ类案件——第三方支付机构之间的垄断案件

随着电子商务的不断发展，第三方支付成了线上银行卡支付清算的主要方式，并出现了"美国反垄断机构诉 PayPal 反垄断案"等一系列案件，通过该案确认了通过 eBay 购物后，可以通过 PayPal、Checkout 等第三方支付系统进行支付。

3. Ⅲ类案件——第三方支付机构与银行卡组织之间

美国至今并未出现Ⅲ类案件，其原因是美国的第三方支付机构都是通过 Visa 和 Master Card 进行跨行跨地跨境支付，没有第三方支付机构与银行直连的问题。与美国线上支付清算市场不同，中国在线上支付清算市场的竞争关系主要表现在第三方支付机构与银联之间。在 2012 年至 2014 年之间，银联相继发布多个文件，要求第三方支付机构通过银联支付清算系统进行结算。有学者认为银联此举有垄断之嫌，但也有学者认为支付宝跳过"银联"的行为有"搭便车"之嫌。银联与"第三方支付"之间孰是孰非，不甚明了。这类案件是目前中国特有的问题，也是本章研究的重点。

二、"弃联走宝"事件引发的银联涉嫌垄断案

(一)"弃联走宝"事件概述

在我国支付清算市场中，银联曾处于核心和枢纽地位，是银行卡支付清算系统的基础建设者和最主要运营机构。担负着推广统一的银行卡标准规范、制定和推广银联跨行交易清算系统入网标准、创建银行卡自主品牌、维护国家经济和金融安全等一系列职责。然而，近年来，伴随着互联网金融和移动支付技术的出现及发展，以"支付宝"为代表的第三方支付机构[1]（或称"非金机构"）也进军到支付清算市场，并且发展速度迅猛，交易规模巨大。这是由于以"支付宝"为代表的新型支付基础设施是电子商务快速发展的必要基础，它不仅为小微企业提供各种渠道的支付服务，还扩大了银行卡的适用范围。因此，在线上支付中，许多银行为了减少交易成本，纷纷选择"跳过银联通道，与第三方支付机构直连"，这种现象被称为

---

〔1〕　在第三方支付中，第三方是指买卖双方在缺乏信用保障或法律支持的情况下的资金支付"中间平台"，买方将货款付给买卖双方之外的第三方，第三方提供安全交易服务，其运作实质是在收付款人之间设立中间过渡账户，使汇转款项实现可控性停顿，只有双方意见达成一致才能决定资金去向。第三方担当中介保管及监督的职能，并不承担什么风险，所以确切地说，这是一种支付托管行为，通过支付托管实现支付保证。

"弃联走宝"跳单事件。（见图 8-1）这种行为使银联以通道费为主的营利模式受到了巨大冲击，对银联在支付清算行业中"一统天下"的地位带来了前所未有的挑战。

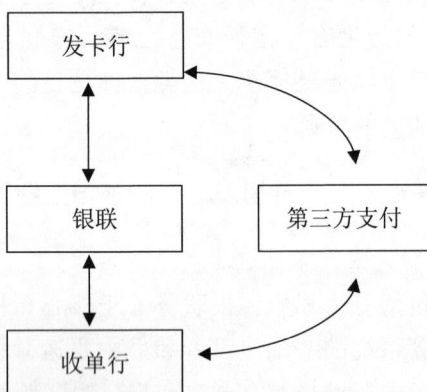

图 8-1　银行卡支付清算市场"弃联走宝"跳单示意图

面对这种挑战，为保证市场利益不缩减，银联出台文件限制银行与第三方支付机构的合作行为：2012 年 12 月，银联向各成员银行下发了《关于规范与非金融支付机构银联卡业务合作的函》（银联业管委［2012］17 号，以下简称"17 号文件"），指出非金机构绕开银联与各家银行进行直联的行为，使成员银行的手续费年损失超过 30 亿元，并要求非金机构必须接入银联网络，断开与银行的直接连接。此外，在 17 号文件中，银联还提出要对非金融支付机构现有接入的银联卡业务进行全方位的清理，逐步剔除收益少、风险高的不规范业务。2013 年 6 月，银联总裁许罗德强调，第三方机构要做银联卡的业务就必须遵循银联卡的规则和体系；2013 年 8 月，银联在董事会会议上提出了《关于进一步规范非金融支付机构银联卡交易维护成员银行和银联权益的议案》（以下简称"议案"），工作目标是

"2013 年 12 月 31 日前，全面完成非金机构线下银联卡交易业务迁移，统一上送银联转接；2014 年 7 月 1 日前，实现非金机构互联网银联卡交易全面接入银联"。然而，2013 年 7 月 5 日国务院下发的《关于金融支持经济结构调整和转型升级的指导意见》，2013 年 8 月 12 日《关于金融支持小微企业发展的实施意见》以及 2013 年 8 月 14 日国务院发布的《关于促进信息消费扩大内需的若干意见》几项文件明确提出要发挥金融在经济领域的支撑作用；提出了要大力发展移动支付等跨行业务，加快完善互联网支付体系；鼓励金融机构根据互联网企业的特点创新金融服务方式。政府出台的相关政策明确提出要实施驱动金融市场创新发展的战略，但是银联却公开提出"非金机构市场竞争会减少发卡银行的手续费收入"，并且作出上述种种限制竞争的行为举动。银联此种强制所有入网银行必须执行其制定的统一价格机制，并且发布了强制性的行政命令，使得众多商户丧失了议价的权利，只能被动地接受银联的定价。可以说，银联上述的一系列行为引发了社会各界对"银联是否涉嫌垄断"的争议，也由此引起了反垄断机构的关注。

在上述"银行与第三方支付机构直连跳开银联，银联限制成员银行与第三方支付机构直连"的事件中，存在一系列需要明晰的经济与法律问题：如何用经济学理论解释银行与第三方支付机构合作的动机？银联强制银行与第三方支付机构合作的银联卡交易全面接入银联的行为属于什么性质，是否涉嫌垄断？

（二）"弃联走宝"跳单问题发生的动因及机理

对于商业银行产生"弃联走宝"跳单问题的主要动因，一些学者和媒体都认为是商业银行通过支付宝通道可以获得更多的手续费，但经实际调研发现，银联向成员银行支付的手续费明显高出第三方支付机构的 0.2%，即便损失手续费，成员银行也愿意选择第三方支付机构。原因之一在于交叉补贴的存在。综上所述，银行与第三方支付机构合作的原因可归纳为以下几点：第一，买方势力大。第三方支付虽然起步晚，但是依托互联网技术的快速发展，尤其是将重点放在发展提高用户体验方面。因此，自 1999 年推出以来，第三方支付机构创新速度极快，形成了跨越式发展。以支付宝为例，2011 年支付宝联合多家银行推出"快捷支付"功能，只需输入银行卡账户和密码即可在线支付，或绑定银行卡与支付宝账号，只需登录支付宝账号密码即可在线支付。创新能力之强，提高了人们支付方式的便捷程度，使得越来越多的人选择使用支付宝及各种第三方支付机构推出的支付方式。根据公开信息显示表明，截至 2016 年年底，支付宝活跃用户数为 4.5 亿，截至 2017 年年底，用户数升至 5.2 亿，截至 2018 年 9 月，支付宝使用人数超过 7 亿。也就是说，以支付宝为代表的第三方支付平台拥有庞大的消费者群体，商业银行为了争取更多的线上用户必然会考虑到与他们进行合作。第二，手续费总额高。虽然第三方支付机构的单笔手续费扣率较低，但是由于其交易规模巨大，手续费总额并不低。公开数据表明，截至 2015 年年底，第三方互联网支付市场规模达到接近 12 万亿，因此商业银行所收到的手续费总额并不低。第三，沉淀资金多。支付宝等第三方支付机构必须在相应商业银行开设账户，例如支付宝已经与 200 多家银行进行了商业合作，拥有 800 多个结算接口，未来这个数字还会持续增长。因此，由于第三方线上交易规模巨大，其账户会拥有庞大的沉淀资金。第四，支付成本低，第三方支付不能离开商业银行而独立存在和运行，必须要依附商业银行的支付系统，与银行的支付结算系统对接，因此银行无须再建支付网络及设备，成本较低。考虑这些综合因素，银行选择第三支付机构的合作而跳开银联。

三、"弃联走宝"事件中的纵向限制问题

在企业的运营过程中，如果企业从事商品销售或服务提供一个以上连续的活动，自己提供生产或销售过程中所需的生产品等生产资料投入或后续的服务，这种行为就可以被称为纵向一体化（Vertical Integration）。与之对应，非纵向一体化的厂商则从其他厂商处购买投入品等生产资料和后续的服务。从制度基础来看，前者使用的是企业内的科层命令制度，后者使用的是企业间的市场交易制度。纵向限制（Vertical Restraints）是指一个或多个拥有市场势力的厂商所采取的对其下游或上游厂商进行限制的策略行为。纵向限制往往以某种方式（合同条款）约束交易的一方（上游企业或下游企业），但这种约束又没有纵向一体化那么严格，其性质介于科层命令制度与市场交易制度二者之间。

市场上纵向限制行为的具体形式包括：转售价格维持（Resale Price Maintenance，RPM）、独家交易（Exclusive Dealing）、独家分销（Exclusive Distribution）、强制购买数量协议（Quantity Forcing）、非线型定价（Non-linear Pricing）、拒绝供应（Refusal to Supply）、搭售（Tying）、特许经营（Franchise）。因此，纵向限制与 RPM 之间是包含与被包含的关系。根据具体的行为特点，可以分为两大类：一类是交易双方就交易价格或支付所达成的契约条款，即纵向价格约束；另一类是对交易某一方或双方的权利进行限制的契约条款，即纵向非价格约束。就上面提到的具体形式而言，其中 RPM 属于典型的纵向价格约束，主要通过限定最低价格、固定价格和限定最高价格（实质是掠夺性定价）三种方式进行纵向价格约束。而"独家交易"则是典型

的纵向非价格约束，是指企业间订立的限制竞争的协议，协议规定在供货或是销售的渠道中不能与第三方从事竞争性同类产品交易或服务提供的企业进行交易的限制竞争行为，又被称为排他性交易协议。纵向非价格约束与纵向价格约束的主要区别在于，它不以影响商品或服务的价格机制为目的，而关注限制商品或服务的转售地区、购买种类、数量以及选择交易的对象。

与 RPM 行为类似，纵向限制行为对市场竞争是一把"双刃剑"，存在二重性，即纵向限制并非一定都是限制竞争的有害行为，其也有促进非价格竞争的正效应。从其积极作用的角度来看，纵向限制行为一是可以提高经营效率，减少"搭便车"现象；二是可以促进品牌间竞争；三是可以抑制价格飞涨。从其消极作用的角度来看，纵向限制行为有排除、限制竞争后果：一是可以削弱市场竞争；二是可以推动企业横向价格卡特尔形成；三是可以封锁市场；四是可以妨碍市场流通，导致垄断高价形成。正是由于纵向限制行为对于市场竞争影响较为复杂，因此，反垄断法对纵向限制行为不能像对横向垄断协议那样采取极为严厉的禁止态度，而是要从保护其积极作用的角度出发，允许该行为的合理存在。同时，对纵向限制行为的消极作用还要及时进行惩处，以保证市场的健康运行，毕竟我国《反垄断法》的立法初衷就是：对于商业贸易往来中的各种违法行为要进行严厉的打击，为市场经济中的经济活动主体搭建公平高效的竞争平台，维护各市场经济主体的正当合法的利益。如果纵向限制扰乱了市场竞争的正常秩序，打乱了商品价值规律，致使消费者权利受到损害，相关反垄断执法机构应该利用法律手段，禁止其行为的恶意发展。但是不会严重限制相关市场的竞争，并且能够使消费者分享由此产生的利益，那么纵向限制也可得到法律的豁免，这也与我国的《反垄断法》第 15 条规定相一致。在银联涉嫌垄断的判断上，同样应遵循以上标准。

银联在中国支付清算市场中处于一个特殊的地位，其性质也经历了由行政主导的金融机构向商业股份公司转变的过程。从批准设立和监管的机构来看，银联是经中国人民银行批准，以中国印钞造币总公司及主要商业银行为股东共同发起设立的股份制金融服务机构，属于中国银行卡联合组织。可以说，从目前我国境内银行卡清算业务的市场整体结构来看，唯一属于合法经营的组织只有中国银联，银联完全垄断境内的人民币银行卡跨行交易清算业务的市场。纵观我国银行卡业务发展历程：初期，各发卡银行只进行了本银行系统内部的建设，设定的受理终端标准均服务于各自银行卡，这就很容易出现较为严重的问题。例如，本地银行卡无法进行跨地区使用，该行卡不能在他行柜机上使用，种种问题的出现导致银行卡交易成功率低，使用频率低，办理效率低，导致银行卡无法普及使用，发展进程缓慢。

为了加快银行卡业务发展，推进银行卡互通联网成为必然的需求，而伴随互通联网的推进，银行卡在社会上的使用度越来越强，因此对于银行卡的交易清算业务也提出了更高的要求。2002年3月，报国务院审批同意，中国人民银行组织领导成立了中国银联这一银行卡联合组织。银行之于银联既是股东又是服务对象。这就引发了一个关联交易问题，从某种意义上来说，银联的收入几乎全部来自关联交易。银联可以通过董事会决议、组织内部文件等形式对成员银行施加影响。按照前文银联在与第三方支付机构的清算通道竞争中，要求非金机构互联网银联卡交易全面接入银联的行为可以归为"独家交易"的纵向非价格约束行为，其最终目的是维持银联在支付清算通道上的独占地位。

如果银联议案中的工作目标得以实现，那么银联将涉嫌违反《反垄断法》中关于"独家交易"的相关条款。在现实中，银联的议案并未得到成员银行的积极响应，这是因为第三方支付机构的出现，银行出于经济理性的"跳单行为"成了克制这种纵向限制意图的原因。

四、银行卡支付清算市场反垄断的法律建议

（一）完善银行卡清算市场的法律体系

银行卡清算市场是一个特殊的行业市场，其涉及面广、规模庞大，对经济生活有广泛的影响，但也具有复杂性、高风险等特点。而目前我国法律对支付清算市场缺乏明确规定，这使得相关问题发生后难以得到有效处理。具体到反垄断领域，长期以来银联作为国内唯一一家银行卡交易支付清算机构，有关其"涉嫌垄断"的言论一直甚嚣尘上，但从未被反垄断机构进行过相关调查，这其中暴露的是相关立法不完善的问题。首先，法律对银联的性质、地位等缺乏规定。一方面，银联作为银行卡联合组织带有中介色彩；另一方面，银联又作为市场主体参与支付清算等相关业务的竞争，其具有的双重属性需由法律分别进行规定，否则极易发生银联凭借自身行业影响力阻碍相关市场的竞争。其次，银联定性不明导致监管缺失。一方面，因缺乏法律规定以及政策性原因，传统的反垄断执法机构难以对银联进行规制。另一方面，中央银行（以下简称"央行"）作为银行卡清算市场的金融监管主体却与银联存在着千丝万缕的联系，这也大大降低了监管的有效性。因此，有必要明确银联的法律性质及其业务范围，将其政策性原因外的行为纳入我国《反垄断法》规制范围内，使今后开展相关工作有法可依。

（二）完善银行卡清算市场的竞争机制

银联长期在银行卡清算市场"一家独大"局面的后果，一

方面不利于相关市场内开展竞争，降低市场发展活力，另一方面会形成行业霸权，损害第三方的权益。有必要通过完善银行卡清算市场的竞争机制，引入新的市场参与者，削弱银联在相关市场内的影响力。

首先，鼓励发展银行卡组织。银联作为我国唯一的银行卡联合组织，具有较大的行业影响力，各商业银行对其依赖性强，这使得各商业银行在往来业务中议价能力弱，实质上处于不利地位。通过鼓励发展多家银行卡组织，一方面能够赋予商业银行等相对方更多的合作选择权，有利于维护其合法权益。另一方面，能够细化银行卡服务市场，提供更具特色和针对性的产品，满足消费者的不同需求。可通过把与银联合作的大型商业银行或其他金融机构剥离银联组织来成立两三家新的银行卡组织，也可适度引入国际上已有的银行卡组织，如美国的维萨、运通等，从而增加我国银行卡组织的数量。

其次，鼓励第三方支付与银联展开竞争。随着电子商务的发展，第三方支付拥有日渐广大的用户群和巨大的发展潜力，其在方便人们生活的同时也改变着银行卡清算市场的格局。鼓励第三方支付与银联展开竞争有利于激发银行卡清算市场的活力，营造公平、良好的发展环境，能够促使第三方支付与银联在竞争中提高技术水平和专业化程度，推动相关市场的向前发展。可以根据目前的发展情况制定第三方支付进入银行卡清算市场的标准，允许有一定支付清算经验且资金技术实力雄厚的民间支付机构参与进来。同时，相关部门要加强对市场的监管。

（三）完善银行卡清算市场的反垄断执法

首先，明确反垄断执法主体。银行卡清算市场的监管主体通常为央行，有时中国银行保险监督管理委员会（以下简称"银保监会"）也会参与其中，两者主要是金融监管，工作各有侧重但也存在交叉，应明确划分两者的管理权限，同时厘清央行与银联的关系，提高监管质量。从反垄断的角度看，国家市场监督管理总局是适格的监管主体，自 2016 年 6 月 1 日起，我国放开了银行卡清算市场，这既动摇了银联先前因政策原因而获得的垄断地位，又意味着将引进新的参与主体，增加了银行卡清算市场的复杂性，国家市场监督管理总局应担负起自身的职责，依法对银行卡清算市场中涉嫌垄断的行为进行审查。从监管实施的阶段来看，央行与银保监会主要是事前审查、事中控制，国家市场监督管理总局则是事后规制。

其次，完善反垄断执法规则。一方面要明确界定相关市场，这是认定相关主体构成垄断的前提，具体又包括界定范围和方法。从范围上看是提供银行卡清算服务的市场，从界定方法上看因涉及经济分析可采用假定垄断者测试法，同时可用供给可替代分析方法作为补充。另一方面，要准确认定相关主体滥用市场支配地位的行为，区分哪些是政策内允许的，哪些是违反法律规定的，既要"敢于管"，又要"管得对"，以此维护我国银行卡清算市场的竞争公平，促进其健康发展。

反垄断法三元实施机制的构建与应用

第九章 | 反垄断法三元实施机制的理论基础

在反垄断法二元实施机制中，受害者的诉讼成本高于诉讼收益，违法者的违法成本低于违法收益，反垄断法实施面临着"私人实施无动力，公共实施无精力"的难题。基于集体诉讼的功能定位及国外的运行实践，集体诉讼可以弥补反垄断法二元机制的不足，构建出"公共实施+集体实施（集体诉讼）+私人实施"三元实施机制。反垄断法三元实施机制不仅可以实现不同法益的诉求，而且提升了反垄断法的实施效率。

一、反垄断法三元实施机制的法益诉求

反垄断法三元实施机制是法益结构性的体现，不同法益关系对应不同的实施方式。法益关系是基于法律保护的客体而建立的，不同的法律实施方式侧重保护的客体也有所差异。反垄断法保护竞争秩序，涉及经营者、消费者和社会公众三个维度，表现为三类法益诉求。反垄断法三元实施机制正是针对不同法益诉求的结构性体现。

任何一项法律制度或政策都有其利益取向，但在更多情况下，个人利益和社会利益难以两全。反垄断法保护"以自由竞争为基础的经济秩序"，调整竞争法律关系。一般而言，竞争秩序包含以下两层涵义：一是应然的竞争秩序，即"完全竞争秩序"又称"奥尔多秩序"；二是实然的竞争秩序，即现实经济竞

争的条理性。因此，社会公共利益是反垄断法重要的法益诉求，但并非唯一。如果将反垄断法实施机制分为三元，即为三区，实施机制所实现的价值为公共利益和私人利益，用公益线和私益线表示，即为两线。根据反垄断法的公共实施、私人实施及集体诉讼（集体实施）所维护利益取向的不同，不同实施方式维护利益的不同可以通过两线三区图（如图9-1）予以表达。

在公共实施中，其维护的公益性远远高于私益性，更偏重于社会秩序的维护，较少关注个人损失的补偿，实施效率较高，但公共成本较大。没收违法所得、罚款等行政执法手段及公益诉讼都属于此类。在私人实施中，其维护的私人利益远远高于公益性，侧重于个人损失的补偿，并不重视公共利益的维护，公平性高于效率性，但几乎不需要公共成本，民事诉讼属于此类。以集体诉讼为代表的集体实施机制介于两者之间，兼顾公共利益与私人利益，力求达到公平与效率的统一，通过维护个人的利益，进而提升公共福利。[1]但是，集体实施并不能达到公共利益或私人利益的最大化，其实现的公共利益低于公共实施，实现的私人利益低于私人实施。

通过"两线三区图"的分析，我们不难看出，反垄断法的法益诉求存在三个层次：

第一是经营者的法益。反垄断法的私人诉讼通过对具体市场竞争关系的调整来保护相关权利人的合法权益。私人实施是对经营者法益的直接实现。

第二是消费者的法益。消费者是市场经济主体的重要组成。反垄断法的立法宗旨即包含保护消费者。集体实施是对消费者法益诉求的实现，直接寓示着对消费者福利的弥补甚至提升。

---

〔1〕 集体实施是指由集体成员共同或代表进行法律的实施，集体实施主要包括集体诉讼和集体仲裁等，集体诉讼是集体实施最主要的形式。

　　第三是社会公众的法益。它是法益保护的最高层次，也是最重要的层次。反垄断法的公共实施通过对公共利益的追求，实现对社会总福利的提升。反垄断法的公共实施往往是对社会公众法益的实现方式。

　　反垄断法的实施是在公平与效率之间，公共利益与私人利益之间进行权衡。有时虽然不能两全，但可以找到一个权宜之计，以最优效率的方式实现公平。其有两种进路：第一，如果两种或更多方法都可以达到同样的法律实施效果，那个实施成本最低的进路便是最有效率的；第二，如果两种或更多方法实施成本是一样的，那个实施收益最大就是最有效率的。集体实施机制虽然不能实现公共利益与私人利益的最大化，但是从成本与收益两个维度来看，集体诉讼是一个次优的选择。

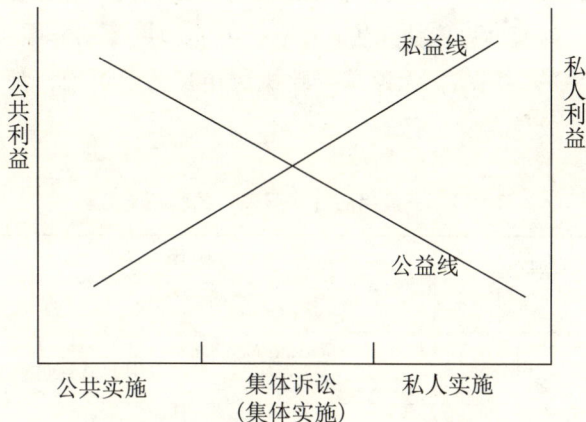

图9-1　三元实施体制的公益性与私益性程度示意图

二、反垄断法三元实施机制的适用范围

在现有的二元法律实施机制内引入集体诉讼并非是对现有

实施机制的全盘否定。集体诉讼制度不是对诉讼理论的冲击，更不是对公共实施的弱化。反垄断法三元实施机制的重点在于借助集体诉讼制度，形成公共实施、集体实施、私人实施的良性互动。三者的各司其职与相辅相成是反垄断法实施机制达到理想功效的最优进路。集体诉讼通过在诉讼中建立一个高效的组织实现对特定群体的权利救济，激发原告提起诉讼的动机，提高惩罚概率，增强威慑效力。

（一）集体实施的共享品属性

在共用品理论中，根据其是否具有争用性与限用性可以将一般用品分为四类，在法律经济学视野下，法律制度也可以运用此种分类。（见表9-1）私人诉讼类似私用品，"限用性"体现在私人诉讼是一个原告提出，自付成本、自担风险，但也独享收益；"争用性"是指在获偿额度一定的情况下，先起诉就会先受偿，后起诉可能就无法获偿。公共实施更像"非限用性+非争用性"的共用品，无论是行政执法还是公益诉讼，都可以被全体社会成员无偿享有。

表9-1　一般用品（或服务）的性质与分类

		限用性	
		是	否
争用性	是	私用品（Private Goods）个人诉讼、共同诉讼	公用品（Common Goods）
	否	共享品（Club Goods）集体诉讼、集团诉讼	共用品（Public Goods）行政执法、刑事追究公益诉讼

集体实施本身具有共享品特性，即"限用性+非争用性"。原告组织成一个"集体"对应经济理论的 Club，即集体中的个

体通过成本分摊等方式实现互利共享。集体实施是通过对集体利益的救济而保护个人权利的实现。在经济学理论中集体诉讼的拟制原告集体就好比进入一个俱乐部，集体中的每个人因为分摊而减少成本，因为共享而受益加倍。这正体现了集体诉讼的规模效应。[1]由于集体诉讼的共享品属性，其经济价值与参与集体诉讼人数规模有很大关系，人数太少无法形成规模效应，人数太多会造成俱乐部的拥挤。因此，集体诉讼能否有效实施在于集体诉讼规模的合理性。

共享品具有限用但不争用的属性。从某种意义上说，一旦会员数量的增加超越了其私地属性则难免产生"准公地悲剧"，即使用过度，限用不够或者保护不足而导致的激励不足。如果集体实施转变为"准公地悲剧"，那么集体的法益诉求也将难以实现。在集体实施中，拟制原告集体的优势是通过对特定消费者团体的权利救济，纠正垄断行为对市场经济的负面影响，威慑潜在垄断行为。集体诉讼的诉讼成本通过律师风险代理等方式由个别成员予以分摊。虽然集体实施最终的赔偿是私人的，但它产生的威慑效力和惩罚效果是源于集体。集体诉讼的共享品属性决定了一旦诉讼开始，一般情况下参与集体诉讼的受害者在主张侵害赔偿时是不争用的。集体实施的排他性体现于两个方面，即受害者明示退出或者法院认定无原告资格。不同于传统意义的共享品，反垄断集体实施方式的采用一定程度上是由垄断行为的实施者决定的。垄断行为的实施者"创造"了潜在受害者集体。法院对于集体诉讼原告资格的认定仅是对有权参加诉讼的人的再次确认。法院对原告资格的确认一定意义上限制了集体成员的数量，缩小了因集体规模过大而产生的负效

---

〔1〕　A. Cassone and G. B. Ramello, "Private, club and public goods: the economic boundaries of class action litigation", *Jürgen G Backhaus*, 2012, pp. 101~126.

应。此外，集体实施的选择退出也为受害者的提供了另一种选择。实践中，每一个集体成员都可以通过选择退出而保证其权利的意思主张。原告的选择退出制度实质上是对集体成员的自主选择权的保留。这正是集体实施与公共实施的显著差异。

集体实施的排他性具有双重作用。一方面，根据共享品理论，集体实施需要为拟制原告集体提供适当的激励，否则将因"搭便车"的存在而产生"准公地悲剧"；另一方面，排他性是区分私地品和公地品的重要因素。集体实施属于私地品，公共实施属于公地品。在没有排他性的情况下，公地品对应的法律客体为社会即包括所有人，这是公共实施的法益诉求。

（二）反垄断法三元实施机制的成本收益分析

假定垄断行为一旦发生，消费者受到的侵害为 d，受害者人数为 p（$p \geq 1$），那么受害者在选定实施方式后所需支出的成本函数则为 C（p），所能获取的收益函数则为 I（p）。

当 I（p）$\geq$ C（p）（$p \geq 1$）时，私人诉讼是较为理想的法律实施方式。

反之，当 p=1 且 I（p）< C（p）时，私人诉讼则不再是受害人寻求权利救济的有效方式。与此同时，如果 I（p）-C（p）> I（1）-C（1）（p>1），即与其他实施方式相比，私人实施无法产生更多的净收益，那么此时只有集体实施甚至公共实施才能实现对受害人的权利救济。

假定定义集体诉讼的总成本为 C（其中包括固定成本 f 和可变成本 z），则此时受害者在选定实施方式后所需支出的成本函数则为 C（p）= f+pz。

与此同时，由于集体诉讼成立的前提必须是集体诉讼比私人实施更有优势，即 I（p）> C（p），而且 I（p）-C（p）>I（1）> C（1），因此，假定集体诉讼的总受益为 I，则 I（p）即

为凹函数。（如图9-2）

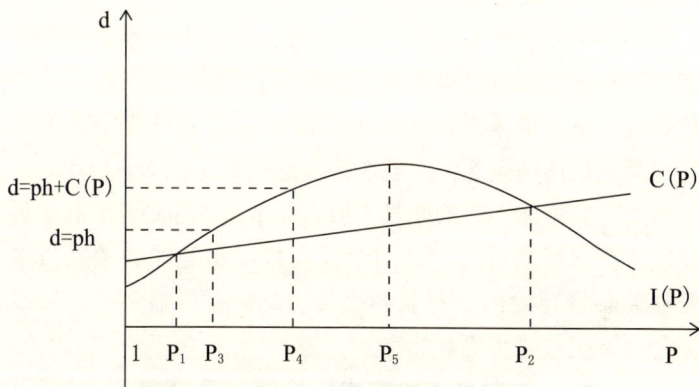

图9-2　反垄断法三元实施机制的成本收益分析

综上，当p=0时，没有任何人受到侵害，任何执法或诉讼形式自然不会产生；

当$1 \leqslant p < p_1$时，由于受害人选择集体诉讼的成本高于收益，即$C(p) > I(p)$，因此，就单个原告而言，相较于集体诉讼的实施方式，私人诉讼更为经济。

当集体诉讼的原告人数处于p_1至p_2之间时，集体诉讼的成本低于收益，即$C(p) < I(p)$。因而，此区间为集体诉讼的适用范围。

当集体诉讼的人数规模达到p_3时，集体诉讼为原告带来的收益可达到法学意义上的完全补偿，即获取的侵害赔偿金基本弥补受害人的损失。需要注意的是，当集体诉讼的人数规模达到p_3时仅是法学意义上补偿原则的实现。即便如此，集体诉讼制度并不会当然规避法律经济学意义上的补偿不足问题的出现。

当集体诉讼的原告人数达到p_4时，集体诉讼的收益可以实现经济学意义上的完全补偿。此时，原告获得的侵害赔偿金包括两部分，即受害损失及诉讼成本。此时的侵害赔偿金基本可以达到完全填平受害者侵害。

当参与集体诉讼的人数达到 p_5 时，原告因集体诉讼获得的收益达到顶峰。此时是集体诉讼制度最优效益的体现。在 p5 的人数规模之下，集体诉讼制度不仅可以完全弥补受害人的侵害而且兼具威慑违法企业，实现法律激励的双重功效。

然而，当集体诉讼的原告人数大于 p_2，"搭便车"和滥诉的负效应将会有所显现。与此同时，人数过多意味着垄断所涉利益的损失必将导致社会利益的损失。此时，公益诉讼、行政执法等公共实施方式将更有效率。

公共实施、私人实施和集体诉讼都有其特定的适用范围。基于成本收益分析，虽然集体诉讼的适用范围为 p_1 至 p_2 区间，但是只有当原告的人数规模处于 p_3 至 p_5 之间时，集体诉讼的正效应才更为突出。

三、反垄断法三元实施体制的组合适用

公共实施、集体实施和私人实施的独立采取或组合适用，不仅要考虑三者的功能定位，更需要在具体实施时根据受害者人数和侵权损失情况而进行具体分析。"受害者人数"需综合考虑消费者和竞争者两个方面。"侵权损失情况"则主要考察受害人因垄断企业的垄断行为而遭受的损失。

依据受害者人数和侵权损失情况两大维度大体可将案件分为："人数众多，损失严重""人数较少，损失严重""人数众多，损失较轻""人数较少，损失较轻"四大类。（如表 9-2 所示）在此分类基础上，根据执法效果与执法成本两大原则，寻找适合不同案件类型的"最适"实施方式及其组合。

表 9-2 反垄断法实施方式适用案件类型

侵权损失及受害者人数		损失情况	
		严重	较轻
受害者	人数众多	公共实施为主，集体实施为辅	集体实施
	人数较少	私人实施为主，集体实施为辅	私人实施

（一）组合1——"人数众多，损失严重"

在反垄断案件中，受害者"人数众多"中的"人"不仅包括受到侵害的其他竞争企业，还包含受到侵害的消费者等利益相关人员。"损失严重"是受害者因垄断行为遭受较多损失。对于这类案件，为了达到应有的执法效果，应采用公共实施为主，集体实施为辅的实施方式。首先，由于违法企业给他人造成较大损失且涉案人数众多，所以其一定为具有较大社会影响的案件，公共实施承担着维护市场秩序的责任。其次，基于受害者人数众多，且公共实施并不能使受害者直接受偿，集体诉讼可以作为辅助措施，弥补受害者受损的利益。

（二）组合2——"人数较少，损失严重"

在一些受害人数较少，但是受害者损失严重的反垄断案件中，私人主体往往具备较强的实施动机，因此，在此时可以采用私人实施为主，集体实施为辅的方式。此种情况下，受损的竞争者一般有能力也有动力去通过私人实施的方式寻求权利救济。但是，基于民事判决既判力的问题，私人实施的结果并不能使受损的消费者获得救济。因此，集体诉讼仍需辅助私人实施为消费者力争其利益的获偿。

（三）组合3——"人数众多，损失较轻"

此类组合是受害人数众多，但是侵权侵害较轻。此时，单个私人主体出于诉讼成本的考虑并无动力发动私人实施，而反垄断相关部门也因为案件的社会影响微小而无精力采取公共实施。因此，唯有集体诉讼可以弥补这一缺陷。

（四）组合4——"人数较少，损失较轻"

此种分类主要适用于竞争者之间的反垄断案件。由于此类案件受害人人数较少，而且侵权损失不大，私人实施的方式是最为经济且有效的解决方式。一案一判的私人实施方式可以使受害者更加有针对性地得到补偿。与此同时，对于参与市场竞争的企业而言，也可以有效地激励其参与市场活动，而不会因为法律实施的严苛而限制市场经济的发展。

四、反垄断法三元实施体制的相互衔接

集体实施的出现正是源于公共实施无精力，私人实施无动力。集体实施、私人实施、公共实施组成的三元体制可以实现反垄断法的威慑效用，体现"高悬之剑"的功能。集体实施、私人实施、公共实施的相互衔接和协调有利于达到竞争倡导和竞争执法并举的复合型功效。

在不考虑受害者人数的情形下，一旦侵害程度达到较为严重的程度，反垄断法三元实施体制的组合适用即显得尤为重要。此时，反垄断法三元实施体制的相互衔接主要体现为以下两类情形：

（一）公共实施先行，集体诉讼、私人诉讼跟进

违法垄断行为往往不仅涉及私人利益，同时也会造成社会公共利益的损失。然而，由于信息不对称问题，公共执法机关往往更能凭借其执法优势获取证据，证明违法垄断行为和其造成的垄断损失。因此，行政执法机构更有优势发起先行调查，甚至惩处违法行为用以弥补社会福利净损失。当行政执法机构

的初步调查予以公开或者公告时，要求直接或间接购买者获得侵害赔偿的集体诉讼可以"跟进"。在许多情况下，囿于行政资源，行政执法机构很难在执法过程中考虑到全体受害者，尤其是间接受害者受到的侵害。因而，此时受到"风险代理"制度激励的律师则会代表多数受害者提起集体诉讼。与此同时，在拟制原告集体的构建过程中，如若受害者选择退出集体实施并发起私人实施，其相应的实施成本也会较单一私人实施有所降低。私人实施的原告可以利用公共实施或者集体实施所举证的实施甚至法律判决来证明自己的诉求，而不必进行重复举证。例如，美国《克莱顿法》第 5 条规定，在根据反垄断法提起的政府刑事或民事诉讼中，对被告作出的某些非法庭判决或法令，可在随后的私人反垄断诉讼中作为"针对该被告的初步证据"。

（二）集体诉讼先行，公共实施跟随

私人主体相比于政府更有机会和动力及时获取尚未发觉的垄断行为。相关经营者往往不满于垄断行为的实施者，更有动力通过法律追求自由竞争的市场环境，同时希望通过法院司法索赔获取更有利的市场条件。根据罗伯特·兰德（Robert Lande）和约书亚·戴维斯（Joshua Davis）教授在 2008 年的研究，在 40 起大型反垄断私人诉讼中，有 1/3 以上没有依据公共实施或者集体实施的证据提起诉讼。然而，垄断行为的影响并不会仅限于一个或者几个受害者。因此，此时集体实施作为保护间接消费者的法律实施方式即可依靠私人诉讼的调查取证予以实施。当然，如果执法机构认为集体诉讼所涉及的垄断行为已达到危害公共利益的程度，亦可根据集体实施的证据和结果开展深入执法。

第十章

反垄断三元实施机制下对反垄断经典案例的再分析

在我国，现阶段《反垄断法》的实施主要分为两部分，即反垄断法的公共实施和私人实施。在《反垄断法》实施的十余年间，公共实施取得了长足进步，执法机构查处垄断主体逾500家，处罚金额近 100 亿元。[1]但反垄断私人实施在实践中仍存在问题，尤其是由消费者个人提起的反垄断民事诉讼，案件数量少，且胜诉率极低。根据裁判文书网已经公布的案件来看，消费者为原告提起的反垄断民事诉讼仅有 18 件，其中取得胜诉判决的仅有 1 件，即"吴某秦诉陕西广电网络传媒（集团）股份有限公司垄断纠纷案"。[2]

2017 年 3 月 6 日，最高人民法院公布 79 号指导案例"吴某秦诉陕西广电网络传媒（集团）股份有限公司垄断纠纷案"（以下简称"吴某秦案"）。"吴某秦案"作为首个消费者获得胜诉的反垄断民事案件，被最高人民法院认定为"指导性案例"，对日后类似案件的判决具有一定的参考价值。

本案经法院查明的事实是，原告吴某秦向陕西广电网络传媒（集团）股份有限公司（以下简称"广电网络公司"）缴纳电视费时，得知费用由每月 25 元上调至 30 元，最低缴纳 3 个月。吴

---

〔1〕 数据根据反垄断执法机构官方网站公布的处罚决定书整理而来。
〔2〕 最高人民法院 ［2016］最高法民再 98 号民事判决书。

某秦因此缴纳了 3 个月的费用，共计 90 元，其中包括 75 元的数字电视基本收视维护费和 15 元的数字电视节目费。原告通过广电网络公司的客服热线得到了再次确认。事后，吴某秦获知"数字电视节目"是由用户自主选择订购与否，而非必须缴纳的费用，故提起诉讼。

吴某秦认为，广电网络公司在该地区的电视服务传送市场中占据市场支配地位，但广电网络公司收取数字电视节目费的行为剥夺了消费者的自主选择权，是滥用市场支配地位的搭售或捆绑行为。而被告广电网络公司认为其确有市场支配地位，但并未滥用，不存在强行规定用户在基本收视业务之外必须消费其他收视项目的情况，用户拥有自主选择权。

一审法院认为广电网络公司的行为构成滥用市场支配地位，确认其收取 15 元行为无效，判决其返还原告 15 元。二审中，法院采纳了广电网络公司提出的新证据，即同时间内仅收取 75 元的交易凭证，因此二审法院认为广电网络公司不构成垄断，吴某秦败诉。再审中，最高人民法院否认了二审中提交的新证据的效力，认为广电网络公司构成垄断，判决维持一审判决。至此，"吴某秦案"以原告胜诉告终。

本案的主要意义在于，当《反垄断法》与其他法律发生竞合时，其具有优先适用性；在独家授权情况下，可免于进行相关市场界定。但在垄断企业对消费者群体性的侵害问题上还存在举证责任过重、赔偿数额少，难以对垄断企业造成震慑的问题，需要引入反垄断集体诉讼制度加以规制。

一、《反垄断法》适用问题

（一）反垄断民事诉讼法律适用现状

法律适用是司法审判的起点，关系着合法性判断、损害赔偿数额认定等问题，准确地适用法律是法院作出正确判决的前提。由于《反垄断法》与《合同法》《消费者权益保护法》《侵权责任法》等法律存在竞合，反垄断民事案件中存在法律适用混乱问题。截至 2018 年，经人民法院认定构成滥用市场支配地位的反垄断民事案件共 8 起，其中仅有 2 起是以"滥用市场支配地位"为初审案由，其余初审案由包括 3 起"合同纠纷"、1起"确认合同效力"、1 起"不正当竞争"以及 1 起"侵权责任纠纷"。《反垄断法》颁布时间晚、实施时间短，法院实践经验不足，加之《反垄断法》存在模糊性规定，对于民事案件的救济多为原则性条款，可操作性弱，导致了法院在面对反垄断民事案件时适用法律混乱的现状。

（二）"吴某秦案"法律适用情况

"吴某秦案"的第一个争议焦点是"是否应当适用《反垄断法》"。在"吴某秦案"中，广电网络公司不服一审判决，上诉称原告吴某秦作为消费者，与广电网络公司的纠纷属于消费者权益是否被侵犯，应当由《消费者权益保护法》规范，不应适用《反垄断法》，一审法院不应认定其行为滥用市场支配地位，进而认定其收费行为无效。二审法院在审理中将焦点放在了消费者的自主选择权是否存在这一问题上，并且依据广电网络公司二审中提供的新证据认为广电网络公司在销售时既提供了组合服务，也提供了基本服务，未采取捆绑销售的模式，在同一时间段也存在其他消费者单独购买的记录，从而认定消费者选择权是存在的。二审法院的审理思路是，既然消费者选择权存在，那么就不符合搭售的构成要件，既然不能构成搭售，也就无须判断是否由《反垄断法》进行规制。再审中，再审法院认为广电网络公司二审提供的新证据属于已认定证据的例外情形，而广电网络公司无法对例外情形作出合理解释，因此再审法院对二审提供的新证据不予采信，进而推翻了二审法院的结论，认定了搭售事实的存在。

再审法院认定本案适用《反垄断法》的依据在于民事诉讼法所规定的不告不理原则。原告吴某秦依照《最高人民法院关于审理因垄断行为引发的民事纠纷案件应用法律若干问题的规定》提起诉讼，在诉状中明确主张被告违反《反垄断法》相关规定，侵害原告合法权益，因此人民法院应当根据原告吴某秦的诉讼请求进行审理，即本案应当适用《反垄断法》而非《消费者权益保护法》。

（三）反垄断民事诉讼法律适用原则

由本案不难发现，《反垄断法》和《消费者权益保护法》在消费者保护方面存在竞合的关系。

第一，从二者的立法目的来说，《消费者权益保护法》的立法目的是保护消费者权益，保护市场经济秩序，促进市场健康发展，《反垄断法》的立法目的是维护市场竞争，提高经济效益，维护消费者利益和社会公共利益。二者的立法目的大体一致，前者重点保护消费者的利益，后者更加侧重保护社会公共利益和市场的自由竞争。

第二，从二者对消费者的保护方式来说，《消费者权益保护法》注重个体和个案，偏重个体间交易时消费者权益的保护，具有零散性；《反垄断法》重视社会整体福利，通过保护竞争机制，预防和遏制经营者达成垄断协议、滥用市场支配地位或经营者集中，从而对消费者进行源头意义上的保护。

在二者对消费者保护的适用上出现竞合时应当赋予消费者选择权，由消费者选择适用哪部法律对违法者追究相应法律责任。当消费者未做选择或同时选择时，能够争取更大社会总福利的《反垄断法》应当被优先适用。[1]

"吴某秦案"最终适用《反垄断法》作出判决，是消费者提起反垄断民事诉讼类案件的进步之处和指导性意义所在。《反垄断法》旨在保护竞争，而非保护竞争者。消费者福利的提升需要《反垄断法》在立法和司法时予以规制和重视。

二、相关市场界定的新原则

(一) 传统相关市场界定原则

相关市场是竞争发生作用的领域，是一定时期内经营者就相关商品或服务开展竞争的范围，包括相关商品市场和相关地域市场。司法实践中，相关市场界定的主要依据是国务院反垄断委员会发布的《关于相关市场界定的指南》(以下简称《指南》)。《指南》规定了两种相关市场界定方法，分别是需求、供给替代分析法和假定垄断者测试分析法。

(1) 需求、供给替代分析法。替代性分析是指利用商品或地域的可替代性判断竞争关系进而界定相关市场的分析方法。替代性分析包括需求替代分析和供给替代分析。在界定相关市场时，以需求替代分析为主，站在需求者的立场，综合商品价格、用途、销售渠道，或地域、运输成本等因素，考虑具有较强替代关系的商品或地域；以供给替代分析为辅，站在经营者的立场，综合其他经营者生产设施的投入、承担的风险、进入目标市场的时间等因素，确定不同商品或地域之间的可替代程度。可替代性越强，竞争关系就越强，就越可能属于同一相关市场。

(2) 假定垄断者测试分析法。假定垄断者测试分析是指借

---

[1] 冯博："反垄断民事诉讼的法律经济学分析——以最高人民法院第79号指导案例为视角"，载《财经理论与实践》2018年第2期。

助经济学工具，寻找假定垄断者能够将商品价格保持在高于竞争价格水平的最小的商品集合和地域范围，进而界定相关市场的分析方法。

界定相关商品市场时，假定垄断者测试的分析思路是，将被审查经营者假定为垄断者，从假定垄断者提供的商品开始，分析若其他商品所有销售条件保持不变，该经营者持续地提高该商品价格，是否仍有利可图。若仍有利可图，说明该商品不存在紧密替代品，该商品本身即构成相关商品市场。若假定垄断者销量下降，利润下降，无利可图，说明消费者转向购买的商品与该商品具有紧密的替代关系，此时需要将替代品加入到假定的相关商品市场中，形成商品集合，再分析若该商品集合价格上涨，假定垄断者是否仍有利可图，若无利可图，继续重复步骤，直到得到商品集合价格持续上涨，假定垄断者依旧有利可图，此时相关商品市场即可被界定为该商品集合。

界定相关地域市场时，思路与界定相关商品市场相同，从假定垄断者开展经营的地域开始，寻找具有密切替代性的地域扩大目标地域，分析假定垄断者的营利情况，从而界定相关地域市场。

（二）本案的相关市场界定方法

本案一审法院并未要求原告作出相关市场的界定，而是根据法院查明的事实确认了本案相关服务市场是有线电视传输服务市场，相关地域市场是陕西省地区，但并未给出界定的依据和理由。二审、再审法院并未作出相关市场的界定，但在市场支配地位的分析中，显然也是将相关市场界定在陕西省有线电视传输服务市场。

本案所涉及的有线电视传输服务领域在我国实行省级专营，本案被告广电网络公司是经陕西省政府批准的陕西省内有线电视传输服务唯一经营者。法院在界定相关市场时虽然并未说明理由，但明显考虑了被告市场地位的特殊性。

如上文所述，相关市场的证明需要行业数据的支撑和经济学分析，无论是原告举证还是法院认定都需要费时费力地进行严格论证。在某些特殊领域，国有企业处于独家经营的地位。而对于这类法律和行政权力赋予独家经营权的企业，在最高人民法院发布的《关于审理因垄断行为引发的民事纠纷案件应用法律若干问题的规定》中，为了减轻原告的举证责任，其第 9 条规定了法院可以依照事实直接认定独家经营的国有企业具有市场支配地位。除了市场支配地位，该类企业所处的相关市场也往往是显而易见的。因此，当有独家授权的企业成为被告时，其相关市场的界定也应当适度减轻原告举证责任和法院说理责任，在没有相反证据的情况下，依据法律法规和相关行政文件，允许由法院对其相关市场直接作出界定。

三、单一产品认定的新标准

（一）搭售案件中单一产品的界定

本案被告主要涉嫌的垄断行为是"搭售"。搭售是指只有当消费者愿意购买另一件商品（被搭售品）时，销售者才会出售消费者意愿购买的商品。[1]因此，搭售发生的前提是必须存在两种或两种以上的独立商品或服务，即"单一产品问题"。商家将窗户和窗帘一同销售可能会成立搭售，因为窗户和窗帘完全是两种独立产品；玻璃和窗框则共同组成了窗户这件独立产品，在这个意义上，玻璃和窗户便不再是互相独立的产品了。这就会造成搭售的认定难题。

---

〔1〕 李剑："合理原则下的单一产品问题——基于中国反垄断法搭售案件的思考"，载《法学家》2015 年第 1 期。

独立产品的认定，最简单又最直观的方法便是肉眼可见的物理性的数个不同产品，但多数案件无法采用这种认定方法，如上文提到的玻璃与窗户、抽屉与书柜、轮胎与汽车。一方面，涉案产品并非全部是物理性分离的产品；另一方面，即使是物理性分离产品，其内在联系也可能使其无法被称为"独立"商品或服务。因此，判断"单一产品问题"时，不能简单地根据其物理属性进行判断，必须要从这些产品的社会意义、法律意义层面进行考虑。正是由于没有一个统一的标准来判断，"单一产品问题"的认定便成了很多案件争议的难点和焦点。

（二）以往案件中单一产品的认定标准

《反垄断法》实施十余年间，反垄断执法机构查处搭售案件28件，人民法院认定搭售行为案件仅2件。从我国反垄断公共实施和私人实施的经验来看，我国反垄断执法机构和人民法院在认定单一产品时有如下标准：

（1）以产品功能为衡量标准。"奇虎360诉腾讯垄断案"[1]在相关市场界定时采用的是产品功能标准。法院在该案判决书中分析道："本案中被告QQ软件的功能是即时通讯，与QQ管家、安全管家、QQ医生、安全管理等一系列类似软件属于单独的软件产品。"法院依据功能的不同对QQ软件和其他类似软件进行了区分，认定QQ软件属于单一产品，适用了功能标准。

（2）以交易习惯为衡量标准。采用这一标准的典型案例是广东省工商行政管理局于2013年12月查处的"广东惠州大亚湾溢源净水有限公司垄断案"。[2]本案中，惠州大亚湾溢源净水有限公司（以下简称"净水公司"）在房地产施工企业向其申请施工临时供水服务时，要求施工企业与其签订临时供水、户

---

〔1〕　最高人民法院［2013］民三终字第4号民事判决书。
〔2〕　粤工商经处字［2013］第2号。

表工程相关条款的供水合同，否则净水公司会停止供水。反垄断执法机构认为："临时供水服务和户表工程由于服务和建设的目的不同，致使临时供水施工和户表工程施工对水网管道材质要求不同，水质要求不同，自来水费用价格不同，工程施工技术要求不同，施工时间不同。两项工程不是一个整体，而是完全独立的两个部分，将临时供水服务与户表工程进行捆绑交易，不符合交易习惯。"交易习惯指在交易地或某一行业交易双方通常采取并在订立合同时均知悉的做法，或是合同双方经常使用的习惯性做法。本案中将临时供水服务和户表工程进行捆绑交易的行为，合同相对方并不认同，并非该案所涉行业的交易习惯，临时供水服务属于单一产品，因此本案中的捆绑交易属于非法搭售行为。

现阶段我国执法和司法部门在认定搭售案件时，并未展现出对单一产品要件的足够重视。单一产品是认定搭售行为的起点，是搭售案件的重要因素。但在判决书和处罚决定书中分析之语寥寥，甚至存在并未出现对单一产品问题进行分析的情况。无论是反垄断行政执法案件还是民事诉讼案件，在适用某一标准时，几乎没有对适用该标准的原因作出说明的案件。同一案件，适用不同标准可能得出不同结论，法院需要选择最适合的标准结合案情进行判断，但选择的过程应当在判决或决定中进行论证。因为无论是将判定标准统一化，还是将不同情况适用的不同标准——列举，都是不现实的，只能依靠法官的自由裁量，因此对适用原因进行说理是判定单一产品时必不可少的环节。

（三）"吴某秦案"确立的单一产品认定标准

本案一审法院认为："广电网络公司向吴某秦提供了基本收视节目服务与增值业务付费节目服务两项服务，收看基本收视节目属于基本消费范畴，而收看增值业务付费节目则属于基本消费之外的范畴。二者在形式上看均为电视节目，但属于两个各自独立的产品，可以分别消费，且每种产品各有自己的不同需求。"一审法院将基本收视节目与增值付费节目区分为可分产品的依据是消费者的不同需求，适用了需求标准。

　　二审法院虽然判决原告败诉，但认可了基本节目与增值节目或付费节目属于可分产品。二审法院在认定单一产品时的依据有两点：第一是来自监管部门颁布的文件。文件[1]指出："有线电视基本收视维护费实行政府定价；有线电视增值业务服务和数字电视付费节目收费，由有线电视运营机构自行确定。"文件明确了基本服务的收费由政府定价，而数字电视运营机构可以自行确定增值业务与付费节目的收费。两类业务可以分别消费，因此属于可分的商品或服务。第二，二审法院认为"消费者一般是在购买基本服务后才得以享有对增值服务的选择购买权，但由于基本服务与增值服务是分别计价和收费的，事实上两者也对应着不同的消费需求，两者的分别销售并不影响其使用价值，……因此在本案中两者构成可分的产品或服务"。由于基本服务和增值服务是对应着不同消费需求，二审法院从而依据消费者需求标准将二者区分为可分产品。虽然分析说理中同时提到了使用价值，但并非是以产品功能为标准进行衡量的，而是在论证将基本服务和增值服务捆绑销售是不存在正当理由的。

　　再审法院在判决书中仅提到"根据本院查明的事实，数字电视基本收视维护费和数字电视付费节目费属于两项单独的服务"。对于区分基本服务和增值服务没有进行过多分析，因此无法判断其适用了哪种衡量标准。判决书中称"在原审诉讼及本

---

　　[1]　参见《国家发展改革委员会、国家广电总局关于加强有线电视收费管理等有关问题的通知》。

院诉讼中，广电网络未证明将两项服务一起提供符合提供数字电视服务的交易习惯；同时，如将数字电视基本收视维护费和数字电视付费节目费分别收取，现亦无证据证明会损害该两种服务的性能和使用价值"。与二审法院提到使用价值的目的相同，再审法院提及交易习惯、服务性能和使用价值的目的仅为证明广电网络公司将两种服务捆绑销售是不具备正当理由的。

本案中，三级法院对单一产品的认定分析存在差异，尽管生效判决并未给出"吴某秦案"单一产品认定标准，但本案为认定单一产品问题提供了另一种标准，即以消费者需求为衡量标准。在搭售案件中，认定单一产品问题存在多种标准，功能标准从产品本身出发，对不同功能的产品进行区分。交易习惯标准从合同双方以及同类交易的习惯角度出发，对特殊行业的产品和服务作出区分。"吴某秦案"适用了消费者需求标准，站在消费者的立场，通过需求对产品进行反证，不同的需求对应不同的产品，从而作出区分。"吴某秦案"丰富了单一产品的认定标准，认定标准的多样化对提高司法和执法机构在认定单一产品时的准确性和强化对搭售行为的反垄断法规制起到了积极的作用。

四、引入反垄断集体诉讼制度

在由私人提起的反垄断民事诉讼中，自然人原告常常因为举证责任履行不能而获得败诉判决。在"吴某秦案"中，法院未让原告进行相关市场界定和市场支配地位举证，而是由法院自行界定和认定，并作出了胜诉判决，但原告也面临着赔偿金额小，不能弥补垄断行为造成的损害的问题。原告举证责任只能由司法解释适度减轻，不存在举证责任倒置的法理依据，举证责任对于单个自然人原告依然沉重。只有将所有垄断行为受害者集合起来，拟制成为一个原告，推选代理人进行诉讼，借助集体和专业的力量，解决举证困难的问题，才能有效地保护消费者利益，遏制垄断行为。用集体诉讼制度对侵害消费者权益的垄断行为进行规制，是《反垄断法》发展的应有之意。

（一）反垄断个别诉讼举证责任履行困难

与一般侵权案件不同，滥用市场支配地位案件的证明需要首先界定相关市场，其次证明被诉主体在相关市场内具有市场支配地位，最后证明被诉主体实施了滥用市场支配地位的行为。反垄断个别诉讼遵循《民事诉讼法》，应当依照"谁主张，谁举证"的基本原则，三项证明责任均应当由原告完成，若原告不能进行有效证明，那么其将承担败诉的不利后果。《最高人民法院关于审理因垄断行为引发的民事纠纷案件应用法律若干问题的规定》第8条的规定印证了上述举证责任分配方式。

（1）滥用市场支配地位案件原告举证困境。垄断行为的证明极具专业性和复杂性。相关市场界定的宽窄决定了被诉主体是否具有市场支配地位。如上文所述，国务院反垄断委员会出具的《指南》提供了两种界定相关市场的方法，但无论哪种方法都需要分析者具备大量专业知识和掌握大量行业信息。是否具备市场支配地位的证明则需要运用经济学知识，结合行业数据，构建经济模型，对其市场份额、竞争状况、财力和技术条件等因素进行分析。在"顾某诉中国南方航空股份有限公司垄断案"[1]中，原告顾某提供了民航行业公报等证据材料，但法院认为原告所提供的证据中并无该案所涉相关市场的经济分析或市场调查资料，并不能证明被告在该案相关市场具有支配地位，具有市场支配地位这一要件的证明难度之大可见一斑。

---

[1]　广东省高级人民法院［2014］粤高法民三终字第1141号民事裁决书。

表10-1 由自然人提起的滥用市场支配地位民事诉讼举证情况一览表

序号	案件名称	是否完成相关市场的举证	是否完成市场支配地位的举证	是否完成滥用市场支配地位的举证	判决结果
1	李某平诉中国网通公司垄断纠纷案	否	否	否	败诉
2	刘某华诉东风汽车有限公司等垄断纠纷案	否	否	否	败诉
3	戴某波诉中国电信集团重庆市电信公司垄断纠纷案	否	否	否	败诉
4	徐某诉青岛通宝汽车有限公司捆绑交易纠纷案	是	否	否	败诉
5	陈某英与广东燕塘乳业股份有限公司滥用市场支配地位纠纷案	是	否	否	败诉
6	赵某、江某贵诉遵义铁路联营联运实业有限公司、成都铁路局垄断纠纷案	是	是	否	败诉
7	杨某勇诉中国电信股份有限公司、中国电信股份有限公司上海分公司滥用市场支配地位纠纷案	否	否	否	败诉
8	顾某与中国南方航空股份有限公司拒绝交易纠纷案	是	否	否	败诉
9	王某宇与中国电信股份有限公司徐州分公司垄断纠纷案	是	否	否	败诉
10	杨某勇诉中国移动通信集团上海有限公司等其他垄断纠纷案	否	否	否	败诉

续表

序号	案件名称	是否完成相关市场的举证	是否完成市场支配地位的举证	是否完成滥用市场支配地位的举证	判决结果
11	吴某秦诉陕西广电网络传媒（集团）股份有限公司垄断纠纷案	否	否	是	胜诉
12	李某国诉中国电信股份有限公司陕西分公司等电信垄断定价及捆绑交易纠纷案	是	否	否	败诉
13	姜某梅与中国联通集团北京市通信有限公司垄断纠纷案	否	否	否	败诉
14	童某与中国移动通信集团上海有限公司滥用市场支配地位纠纷案	否	否	否	败诉
15	莫某芬、郑某杰、王某、顾某文诉中国互联网络信息中心等垄断纠纷案	否	否	否	败诉
16	潘某与上海国际商品拍卖有限公司滥用市场支配地位纠纷案	否	否	否	败诉
17	徐某青与深圳市腾讯计算机系统有限公司等滥用市场支配地位纠纷案	是	否	否	败诉
18	中国联合网络通信有限公司北京市分公司等拒绝交易纠纷案	否	否	否	败诉

表 10-1 是根据裁判文书网整理的由自然人提起的滥用市场支配地位民事法学诉讼举证情况表。由此可见，仅 7 起案件原告完成了相关市场的证明，占比 38.9%；仅有 1 起案件的原告

完成了被诉主体在相关市场内具有市场支配地位的证明，占比 5.6%。[1]由此可以看出，举证责任过重，原告难以有效证明待证事实是自然人提起反垄断民事案件胜诉率低的直接原因。

（2）反垄断个别诉讼案件原告举证困境的解决出路。反垄断民事案件原告举证困难的原因来自两方面，一方面是原告举证责任过重，需要在法定规则下通过司法解释予以适当减轻；另一方面是垄断行为证明具有专业性和复杂性，使得反垄断民事诉讼案件原告，尤其是消费者作为原告很难凭借一己之力达到法定的证明标准。

第一，原告举证责任的适当减轻。反垄断民事案件原告举证责任过重问题已经得到了关注，《最高人民法院关于审理因垄断行为引发的民事纠纷案件应用法律若干问题的规定》第9条和第10条给出了两种减轻原告举证责任的情形。第9条规定，被告为公用企业或其他依法具有独占地位的经营者时，法院可以依据竞争状况和市场结构等具体情况，认定被告在相关市场内具有支配地位。"吴某秦案"中，法院虽未在判决书中明确写明，但法院在原告吴某秦未举证的情况下，根据相关行政文件，认定被告广电网络公司具有市场支配地位的做法贯彻了上述司法解释第9条的理念。但本条所规定的情形并非滥用市场支配地位案件的免证事实，需要法院根据具体情况进行自由裁量，法院无法直接认定支配地位时，仍应要求原告承担相应的举证责任。第10条规定，原告可以利用被告对外发布的信息作为证据。如被告在年报、广告中对自身市场地位的说明等材料。

第二，集体诉讼制度的引入。在滥用市场支配地位的证明

---

[1] 唯一胜诉的案件即吴某秦诉陕西广电网络案的证明存在特殊性，法院并未要求原告吴某秦对相关市场和支配地位作出界定和举证，而是根据法院查明的事实自行作出认定。

中，无论是对相关市场的界定还是被告市场支配地位的证明，均需要大量行业数据及内部信息作为支撑，利用专业的法律和经济学知识，对相关市场竞争状况、市场份额、进入难易等问题进行分析，对个体原告来讲诉讼难度较大。如引入集体诉讼制度，将遭受相同垄断损害的受害者拟制为一个原告集体，举证责任从个人转向多人，由集体聘任代理律师，以集体力量完成举证责任，将大大降低原告的举证难度。

（二）反垄断个别诉讼获赔数额较少

垄断行为损害的是社会整体福利，反垄断赔偿应当具有惩罚性。垄断行为受害者的损失应当分为垄断侵害和垄断损失两部分。[1]垄断损害是指受害者因垄断行为受到的人身和财产损害；垄断损失是指根据《反垄断法》规定的侵害者实施垄断行为产生的反竞争效果。从赔偿原则来看，垄断损害适用补偿原则、填平规则，垄断损失适用惩罚性赔偿原则。但是，从当前司法实践来看，我国反垄断民事案件赔偿缺乏惩罚性。

"锐邦诉强生垄断案"[2]虽然以《反垄断法》为依据作出判决，但强生公司仅被判赔偿锐邦公司直接损失的一部分，比《合同法》的补偿性赔偿标准更低。"吴某秦案"中，法院对于原告吴某秦的损失没有作出民事赔偿和垄断赔偿的区分，仅判决被告返还原告 15 元，比《合同法》《消费者权益保护法》等相关法律赔偿数额更少。现行的反垄断赔偿标准不仅无法弥补原告遭受的损失，而且对实施了垄断行为的侵害者无法进行应有的惩罚和震慑。反垄断赔偿不足的原因是《反垄断法》并未规定反垄断民事案件惩罚性赔偿的规则，也未明确赋予法院作

---

〔1〕　于立、冯博："维持转售价格法律适用问题中的'定性'与'定量'——'锐邦诉强生案'的法律经济学分析"，载《中国物价》2014 年第 1 期。

〔2〕　上海市高级人民法院［2012］沪高民三（知）终字第 63 号民事裁判书。

出惩罚性赔偿的权力，因此法院只能按照《民事诉讼法》作出赔偿判决。忽视垄断损失，仅按照民事损害作出判决，这与《反垄断法》对垄断行为的惩罚性赔偿原则相违背，立法部门应当对垄断损害和垄断损失作出区分和界定，及时明确赔偿标准。

消费者遭受垄断行为侵害的特点之一是受害消费者人数众多，但每个消费者受到的损害不大，即"数额小，数量多"。在这种情况下，消费者单独提起诉讼，即使有惩罚性赔偿的规定，垄断企业付出的代价也不足以惩罚其实施的垄断行为。美国经济学家波斯纳认为，对垄断行为进行惩罚，应当首先计算这个行为给垄断企业带来的收益，这个惩罚在最少的情况下也应当与垄断行为给该企业带来的收益相等。[1]引入集体诉讼制度，将所有受害消费者集合为一个整体，以全部消费者遭受的损害作为诉讼标的提起反垄断集体诉讼，一方面提高胜诉率，保证受损害消费者及时地、充足地获得赔偿；另一方面让垄断企业付出相应代价，发挥《反垄断法》的震慑性作用。

（三）引入反垄断集体诉讼制度的必要性

反垄断法立法宗旨在于维护社会总体利益，尤其是消费者利益。但是，这里的消费者既不是一两个单独的消费者，也不是社会所有成员，而是因为购买了某种产品而构成的消费者集团。[2]损害消费者权益的垄断行为往往会影响不确定的多数消费者，私人诉讼对消费者福利的保护和提升是个案的、零散的、有限的。我国目前对消费者群体性保护的法律制度是由消费者协会提起的公益诉讼。但消费公益诉讼在司法实践中也存在一

---

〔1〕 ［美］理查德·A. 波斯纳：《反托拉斯法》（第 2 版），孙秋宁译，中国政法大学出版社 2003 年版，第 313 页。

〔2〕 冯博："反垄断民事诉讼的法律经济学分析——以最高人民法院第 79 号指导案例为视角"，载《财经理论与实践》2018 年第 2 期。

些问题，如适格原告的主体范围过窄，仅省级以上的消费者协会可以作为适格原告提起诉讼；激励不足，原告是与案件无关的主体，难免产生懈怠心理；尚未规定损害赔偿之诉，受害消费者难以获赔。更重要的是，消费公益诉讼是以消费者权益保护法对消费者进行保护，若消费者遭受垄断行为侵害，则无法通过消费公益诉讼得到救济。引入反垄断集体诉讼制度可以更全面、有效地保护消费者集团的利益。

（1）原告拟制制度。原告拟制是指将所有受害者组织成为一个集体来抗衡被告的制度。集体诉讼原告拟制包括两个方面，分别是拟制原告主体和代表代理起诉。拟制原告主体一般采用"明示退出"的方式，此时有相同法律事实和共同诉求的个体被默认为一个集体，成为集体诉讼的原告，明示选择退出的个体将不在原告之列。原告拟制完成后需要推选代表，代理原告进行起诉。代理人同时是受害者，出于维护自身权益的目的往往会忠实于集体的利益。众多原告无须直接参与庭审，也可同等地享受胜诉后的损害赔偿。

（2）律师激励制度。专业律师加入反垄断集体诉讼可以在专业性和证据搜集能力方面帮助原告对抗被告，平衡双方的实力差距。但律师的专业能力需要付出大量的金钱对价。反垄断法律责任中引入惩罚性损害赔偿制度后，集体诉讼原告胜诉可取得的赔偿额是十分可观的。为激励律师主动为消费者进行垄断诉讼，可以考虑在集体诉讼中践行风险代理，即诉讼前期费用由律师事务所负担，取得胜诉判决后按照一定的比例将赔偿金额作为代理费用支付给律师。高额的费用和风险代理制度会成为激励律师的诉讼动力，使律师努力为原告争取更高的赔偿金额。

（3）和解制度。法院审理垄断案件时，一旦作出胜诉判决，除了赔偿原告损失外，还会确认被告的行为构成垄断。无论是大范围、长时间的诉讼进程还是得到败诉判决的不利后果，都会对被诉企业产生负面的社会影响，考虑到企业声誉和股价等因素，被告会选择不承认违法行为，而与原告进行和解，签订和解协议，并支付大量的和解金额。和解制度尽管没有确认被告的垄断行为，但仍可以使原告获得了满意的赔偿，同样可以实现反垄断法保护消费者的目标。

"吴某秦案"历时3年，经三级法院审理，最终取得了胜诉的结果。作为指导案例，本案在反垄断法的适用、原告举证责任的适当减轻和搭售案件单一产品问题认定标准方面具有指导作用。但同时，在本案与其他相似的由消费者个人提起的反垄断民事案件的比较中，我们也可以看出，此类案件依然存在着相关市场界定不清、原告举证责任过重、原被告实力悬殊等问题。因此，我国应当及时引入反垄断集体诉讼制度，对消费者作出反垄断法律层面的保护，促进《反垄断法》公平、高效地实施。

第十一章 反垄断三元实施机制下对医药行业案例的再分析

一、产业政策和竞争政策的协调——以"维 C 垄断案"为例

"维生素 C 价格垄断案"（以下简称"维 C 垄断案"）是我国企业在国外遭遇的第一起反垄断诉讼。本案发生在我国加入世界贸易组织之后，维生素 C 产品的对外出口面临着低价倾销的问题，为了避免维生素 C 产品遭受国外反倾销的指控，我国政府决定在中国医药保健品协会下成立维生素 C 协会，规定只有加入的企业才有出口产品的资格，同时规定维生素 C 产品的价格和相应的出口配额。2005 年 3 月 30 日，中国医药保健品进出口商会在官网披露，动物学产品（Animal Science Product）公司和拉尼斯（Ranis）公司针对我国的 4 家维生素 C 生产企业在加利福尼亚州旧金山地区高等法院提起反垄断诉讼。其中，河北维尔康制药有限公司作为华北制药集团有限责任公司的下属公司，在第一轮判决前，另外三家企业与上诉美国企业达成了和解并支付了相应的和解赔偿金，河北维尔康制药有限公司以国际礼让原则作为相应的辩护理由，纽约东区联邦一审法院作出裁决，陪审团拒绝其辩护申请，认定河北维尔康制药有限公司操纵维生素价格的上涨，是反垄断法禁止的垄断行为，裁决河北维尔康制药有限公司赔偿原告 5410 万美元。上诉企业则表示，按照反垄断法，河北维尔康制药有限公司须支付 3 倍的损

害赔偿金，约 1.62 亿美元。河北维尔康制药有限公司隶属于华北制药集团有限公司，而华北制药不服一审判决继续寻求上诉。2016 年，美国第二巡回上诉法院推翻一审裁决，认为河北维尔康制药有限公司进行的相关经营活动遵循的是中国政府的相关法律，其经营活动无法同时遵循两个国家的法律，在符合中国相关法律的同时，却与美国的反垄断法存在冲突，但一审判决未考虑国际礼让原则，基于中国政府及企业提出的国际礼让原则，推翻一审判决。随后，案子再次上诉至美国最高法院，2018 年 4 月 24 日进行口头辩论，2018 年 6 月 14 日作出最终判决，推翻第二巡回上诉法院的判决，将案件发回重审，最终结果不容乐观。

在"维 C 垄断案"中，第一个问题是反垄断法的域外适用和国际礼让原则，案件的关注点是美国反垄断法的域外适用范围的界定以及我国政府和企业提出的国际礼让原则是否是合适的抗辩理由。第二个问题是我国政府在加入世贸之后的过渡阶段，针对维生素 C 行业实行的产业政策是否是国外企业提起反垄断诉讼的原因，相关的产业政策是否影响了整个产业的良好发展？

（一）域外适用和国际礼让原则

1. 反垄断法域外适用原则

反垄断法域外适用指本国之外的企业实施的垄断行为对国内的相关企业造成损害的案件适用于本国的法律。在本案中，美国的两家企业对中国的维生素 C 生产企业提起反垄断诉讼，起诉我国生产维生素 C 企业具有限制产量和提高价格的垄断行为，我国企业的垄断行为对美国的两家企业造成了损害。在此案的多次审理中，关于"维 C 垄断案"适用于我国的法律还是美国的法律存在着不同的判定，外国政府出具的相关证明是否具有对联邦法院的约束力也存在着不一样的理解。在一审中，美国的判决认为我国的企业对其本土企业造成了损害，按照美国的反垄断法，我国企业侵犯了美国企业的权利，因此我国企业的行为可以适用美国的反垄断法，河北维尔康制药集团有限责任公司须赔偿上诉企业因遭受垄断侵害所造成的损失。但是，在我国企业不断上诉的情况下，2016年的巡回上诉法院认定我国企业没有办法同时遵守两个国家的法律，并且应当以我国的法律为主，法院遵循国际礼让原则，撤销初审法院的判决，并且驳回了美国两家企业的诉讼请求，否定了美国反垄断法的域外适用。在最近的判决中，联邦法院认定外国政府出具的相关解释对联邦法院的判决没有约束力，推翻了巡回上诉法院的判决，将案件发回重审。

随着国际贸易的不断发展，世界各国的贸易政策面临越来越多的冲突，美国反垄断法的域外适用如果不作出改变的话，美国与其他国家的贸易争端会逐步增多，美国的对外贸易也会受到一定的影响。美国在"维C垄断案"的第二次判决中没有照搬以前的判例，而是运用具体的法律解释，在充分考虑两个国家的差异性之后，逐步缩小反垄断法的域外适用，尊重我国的法律，以得到一个更合理的结果。并且，"维C垄断案"的判决结果影响的不仅仅是涉案的几个企业，同时也会对我国在美国的其他企业产生影响，案件的败诉意味着类似的企业将会面临无休止的反垄断诉讼和赔偿。

2. 国际礼让原则

国际礼让原则是指法律具有属地性，只有在制定它的主权领域内才有效力，在没有得到本国承认之前，外国法是没有域外效力的。即使在反垄断法领域优先适用外国法，也是出于国际礼让来考虑的。每个国家都应该在没有与本国利益相抵触的情况下去考虑适用外国法。随着国际贸易的发展，各国的反垄断法与美国的反垄断法存在越来越大的冲突，美国不再消极地适用国际礼让原则，开始注重国际礼让原则在反垄断诉讼案件中的适用，给予外国企业更多的抗辩权，当两个国家的法律存在真实冲突时，相关企业运用国际礼让原则进行申辩，国际礼让原则成了一种有效的抗辩理由，美国也会充分考虑两国法律的真实冲突，对外国法律给予充分的尊重，这同时也缩小了美国反垄断法的域外适用范围。在本案中，华北制药集团有限责任公司不服一审判决继续上诉，在上诉过程中，就运用了国际礼让原则进行抗辩，同时我国政府也以"法庭之友"的身份出具了相关证明，美国第二巡回上诉法院最终认可了我国企业提出的国际礼让原则，撤销了一审判决。在本案中，美国法院由不认可国际礼让原则到最终认可国际礼让原则，不再拒绝国际礼让原则的适用，从而使国际礼让原则成了反垄断诉讼中应该重点考虑的因素。

3. 域外适用和国际礼让原则的运用

美国的反垄断法注重域外适用，同时对国际礼让原则持消极态度，美国的反垄断法注重保护美国企业以及美国政府的利益，由此产生了很多贸易纠纷。美国开始调整反垄断法的域外适用和国际礼让原则的运用，对于国际礼让原则由消极使用到逐渐认识到其重要性，域外适用由完全适用美国反垄断法到开始考虑国外与国内法律的真实冲突。在"维C垄断案"中，我美两国的法律存在真实冲突，我国企业是按照国家的相关指令进行生产经营活动的，是符合我国法律的，因此强制适用美国的反垄断法是不合理的，巡回上诉法院的判决也是考虑到两国法律的真实冲突，认可国际礼让原则，"维C垄断案"的胜诉并不意味着美国完全认可了国际礼让原则，也并不意味着美国完全放弃了反垄断法的域外适用，在国内企业与国外企业发生冲突时，美国还是优先考虑本国政府以及本国企业的利益，并不会因为两国法律存在冲突就一定会放弃反垄断法的域外适用。在本案中，美国之所以会最终判决我国企业胜诉是因为在综合考虑之下，判决我国企业胜诉是对于美国利益的最大化，如果我国的企业最终败诉，与美国有贸易关系的中国企业就会面临无休止的诉讼，最终影响的是美国整体的营商环境。因此，最终我国企业的胜诉一方面是我国政府和企业的不懈努力，同时也是美国综合考虑国家的整体利益后做出的决断。

（二）产业政策和竞争政策

1. 产业政策的内涵与作用

产业政策分为两种，选择性的产业政策和竞争性的产业政策。选择性的产业政策只针对有限的行业，指国家在发展的不同时期选择具体的产业进行扶持，对行业进行税收、补贴、贷款和土地等方面的支持，集中对行业进行突击发展，缩短产业发展的时间，实现在相应行业的赶超。例如，每个国家在经济发展初期都会针对钢铁和煤炭行业进行集中发展，为了完善相应的产业体系，在经济发展到一定阶段，政府又会选择一些高精尖行业进行重点扶持发展，保证国家在世界上的竞争力。现今，各国重点发展的芯片产业、航天产业和5G产业就是为了争取在国际上的话语权。竞争性的产业政策是针对国家所有的行业，政府为所有产业的发展提供一个良好的基础环境，包括基础设施环境、安全和卫生方面的投入和发展，确保整个国家产业的良好运行。

20世纪60年代末，日本在经济发展的过程中逐步加强了产业政策在国家政策中的主导地位，[1]实施了有名的《日本大店

---

〔1〕　林毅夫："日本经济起飞靠的是竞争政策还是产业政策"，载《中华工商时报》2018年5月15日。

法》和《日本核电站法》等产业政策，严重影响了经济的进一步发展，造成了资源的浪费。《日本大店法》就是大型零售店选址规制法，政府规定大型的购物中心不允许开在市中心人流密集的区域，不能对原有小型销售门店造成影响，只允许把购物中心的地址选在郊区，这样原有的小型销售门店得到了保护，原有的缺乏竞争力的销售门店得以继续存在，但随之而来的是整个城市缺少相应的大型购物中心，购物产业相对分散，在人群密集的市中心却只有零散的小型销售门店，购物产业无法得到进一步的发展，从而影响了城市产业的进一步升级。《日本核电站法》就是政府把将要建造的核电站的地址选在偏僻的农村，通过核电站的建造促进当地经济的发展，但是这种方式存在巨大的浪费，核电站电力资源的产出与其建造所在地对电力资源的需求不成正比，资源需求量大的城市反而距离核电站较远，电力的输送需要额外投入，增加了成本，导致了巨大的资源浪费。

21世纪初期，我国大力发展的光伏产业亦是如此，政府针对光伏产业实施的产业政策，包括各种补贴、税收和出口优惠政策，一系列的优惠政策在发展初期确实促进了光伏产业的技术进步，但同时也存在各种各样的问题：[1]相应的国家补贴并没有很好的精准落实，很多企业抱着发展光伏的幌子骗取国家的补贴；因为缺乏核心技术，光伏产业的研发一直停留在基础层面，在发展后期，企业之间大打价格战，出口的光伏产品遭到欧洲各国的反倾销诉讼，众多的光伏产品难以销售，光伏产业遭遇重大挫折，国家产业政策的弊端在光伏行业凸显出来。

2. 竞争政策的内涵和作用

竞争政策也就是反垄断政策，是国家制定的，旨在保护竞

---

〔1〕 孙晋、尹强："我国光伏产业持续发展的政策转型：从产业政策到竞争政策"，载《武汉科技大学学报（社会科学版）》2018年第3期。

争，尊重市场的运行规律，保证市场良好平稳运行的政策。优势企业在其发展过程中会凭借创新、服务、管理等因素胜出，而竞争政策并不反对垄断，反对的是企业滥用市场支配地位对市场造成损害的行为。竞争政策根据针对的情况不同，可以被分为控制垄断协议、控制经营者集中、控制滥用市场支配地位三种，[1]以前由商务部、发改委和原工商总局分管不同的垄断情况，现组建国家市场监督管理总局，由管理总局主管各种垄断行为，对垄断行为实行集中规制。

竞争政策在发展市场经济中是具有效率的，日本也制定了反垄断法，实行了国有企业的民营化，将国有铁路、日本电报电话公司和日本邮政公社进行了民营化，极大地提高了企业的运营效率，这一举措也成了日本经济逐步发展的重要推动因素。我国在颁布《反垄断法》以后，逐渐重视竞争政策在经济发展中的作用，逐步减少行政干预，让市场在资源配置中起决定性作用，并且政府越来越重视公平竞争审查制度和竞争中立制度，公平竞争审查制度是监督政府的各项政策是否会对市场的竞争有影响，在政策出台前对政策的合理性进行评估和审查，避免政策的出台对市场竞争产生不利影响。竞争中立制度是指国有企业和私营企业在同一市场竞争的过程中，国有企业不能凭借自身的优势与私营企业进行竞争，国有企业应和私营企业在相同的条件下进行竞争，保证私营企业和国有企业享有相同的市场地位，从而确保竞争政策的有效性与重要性逐步得到认可。

3. 产业政策和竞争政策的关系

产业政策和竞争政策两者之间是替代性的关系，如果国家选择了相应的产业进行集中发展，那在这些行业里，就是产业

―――――――――

〔1〕 于立、刘玉斌："中国市场经济体制的二维推论：竞争政策基础性与市场决定性"，载《改革》2017年第1期。

政策占主导地位，竞争政策在该行业也就得不到很好的实施。但是，在发展后期，行业就会面临各种各样的问题，从而严重阻碍行业的进一步发展。在市场经济中，国家并不能掌握所有的信息，国家制定实施的产业政策会存在相应的信息缺失问题，不可避免地会产生政府失灵问题，国家挑选的部分行业是否具有效率，国家选定的允许出口的企业是否最合适，这些都需要时间来证明。企业的发展应该遵循市场经济的规律，市场会选择最有效率的企业和行业，市场所选择的企业和行业会在市场的充分竞争中凸显自己的优势并逐步淘汰其他落后企业，并最终在市场中占据主导地位。在这个过程中，并不是不需要政府的作用，政府同样需要积极地进行各项竞争政策的制定，避免占主导地位的企业滥用市场支配地位，保持市场的有效竞争。只有充分发挥市场和政府的作用，两者相辅相成，才能够保证企业和行业的长久健康发展。

（三）产业政策对反垄断法的影响

在逐步转向市场经济的过程中，国家政策面临很大的不确定性，同时面临着与发达国家接轨的问题。在当时的背景下，政府为了避免企业的产品大量低价的出口从而遭到发达国家的反倾销诉讼，因此人为地规定了4家企业拥有出口的权利，同时也制定了限产保价的政策，但是却因此导致了美国两家企业对中国4家企业发起反垄断诉讼，而这场诉讼的发生也最终证明了政府在维生素C产业的政策是不合理的。

1. 政府选取出口企业行为的竞争效应分析

政府在选择维生素C出口企业时是否考虑效率的问题？政府以什么标准确定相关企业的资格？在选取企业时是否存在权力寻租问题？这些都是政府适用产业政策时应重点考虑的问题。政府在行业的发展过程中可以制定相应的竞争政策保证整个行业的公平、有序、良好发展，但是强制性的、存在人为操作性的规定反而会影响整个行业的健康发展。在维生素 C 产业中，政府选取的几家生产企业已经形成了一种垄断联盟，维生素 C 产业处于垄断的状态中，整个市场只允许少数的几家企业生产产品，人为地设置市场进入壁垒，阻断了其他企业进入维生素 C 生产市场的途径，其他的维生素 C 生产企业在市场竞争中与政府所选取的企业拥有不同的市场地位，企业丧失了公平竞争的权利，行业的发展与市场经济的发展规律不符，整个市场产业处于不正常的运行状态。

2. 政府规定数量和价格行为的竞争效应分析

在维生素 C 产业中，人为地限制出口的数量和价格也是不合理的。政策设计的初衷是想避免维生素 C 企业之间的价格战可能被发达国家认定为倾销行为，但是限产定价的行为却引发了反垄断诉讼，表明国家的产业政策难以掌握市场上所有的信息，在此状态下实施的政策存在很大的弊端。产业政策在实施初期对维生素行业的无序竞争存在一定的规制作用，但是在后期却会因为难以掌握市场的运行规律而出现政策失灵问题。同时，人为地限制数量和价格，导致维生素 C 的生产类似于计划经济下的生产方式，这样的生产方式不仅没有效率，还容易导致生产懈怠及资源浪费。同样，企业拥有既定的出口配额，这就会导致企业没有任何积极性去作出有利于行业创新发展的举措，最终导致整个行业失去竞争力。

(四) 产业发展中合理适用政策的原则

关于涉外企业的经营活动，国家应该把握好政策的适用，既不能不作为，任由产业发展，也不能违背产业发展规律和市场经济发展规律。对于刚起步的产业和已经发展得相对成熟的产业应该区别对待，具体问题具体分析，合理适用政策来促进产业的良性发展。对于刚起步的产业，产业政策和竞争政策都应该发挥各自的作用，政府首先应该制定相应的竞争政策保持整个市场的竞争力，使每个企业充分参与到市场竞争中来，保持整个产业的有序竞争。同时也要制定实施竞争性产业政策，进行基础投资研发，给企业营造一个良好的经济环境，促进整个产业的进步发展。对于相对成熟的产业，应该更多地适用竞争政策，促进市场的竞争，消除市场的进入与退出壁垒。对于产业中占主导地位的企业，应该依照反垄断法阻止企业滥用市场支配地位，提升消费者和社会总福利。

1. 产业发展初期的政策适用

对于刚起步的产业，可能在涉外经营中处于弱势地位，如果国家在产业发展的过程中仅仅实施税收优惠、补贴、出口优惠等激励政策，那可能会有大量的企业为了争夺国家的补贴而进入。在这种情况下，也就不会有企业真正地去做进一步的研发，整个产业的研发创新只会停留在基础层面，进而失去了进一步发展的可能。因为国家实施的单一产业政策会导致不好的后果，在这种情况下，国家应该在实施产业政策的同时适当运用其他的政策手段。比如在产业政策中进行基础研发的投入，保证市场中所有的企业都能因此而受益，对企业的发展具有促进作用，进而促进整个产业的进步。同时，国家也应该注重竞争政策的使用，保证产业的有序竞争，避免市场中存在不平等竞争的情况，避免企业的联合垄断阻断其他企业的进入渠道。

2. 产业发展成熟期的政策适用

对于发展相对成熟的产业，国家应该侧重竞争政策在整个市场中的地位，政府更应该注重反垄断法的适用，避免各种垄断行为对整体市场造成损害，保证企业的进入与退出渠道不被单个或几个企业所垄断，保证市场的公平竞争。在竞争市场中，优势企业可能会凭借服务以及创新在市场中占据优势地位，垄断企业则可能凭借着垄断地位阻断其他小微企业进入的渠道，导致整个产业缺乏良好的竞争环境。同时，政府也要注重对知识产权的保护，否则优势企业也会因为缺少危机感而不去进行研发创新，从而导致整个产业难以取得长足的发展。因此，保证市场的竞争就是在保证创新，在市场竞争环境中，优势企业为了更好地保持自己的竞争优势会不断地创新，其他小企业在竞争的市场环境中也会充分发挥企业的主动性，主动研发创新，从而促进整个行业的良性发展。只有这样，整个产业才能在国际市场竞争中保持优势，才能避免各种反倾销和反垄断诉讼。

在市场经济中，企业的良好发展不能仅靠强制的行政命令，产业在国际市场中能够拥有优势地位也不是仅靠选择性的产业政策。选择性的产业政策难以掌握市场上所有的信息，有时是低效率的，有时甚至是错误的。竞争政策应该从市场出发，只有符合市场的经济规律，竞争政策才能促进经济的良好发展，针对不同类型的产业实施不同的产业政策和竞争政策，进而促进产业的健康发展。

二、独家交易与反垄断规制——以"迈蓝垄断案"为例

迈蓝制药公司（Mylan Pharmaceuticals，Inc. 以下简称"迈蓝"）成立于 1961 年，在 20 世纪是全球第二大仿制药公司，该公司既是仿制药生产大户，也是创新原料药的研发巨头。1998 年，迈蓝及其三家药品供应商受到了美国联邦贸易委员会及三十多个州的投诉。理由是，迈蓝与这三家药品供应商的交易行为涉嫌合谋垄断、限制竞争。

洛拉西泮和氯唑吡酯是两种应用广泛的抗焦虑药物，可用于治疗紧张、失眠，缓解尼古丁中毒等症状，并在术前镇静剂

中充当重要成分。该两种药物在 20 世纪末的美国广泛销售，每年仅在美国的处方数就超过 2100 万。迈蓝就是生产这两种仿制药的制造商之一，从 1998 年 1 月开始，洛拉西泮从原先的11.36 美元每瓶上涨到 377 美元每瓶，价格上涨 3200%；氯唑吡酯从 7.3 美元上涨到 190 美元每瓶，价格上涨了 2500%。如此巨大的价格涨幅对广大患者而言无异于灭顶之灾，各州医保体系亦受到了严重的冲击。于是，美国联邦贸易委员会（Federal Trade Commission，FTC）与三十多州政府对迈蓝及其三家药品供应商提起了诉讼，要求永久禁止其垄断及限制竞争的行为，并主张1.2 亿万美元的损害赔偿。[1]

在美国，仿制药的生产需要得到食品药品监督管理局（Food and Drug Administration，FDA）的批准，而 FDA 的批准标准之一是仿制药企业应与购买的活性医药物成分（Active Pharmaceutical Ingredient，API）的供应商签订药物主文件（Drug Master File，DMF）。于是，迈蓝为洛拉西泮和氯唑吡酯原料药寻找到了凯姆布雷克斯公司（Cambrex Corporation）的子公司 10 年期DMF 的独家许可证，并答应从其获得的利润中给予对方相应分成。通过控制 API 在美国最大的供应商，迈蓝阻碍了其他仿制药企业获得原材料的途径，大幅提高了竞争对手生产这两种仿制药的成本，在美国本土形成了排他性交易。最终，这些垄断行为产生的后果被转嫁给消费者，许多患者被迫为这些药物支付高昂的价格。无奈之下，患者只能通过减少药物用量来节省购药成本，使生命健康受到严重威胁。

然而，对于联邦贸易委员会的投诉，迈蓝一直否认自己存在垄断行为，他们认为 FTC 背离了公认政策。迈蓝在佛罗里达

---

〔1〕　62 F. Supp. 2d 25（D. D. C 1999）.

州和加利福尼亚州被提起了集体诉讼，但其一直积极应对，并认为这一指控是政府针对仿制药行业的打击。迈蓝主张：其一，其在 1997 年的供应协议并未危害市场竞争，仅是纵向交易中的常见商业策略。其二，迈蓝主张订立这些协议旨在保证为其药品生产提供足够且不间断的有效成分的供应来源。其三，迈蓝认为 FTC 在此类垄断案中没有永久性禁令和索取赔偿的权限，并据此提出中间上诉。

尽管经过上诉审限缩小了各州的联邦索赔范围，但法院最终站在联邦贸易委员会一边，判决驳回上诉。最终联邦委员会及各州与迈蓝达成和解协议，迈蓝同意支付 1 亿~1.47 亿美元的和解款，并答应不再与其供应商在未来签署类似的反竞争协议。

（一）排他性交易的法律经济分析

排他性交易又称独家交易，是纵向非价格限制的一种重要表现形式，具体是指在市场交易过程中，拥有相对市场地位的厂商不得只与其特定的上游供应商或者下游零售商单独交易，签订协议让上游独家供应，或使下游企业只购买本公司产品，从而排除自己竞争对手的交易行为。

在"迈蓝垄断案"中，排他性交易行为是指迈蓝与其供应商签订协议，给予迈蓝 AIP 独家供应，使康伯司的美国经销商只提供给迈蓝所需的仿制药原材料。由于康伯司是全球 AIP 的供应商大户，迈蓝在美国市场内的竞争对手只得从其他供应商处购买原材料。由于供不应求，其他 AIP 的供应商也就此提高价格，使得迈蓝的竞争对手不但难以取得原料，更是需要以更高的价格来购买 AIP。迈蓝的行为不仅提高了竞争对手的成本，逼迫现有竞争对手退出相关市场，同时也筑起了阻止其他生产商生产该两种药物的壁垒。从而使迈蓝在洛拉西泮和氯唑吡酯的美国销售市场上占据了垄断地位。

从经济学角度看，排他性交易表面上虽然可能产生限制竞争、损害消费者福利的后果，并导致社会总福利的下降，但也可能给市场带来效率，在保障经销商投资收益的情况下减少"搭便车"的情形。在损害理论中比较成熟的是提高竞争对手成本理论（RRC 理论）。[1]该理论认为在寡头竞争的情况下，一家厂商的利润取决于其相对竞争对手的成本优势，如果企业能够提高竞争对手的成本，就可以给自己带来可观的利益。理论上提高竞争对手的方法分为：阻断交易、供给挤压和间接排斥等。阻断交易和供给挤压都是很常见的竞争手段，因不是本书重点，在此不再多述。间接排斥多是指具有市场支配地位的企业与上游企业协议约定给予其竞争对手歧视性待遇，间接促成上游供应商之间的共谋。在本案中，迈蓝正是通过间接排斥的手段使得竞争对手没有合适的进货渠道，并使得"AIP"的供应商都提高价格，导致成本增加并最终达到将其挤出竞争市场的目的。如图 11-1 所示，当迈蓝与其竞争对手处于充分竞争的市场状态时，市场上对洛拉西泮和氯唑吡酯这两种仿制药的供给曲线为 S_1，需求曲线为 D，S_1 与 D 相交得到处于充分竞争下的均衡价格 P_m 和 Q_m，当迈蓝与其供应商签订了排他性交易协议时，供应商的供给量将会减小，供给曲线上移至 S_2，在需求不变的情况下迈蓝的竞争对手只有通过更高的价格购买原料来生产仿制药。[2]

---

〔1〕　Steven C. Salop & David T. Scheffman，"Raising Rival's Cost"，*American Economic Review*，73（1983），pp. 267~271.

〔2〕　田辰："提高竞争对手成本理论的法经济学分析及其对专利许可反垄断规制的影响"，载《电子知识产权》2017 年第 5 期。

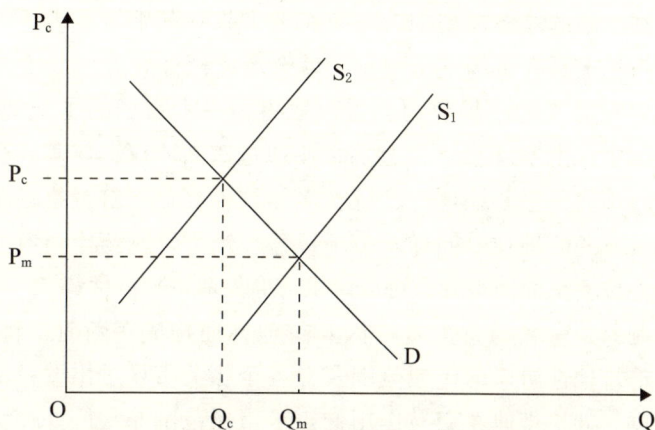

图 11-1　迈蓝通过排他性交替提高竞争对手成本

在美国，很多行业都由一些企业巨头作为主导力量，这一现象在医药领域尤其突出，这些药企一方面为美国医疗健康事业的高速发展奠定了基础，但同时也不可避免地形成寡头。本案中，迈蓝与其供应商、经销商之间形成了在全美国范围内的专销经营方式，在美国仿制药市场上形成了巨大的封锁效应，使得其他厂商只得通过减少洛拉西泮和氯唑吡酯的产量或者提高成本购买 AIP 原料的方式来维持生产。迈蓝在其上诉中称辩，他们的这种排他性交易并没有损害市场竞争，美国仍有 4 家大型药品销售商是从其竞争对手处取得洛拉西泮和氯唑吡酯进行销售。所以在迈蓝和其供应商签订了独家交易协议后，尽管取得原料的成本上升，但与迈蓝竞争的企业仍在生产这两种药，原因是迈蓝把药品的价格提高了 2000%～3000%，如此大的利润空间诱惑着更多竞争对手即使在原料成本提高的情况下仍继续生产，最终导致仰赖于这些药品的患者背上沉重的经济负担。在这当中迈蓝不仅带头实施排他性交易扰乱市场竞争秩序，同时还是这笔巨额药费背后的最大受益者。

在垄断的经济模型中，一个企业如果在其上游或者下游的一个市场上具有市场支配地位，就会形成杠杆效应，[1]企业将会利用其已有的市场势力，进而取得另一个市场的支配地位。在本案中，由于迈蓝与其上游企业通过垄断协议，使其在药品生产环节取得垄断地位，这就直接导致了其在下游销售环节也同样具有垄断地位。同样，由于迈蓝在销售仿制药中占有主导性的地位，反而使得其亦可以从供应商处取得独占优势。

判断独家交易行为是否因其排他性而构成垄断时，首先，应考虑排他性协议的作用范围及对各个相关市场进出壁垒的影响程度。如果排他性交易作用的需求市场范围非常广并使得市场壁垒提升，那么通过下游企业选择排他性交易以外的产品成本的大幅提高则可以佐证排他性交易的影响范围广且作用显著。其次，还要考虑排他性交易产品的可替代性。这是指当纵向非价格限定存在时，与存在排他性协议的企业存在竞争关系的企业是否能在相对较短的时间内找到原材料产品的合适替代品，且这种新型替代产品成本不高于原来的被替代品。如果存在这种假设，则可以证明纵向的排他性交易对竞争的损害并不大，竞争对手可以很快以相差不大的成本从他处取得供应。反之，如果很难在短期找到与之用途相似且成本接近的替代品，竞争对手只得提高成本，或者减少产量以维持目前的生产，则说明排他性交易对竞争对手形成了限制，很有可能有碍市场机制的运作，造成较大的损害。最后，在判断排他性交易是否违法时，应当综合考虑行业性态、分布区域、潜在市场风险、消费弹性等一系列因素，若最终结果证明排他性交易是反竞争的，并会给市场带来很大的封锁效应，则可以作为有效证据证明交易的违法性。

---

[1] 杠杆效应：在一个市场上具有市场支配地位的企业可以通过其市场势力获取其他产业链市场上的垄断利润。

我国执法机关在判断排他性交易是否构成垄断时，其关注的焦点在于对排他性交易造成损害的测算。在这一方面，可借鉴西方 RRC 模型、威廉姆森的福利权衡模型等经济学分析方法，并需考虑到我国的具体国情，进而得出相应的结论作为判断依据。如果最终证明排他性交易带来促进竞争的正效应大于损害竞争的负效应，则不应当认定为垄断。相反，如果证明排他性交易带来促进竞争的正效应小于损害竞争的负效应，则应当认定为垄断。除了从技术层面判断排他性交易是否对竞争带来损害以外，还要判断交易双方的企业在其各自相关市场是否具有支配地位，不同的市场地位也会影响排他性交易在垄断中的认定。

（二）排他性交易的认定原则

"本身违法"原则是反垄断领域重要的法理原则，其本质含义是某些特定类型影响竞争的行为，无论其行为的动机和结果，均应被视为违法。"合理推定"原则是指对交易行为是否违法的判断，不仅仅要采取一种标准独立判断，而且应当结合交易发生的背景、动机以及最后对竞争结果的影响进行综合判断。

当排他性的交易形式初步被怀疑可能造成垄断时，由于美国的判例法体系的自身问题，导致在很长一段时间内无法对交易本身给社会福利造成的损害程度提出精确的衡量标准，且在没有发生严重的排他性交易案件足以证明该行为本身是损害竞争时，美反垄断监管部门对这种排他性交易行为持相对宽容甚至放纵的态度。在 1949 年的"标准石油诉美国案"（Standard Oil Co. V. United States，以下简称"标准石油案"）[1]以前，美国基本上均采用"开放式的合理推定"原则，具体案件具体分析。

---

[1]　Standard Oil Co. V. United States, 337. U. S. 293（1949）, No, 279.

在"标准石油案"后，因其影响范围广、波及面大，法院开始采用"本身违法"原则作为对排他性交易违法性判断的法理依据。在此后很长一段时间内，排他性交易只要对竞争的限制程度达到一定的市场份额即会被认定为违法。这种情形一直持续到 70 年代芝加哥学派的兴起，大批学者通过经济学分析方法给出了排他性交易有利于促进竞争的理论证据，从而使当事人在法庭上更易对自身的交易行为进行辩护。此后在法学理论和司法实践中对于排他性交易的法理认定基本上都采用"合理推定"的方式。

我国《反垄断法》对排他性交易行为进行了规定，从具体的法条中不难看出我国《反垄断法》对生产者和供应商之间的形成的垄断、垄断协议和滥用市场支配地位等行为都进行了限制。同时，最高人民法院颁布的《关于审理因垄断行为引发的民事纠纷案件应用法律若干问题的规定》规定，被告应对其行为不具有排他性承担举证责任。由此可以看出，在我国反垄断法律制度中，关于企业垄断行为的违法性判断，我国采用的是"合理推定"原则。

虽然"合理推定"原则本身存在着低效和提高司法成本等缺点，但较之"本身违法"原则更有助于维护公平正义。"本身违法"原则对企业的排他性交易行为采取单一评价标准，有"一刀切"之嫌。在判断企业独家交易是否构成排除、限制竞争而涉嫌违反反垄断法时，司法实践中应以一定的标准进行判断。即使要适用"本身违法"原则，控诉方亦应当出具充足证据，形成完整证据链，否则不能直接根据其行为或所占的市场份额的外观简单地认定排他性交易构成垄断违法。

（三）中间诉讼制度之比较分析

本案中涉及的中间诉讼（Interlocutory Appeal）是指在美国

专利案件初审前或者诉讼过程中，如果当事人认为与案件最终审理结果有关的实体或程序性裁决有错误，有权在法院出具正式法律文书后向联邦巡回上诉法院进行上诉。在这一制度下，虽然在最终判决后可获得赔偿，但是在初步禁制令阶段，并无可能获得任何损害赔偿或律师费用补偿。这起源于英美法系中对于终局判决可能会导致不可挽回的损失。该制度类似我国民事诉讼法中部分裁定可直接上诉的制度，但我国可上诉裁定的范围相对较窄，主要包括不予受理、驳回起诉、管辖权异议等实体性裁定，对程序性裁定一般不得上诉。

英美法系中间上诉制度又可细分为英国和美国式中间上诉。20世纪初，中间上诉相对盛行，其后在诉讼制度发展过程中因更加注重效率和成本，中间上诉被认为是高成本低效率而被给予一定限制。英美法系中间上诉的内容包括附属性命令、独立性程序、不可弥补后果以及一些裁量性的中间上诉等。一般而言，只要对案件处理结果具有决定性影响的实体或程序性裁判都可以提起中间上诉。在英国，中间上诉程序相对宽松，美国的中间上诉制度实际上也是从英国法系中继承而来。中间上诉的意义在于可以及时保护当事人利益，当法院对当事人的请求不予支持时，当事人有权针对判决结果的某一项继续上诉，请求维护自己的权益，这一请求的依据可以是法律本身的规定，也有可能是审判过程中的程序性错误。英美法系中间上诉制度可以相对有效地针对一点进行上诉，有助于实现裁判结果的公正，体现了法谚："迟来的正义即非正义"（Justice Delayed Is Justice Denied）的价值追求。但中间诉讼制度也不可避免地存在一些弊端，在司法实践中常会被利用成为一种诉讼手段，以致延误审理进程，增加司法负担。

《民事诉讼法》及《行政诉讼法》规定部分裁定可以直接

上诉的法律设计总体来说是根据我国国情作出的制度选择，既给予当事人一定的维权途径，维护公平正义，又尽量避免司法成本过度增加，提高司法效率。我国法律中的部分裁定可上诉制度与英美法中的中间上诉制度是不同法系制度下的异曲同工。总体而言，英美制度更加注重公平，但略显事无巨细，再加上英美法系诉讼中的论辩性更强，导致制度被当事人利用成为诉讼技巧；我国制度的内容相对朴实平和，但规定的可上诉内容过于狭窄导致适用性受限，也可能影响案件审理结果的公正。

反垄断诉讼的特点是认定难、耗时长、诉讼程序复杂，在多种法律价值相冲突的背景下，选择更加合理的制度成为各国司法的一致选择。这种合理相对更偏向效率，其根源在于反垄断诉讼的诉讼主体一般是行政机关和企业而非普通公民，其在诉讼知识和能力上都更加强大，可以调动更多的资源来参与司法对垒，故不存在某方过于弱势而导致制度上的偏袒。英美法系中间诉讼制度在反垄断法中的应用，体现了在面对重大复杂疑难案件时司法机关应当持更加审慎的态度，不能贸然作出裁决，同时对案件结果有重大影响的阶段性裁决也应当给予当事人相应的及时救济途径。

随着我国经济社会的进一步发展，反垄断诉讼在数量上必然增加，我国有必要借鉴英美法系中间诉讼制度，在一定范围内扩大诉讼法中裁定可上诉的范围，在不过分影响案件审理进程和司法独立的前提下，一方面引入上级司法机关对案件事实进行审查和监督，另一方面也给予当事人及时救济的途径，保证案件审理结果的审慎公正。同时，为了避免滥用制度作为拖延诉讼时间的技巧，应当相应规定对于明显不合理或无法律依据的裁定上诉请求及时驳回的制度。

（四）医药领域反垄断诉讼路径

医药行业关乎群众的切身利益，尤其是制药行业具有专业性、复杂性、技术性等突出特点，其监管更显得尤为重要。目前依据我国《行政许可法》《行政处罚法》和《药品管理法》，食药监管部门可以行使行政许可和行政处罚等一系列职权。行政许可是对药品生产、批发和零售企业的开办及生产资质进行审核。行政处罚方式是当企业生产销售中存在违法违规行为时，根据情节严重程度对企业进行相应的处罚。除了行政机关行使行政职权加强对食药领域的监管外，通过司法诉讼的方式亦能起到监督和管制企业、维护市场秩序、保护公民合法权益的效果。我国虽然没有引入集体诉讼，但也有共同诉讼、公益诉讼等类似机制。目前，反垄断民事诉讼案件还是以私人诉讼为主，几乎没有众多消费者共同发起的诉讼。

1. 私人诉讼

私人诉讼，即个人以普通民事诉讼方式提起的诉讼。在我国当前的司法实践中存在的弊端相当明显。首先是个人维权势单力薄。在医药侵权领域，个人面对的往往是拥有更强经济实力的企业，经济实力往往能够转化为诉讼中的法律能力，再加上医药侵权纠纷中，企业与受损害个人在举证能力方面的严重不对等，个人维权成功的难度很大。其次是个人维权的成本与收益严重不相称，司法诉讼程序常常耗费大量的时间、精力和财力，普通个人维权困难重重。在经过漫长的司法程序后，获得的赔偿数额又很有限，甚至不能弥补诉讼本身的经济损失。以上原因，都会导致个人在对医药企业发起的司法诉讼鲜有成功，难以实现预期的法律效果。

2. 公益诉讼

我国民事公益诉讼有别于普通民事诉讼。以公益诉讼方式提起医药领域诉讼，相对于私人诉讼优势更明显，但在我国司法实践中也存在着一些问题。首先是制度较新，民事公益诉讼制度是于 2017 年才被纳入《民事诉讼法》的新制度。各地法院在具体操作中把握的标准不一，实际公益诉讼案件数量较少。其次是缺乏适当的公益诉讼主体，《民事诉讼法》将公益诉讼主体资格定义得过于笼统，以至于实践中难以操作。最后是目前我国的各级公益组织数量还相当有限，公益组织的体系亦不健全，经费也缺乏保障，导致不少公益组织流于形式，并不能真正承担起维护社会公共利益的责任。而由检察院提起公益诉讼方式，虽有法律规定，但各地检察院仍在探索具体操作程序，目前尚缺少医药领域的相关典型案例。

3. 集体诉讼

反垄断法的宗旨就是保护竞争，而非竞争者。其维护的是社会总体利益，尤其是消费者利益。但是这里的消费者既不是一两个单独的消费者，也不是社会所有成员，而是因为购买了某种产品而构成的消费者集团。与私人诉讼对个人利益的维护、公益诉讼对社会利益的维护相比，集体诉讼可以更有效地、准确地维护消费者集体的利益。因此，在私人诉讼和公益诉讼之外，通过集体诉讼的方式维护受害者的合法权益就显得尤为必要。当医药领域出现诚信风险时，波及的受害者群体范围往往会非常大，如果仅仅依靠政府监管处罚，行政成本过于高昂，会成为监管部门严重的行政负担，效果也必然不尽如人意。若依靠消费者协会等组织提起民事公益诉讼，则可能无法达到预期效果。集体诉讼能够弥补私人诉讼方式与公益诉讼方式的不足，平衡公正与效率。此外，在举证方面，医药领域内部情况对于消费者来说是不透明的，对于药企的效用、同类产品的比较及医保报销等方面的信息，消费者无从知晓，处于弱势地位。集体诉讼中通过推举代表参加诉讼，并结合举证责任倒置规则，除了能使受害患者利益得到保障，还可以引入社会舆论监督机制，使药企的商业行为"运行在阳光之下"。集体诉讼实现了激励机制和监督机制的有机结合，这不仅有助于维护个案正义，亦能在很大程度上维护社会公共利益。

第十二章 | 反垄断三元实施机制下对知识产权
领域案例的再分析

一、行政执法与民事诉讼的衔接——以"高通垄断案"为例

"高通垄断案"[1]是我国通信行业第一大反垄断案件，罚款金额高达 60.88 亿元人民币，是《反垄断法》实施以来罚款额最高的案件。我国对高通公司（Qualcomm Incorpotated）滥用标准必要专利市场支配地位的行政执法举措，不仅对我国未来的反垄断执法实践提供了极具价值的参考，也在世界范围内引起了各国一系列对于高通公司垄断行为的执法调查。

2013 年，国家发改委因高通公司滥用 CDMA（Code Division Multiple Access，CDMA）标准必要专利技术和芯片市场的支配地位，涉嫌违反《反垄断法》。经调查确定高通公司涉嫌垄断行为，包括：①收取高额专利许可费用；②捆绑搭售非必要专利许可技术；③芯片销售附带不合理的交易条件。处罚金额为 2013 年度高通公司在中国境内销售收入的 8%，共计 60.88 亿元。继我国对高通公司垄断行为进行处罚后，韩国、欧盟、美国也开始对高通公司发起了反垄断调查。

2015 年，欧盟反垄断机构指控高通公司向苹果公司支付数十亿美元，促使苹果公司选择使用高通公司手机芯片而不使用

---

[1] 发改办价监处罚〔2015〕1 号。

竞争对手的相关产品，该行为涉嫌滥用市场支配地位排挤竞争，并因此发起了对高通公司的调查。最终，欧盟反垄断机构判罚高通公司就垄断行为支付约 12.3 亿美元的罚款。

2016 年，韩国公平贸易委员会指控高通公司滥用标准必要专利技术（CDMA 技术）和手机芯片的支配地位排除、限制竞争。最终，韩国公平贸易委员会判处高通公司高达 9.12 亿的罚款金额，高通公司不服判决提出上诉请求，但是韩国政府认为高通公司确实涉嫌垄断行为，维持原判，驳回上诉。

2017 年，美国联邦贸易委员会（FTC）在美国加州北部地方法院对高通公司提起诉讼，指责高通公司滥用标准必要专利，其专利授权行为和芯片的销售行为破坏了市场竞争，损害竞争对手的利益。至今，法院尚未对案件作出最终裁决。

我国的"高通垄断案"属于行政执法案件，但是高通公司在我国境内发生的另外一起民事纠纷案件也与本案相关。这起民事诉讼案件是"高通公司诉魅族公司（珠海市魅族科技有限公司，以下简称'魅族公司'）确认不垄断案件"，是全球首例由"可以垄断"的企业请求法院认定自己没有垄断行为的民事诉讼案件。

2016 年 6 月 24 日，高通公司向北京知识产权法院提起诉讼，指责魅族公司质疑双方协商标准必要专利授权的过程中高通公司实施差别待遇，拒绝签订许可协议并继续实施其无线通信标准必要专利技术，就此行为高通公司请求法院判令：①确认其向魅族公司提出的《中国专利许可协议》合同中的许可条件并未违反《反垄断法》，其中的许可条件符合高通公司对于 FRAND 的承诺；②确认该许可条件作为高通公司与魅族公司达成标准必要专利许可协议的主要条款；③魅族公司应向高通公司支付 5.2 亿余元的损失赔偿金。根据我国最高人民法院 2012

年发布的《关于审理因垄断行为引发的民事纠纷案件应用法律若干问题的规定》第 1 条,[1]本案属于垄断纠纷,高通公司起诉正当,北京知识产权法院依据垄断案件确认拥有管辖权可以进行裁决。案件最终以原告高通公司与被告魅族公司达成和解结束。

高通系列案件表明在我国反垄断法实施中,行政执法与民事诉讼无法有效衔接。"高通垄断案"和"高通诉魅族垄断案"体现了两个值得关注的问题:第一,关于标准必要专利滥用的问题;第二,反垄断行政执法与民事诉讼衔接的问题。

(一) 反垄断法对滥用标准必要专利的规制

1. 标准必要专利的产生

根据国际标准化组织 (International Organization for Standardization, ISO)[2]的定义,标准是"为在一定范围内获得最佳秩序,对活动或者结果规定共同的与重复使用的规则、指导原则或者特性文件。该文件经协商一致制定并经一个公认机构批准"。我国根据 ISO 的定义也做出了关于"标准"的解释,即"为了在一定范围内获得最佳秩序,通过充分协商达成一致后制定,经过公认机构批准,以特定形式发布,需要共同遵守,且能够共同使用与重复使用的规范性文件"。从关于标准的定义可以看出,标准是经过人们共同协商并获得一致认可的、具备科学性与合理性。

"技术标准"是诸多标准中的一类标准,一般可以被理解

---

〔1〕《最高人民法院关于审理因垄断行为引发的民事纠纷案件应用法律若干问题的规定》第 1 条规定,因垄断行为受到损失以及因合同内容、行业协会的章程等违反反垄断法而发生争议的自然人、法人或其他组织,向人民法院提起的民事诉讼案件,均属于因垄断行为引发的民事纠纷案件。

〔2〕 国际标准化组织 (ISO) 是由各国标准化团体 (ISO 成员团体) 组成的世界性的联合会。

为，相关行业技术水平达到一个统一划定的合格线才算达到技术要求，属于合格的技术可用于制造产品或提供服务并进入市场，未达到合格标准的则属于不合格的技术，对应的产品和服务也不能进入相关行业市场。

由于技术标准的推广和逐渐确立，"技术标准化"实质就是人们推动某项技术达到一个统一的标准，避免重复活动、浪费社会资源的规定。想要推广技术标准化就必须要有相关技术包含其中。起初，技术标准化采用公用技术，但是随着知识产权保护意识的提高，产品或服务的核心技术基本上都申请了专利保护，因此技术标准化中的技术也逐步发展成采用专利技术，例如通信行业的技术标准化制定就是无线通信技术从最初的1G技术（模拟蜂窝网络技术）的几件专利申请，至2G的全球通信移动 GSM（Global System for Mobile Communication，GSM）技术由各国的电信行业组织划定技术标准，再到第三代移动通信技术需要符合国际电信联盟（Interantional Telecommunication Union，ITU）提出的第三代移动通信系统 IMT-2000（International Mobile Telecom System-2000，IMT-2000）的技术标准才能使用。

技术标准化将专利技术纳入其中后，专利权人发现技术标准中的专利技术仍具有私人属性，使用专利权人的专利技术，需要支付许可费用。并且，随着技术标准化的推广，专利技术也得到广泛许可使用，市场地位随之提高。行业巨头的逐利本性驱使他们积极促进技术标准化的确立，并将专利技术纳入其中，收取高额许可费用。通信技术领域，全球超过130多家制造商为了使自身制造的智能通信设备达到技术标准化，要求选择使用高通公司的 CDMA 专利技术。因此，拥有相关行业专利技术的大型企业极力推动专利技术与技术标准化融合，"标准必要专利"得到极大发展。

"标准必要专利"（Standards-Essential Patents，SEP）虽然并没有一个统一的释义，但是根据国际电信联盟（International Telecommunication Union，ITU）[1]和我国学者的定义，大体可以理解为，标准必要专利是为相关行业产品制造或者服务提供标准化的必需技术，具有排他性和唯一性，是技术标准化中的核心专利技术。

2. 标准必要专利的特征及对市场的影响

（1）标准必要专利的特征：

第一，标准必要专利具有公共性。技术标准化设立的初衷是期望人们进行相关市场活动时能够使用统一、合理、科学的技术，避免重复研发造成社会资源的浪费及使用效率的降低。但是，技术标准化在全球各领域经济中的推广和使用，扩大了覆盖范围，标准必要专利的使用涉及社会诸多个人、群体甚至整个社会的经济利益。对个人（如消费者）而言，标准必要专利的使用能降低适应效果成本。对群体（如技术授权使用者）而言，制造商只有使用该项专利技术才能生产符合标准的产品进入产品市场。对于政府而言，标准必要专利的使用可能会对市场竞争产生利好或利空的影响，这就需要发挥宏观调控职能，引导市场正常发展。对于整个社会市场而言，标准必要专利的推广可能会推动技术创新发展，也可能导致垄断技术市场的行为出现，从而损害社会公共利益。

第二，标准必要专利具有排他性。技术标准化纳入的专利技术具有唯一性，特别是在信息技术行业，技术研发难度大、

---

〔1〕 国际电信联盟（Interantional Teleconmmunication union，ITU）将其定义为，"任何可能完全或部分覆盖标准草案的专利或专利申请"。美国电器及电子工程师学会（Institute of Electrical and Electronis Engineers，IEEE）将其解释为，所谓"必要专利要求"是指实施某项标准草案的标准条款（无论是强制性的还是可选择性的）一定会使用到的专利权利要求。

成本高，一旦专利技术研发成功并被纳入技术标准，该专利技术在相关行业市场上就具备了排除其他竞争者的特性。制造商想要制造标准化下的产品和提供标准化下的服务并进入相关行业市场，就必须经专利许可人授权使用其专利技术，该项专利技术实质上就成了行业市场上的唯一技术。比如，高通公司在无线通信技术领域中的 CDMA 技术，全球基本所有智能设备制造商都不得不采用该项专利技术制造智能通信设备，这是一项不可替代的专利技术，制造商无法在市场上找到其他可以替代的技术。

第三，标准必要专利具有锁定性。"锁定效应"是指本质差别不大的两个技术产品，其中一个先进入市场，使用者逐渐积累并产生了依赖性；另一个后进入市场，由于区别不大，使用者惯用第一个技术产品，不想学习使用第二个技术产品。因此，后一个技术产品使用者不多，市场竞争力逐渐衰弱进而退出市场，第一个技术产品由于使用者集聚而发展迅猛，占领市场。标准必要专利中的专利技术好比第一个技术产品，为市场制造商广为使用，即使其他竞争对手创新发展了技术也很难与之抗衡。譬如信息技术行业，国际电信联盟（ITU）作为通信技术行业的标准化组织，从推广无线技术领域使用 CDMA 技术起，全球几乎所有地区或国家都使用了该项技术制造智能设备，可以说，无线通信领域的设备制造基本上锁定为高通公司的无线通信专利技术。

（2）标准必要专利对竞争的影响。标准必要专利令技术专利与标准挂钩，产品的使用者想要采取该项标准就必然使用该项专利技术。虽然采取标准必要专利可以提高生产效率，推动相关产业技术创新，减少国家间的贸易往来障碍，但是标准必要专利对于市场带来的负面影响也不容小觑。

第一，标准必要专利影响市场竞争。制造商本可以依据自己需要的产品效果选择一项专利技术生产其产品，但在统一标准下，制造商就不得不选择使用该项专利技术进行自家产品研发，这就出现了网络外部性。对制造商而言，该项专利技术是其唯一选择，对于专利持有人而言，该项专利技术使其获得支配地位。实际上，专利标准已经由专利持有人掌控，难免出现专利持有人排挤竞争对手，造成相关行业领域创新发展困难，市场不再具备强劲竞争力。

第二，标准必要专利限制市场准入。行业市场技术标准化的确立要求准入技术符合技术标准，制造商为降低生产成本，达到技术标准化中对技术使用的普遍性规定，不得不选择使用技术标准所纳入的专利技术，专利技术拥有者凭借此种行业关联黏性在与竞争对手的市场竞争中就具有了天然的优势，可能会采取提高技术标准，拒绝与竞争对手交易，甚至可能与标准化组织成员合谋，采取不正当手段，调高专利技术标准，剥夺技术创新发展后的企业进入市场的权利，阻碍对手进入相关行业市场。这是标准必要专利引发的无形市场壁垒，专利技术拥有者当然会作为该行业的市场领导者，为发挥自身利益最大化，不断提高市场准入标准，限制竞争对手进入市场。

第三，滥用标准必要专利行为的认定与行为类型。其一，滥用标准必要专利的认定。不同国家及地区对于滥用知识产权的概念界定不同，美国依据《谢尔曼反托拉斯法》与反托拉斯法的交叉关系进行认定，在1971年提出"专利权滥用"原则；英国则认为专利权人不许可专利使用会造成社会资源浪费，损害公共利益，是"滥用知识产权"（Abuse of Intellectual Property）的行为；结合我国《反垄断法》中滥用知识产权概念的界定与我国知识产权保护制度体系可知，滥用知识产权的行为会损害社会利益，违背民法中关于禁止滥用权利的基本原则，由于知识产权的私人属性，大多数滥用知识产权的行为都是为了获取市场支配地位，因此大部分滥用知识产权行为都属于垄断性行为，最终由反垄断法进行规制。

标准必要专利是知识产权保护体系的核心问题之一，根据对滥用知识产权保护的理解，滥用标准必要专利的行为就是出于自身利益考虑，不正当进行标准必要专利中的专利技术许可，排挤竞争对手，获取市场支配地位的垄断行为。

其二，滥用标准必要专利的行为类型。

首先，不公平高价行为。"不公平高价"包含两种行为，一种是剥削性定价（Exploitative Pricing），是指企业滥用市场支配地位高价出售产品的行为，另一种是排挤性定价（Exclusionary Pricing），是指企业在上游市场和下游市场都有业务，其滥用市场支配地位将上游业务的生产产品用于自身和竞争对手，但销售给竞争对手的产品价格远高于自身使用的价格。滥用标准必要专利的不公平高价行为主要是剥削性的不公平高价行为。市场虽然具有自我调节能力，购买者购买的某一产品高价必然会在市场上寻找另一种可替代产品，但是标准必要专利中的专利技术具有排他唯一性的特征，突出表现是市场上并没有可以使用替代的其他技术。在这种情况下，市场就会失灵，相关行业市场的制造者为了保证自身产品能够符合技术标准化规定进入市场，就不得不使用专利技术，专利持有者凭借专利技术就会采取收取高额许可使用费用方式，高额许可费用就是不公平高价行为的外在表现。例如，高通公司在我国境内被处罚的滥用必要专利的垄断行为表现之一就是高价索取许可费用行为，高通公司无视高通标准必要专利并不能覆盖手机整机软硬件的事实以及智能手机给消费者带来的个性化体验的附加值就将拥有的专利进行打包，按照整机的净售价向被许可企业收取专利许可费，获得高额利润。

其次，捆绑销售行为。捆绑销售行为主要分为以下两种：标准必要技术与非标准必要技术捆绑销售。制造商生产的产品只要被授权许可使用技术标准化中的专利技术就能达到技术标准从而进入相关市场，但是部分专利权人并非只拥有标准必要技术，还可能拥有非标准必要专利技术，为了将标准必要技术的市场支配地位延伸到非标准必要技术市场中去，专利人就会将二者捆绑打包销售，被许可使用者为了使用专利技术也不得不接受非标准必要的技术。标准必要专利与产品捆绑销售，专利权人手中可能还附带其他产品，如果产品销售带来的收入并不客观，专利权人为了撷取利益就会滥用标准必要专利的市场支配地位捆绑销售产品。高通公司将标准必要专利与非标准必要专利、已经过期的专利，甚至芯片等产品捆绑销售，明显是排除、限制竞争的行为。

其三，附带不合理交易条件行为。标准必要专利的专利权人为了寻求利益最大化，会滥用市场支配地位，附加不合理的交易条件授权被许可人使用其专利技术，如反向许可技术免费使用。"反向许可技术免费使用"与技术许可协议中的"相互许可"不同，"相互许可"又称"交叉实施许可"（Cross-liscense），是指技术双方互相许可对方使用自己的技术制造产品、提供服务，意在降低生产成本、提高生产效率。相互许可出于协议双方自愿签订，多为免费或互补差价，但是免费反向许可并非出自双方自愿，而是专利权人滥用标准必要专利的市场支配地位的强迫性行为，是企图免费获得被许可使用人创新技术的一种不合理、不公平交易行为。

3. 各国对滥用标准必要专利的反垄断规制

知识产权保护制度的设立初衷是保护研发者的专利技术，激发技术创新的动力，增强市场活力，反垄断法的立法目的也是保护市场竞争，推动市场健康发展，二者的制定初衷都是为了保护市场竞争，保护创新，推动经济快速发展。但是，专利权的私人属性却随着技术标准化的推广使用蔓延到公共市场，专利权人凭借专利技术的排他性将排除限制竞争的能力发挥到最大化，这不仅严重阻碍了本行业市场的创新与发展，还危害了社会公共利益。滥用标准必要专利的垄断危害不容忽视，各国也积极运用反垄断法对滥用标准必要专利的行为进行规制。

（二）反垄断公共实施与私人实施的衔接机制

中国反垄断法颁布十余年以来，其法律实施机制主要是公共实施和私人实施二元机制。就二元机制分别来看，实施效果明显，既出现了"高通垄断案"等经典公共实施案件，也涌现出了"高通公司诉魅族公司"等新颖的私人实施案例。但在二元机制配合方面还存在主体各行其道、案件互不相闻的现状，例如没有任何一起公共实施的案件提起了后续民事赔偿，私人实施的案件也没有公共实施作为先导。公共实施和私人实施脱节的问题会造成惩罚与赔偿割裂，公平与效率失衡。

反垄断法公私两种实施方式在实施主体、维护法益、功能定位等方面都存在较大差异。首先，私人实施在多数情况下是通过民事诉讼的方式实现权利救济，而公共实施则主要是通过行政执法予以遏制违法行为。其次，私人实施中的私主体（或律师）的关注点通常体现为获得经济上的赔偿，而公共实施则更加关注公共利益的损失。最后，私人实施所主张的赔偿一般与损害程度相关，具有偶发性特征。而公共实施则是依据垄断行为对市场竞争产生的负效应来衡量处罚程度，这一点一般与损害范围有关，具有持续性特征。当然，每一个垄断行为都不会只是影响一方或者特定主体。所有的垄断行为最终均会转化为对消费者的损害。但是，相较而言，公共实施更加注重对违法行为的惩戒，而私人实施则更加关注对个体损失的赔偿。然而，纵观全局，无论是私人实施还是公共实施，最终均是要维护市场竞争秩序的稳定。这就意味着二者不可能独善其身，必须相互配合，并且，此种配合不只是简单的"加法"，更要发挥出"乘数效应"。

1. 公共实施可以成为私人实施的前置程序

竞争政策的实施可被分为两个部分，即竞争倡导与竞争执法。在竞争倡导过程中，执法机构可以通过市场调查等方式对涉嫌从事垄断行为的企业给予申诫，并为之后发起反垄断执法或反垄断诉讼做准备。虽然竞争倡导的行为多为执法机构主导，作为公共实施的一部分，但此种方式亦可成为私人实施的前置程序，从而减轻私人的实施成本，激励私人主体（尤其是消费者）寻求损害赔偿，维护合法权益。

将公共实施作为私人实施的前置程序主要体现在两个方面：

（1）私人实施承认已有公共实施的认定。反垄断法私人实施的最大难题就是私人诉讼的取证、调查、执行成本过高。如果反垄断诉讼的原告依靠公共实施的案件提起后续诉讼就可以减少很多证明成本。当前，反垄断法的实施仍旧表现为"公共实施为主，私人实施为辅"，"行政执法为主，民事诉讼为辅"的方式。[1]实践中，一方面，执法机构占据取证调查优势；另一方面，私主体囿于传统民事诉讼规则而不得不背负独自举证的责任。如此一来，执法资源的优势并不会产生任何的正外部

〔1〕 于立、冯博："维持转售价格法律适用问题中的'定性'与'定量'——'锐邦诉强生案'的法律经济学分析"，载《中国物价》2014年第1期。

性，而且司法成本也会显著提升，司法效率同样会被大大削减。反之，如若私主体可以在私人实施中引证执法机构的认定，那么私人实施就可更多地聚焦于针对性、填平式的赔偿问题而非对垄断行为是否成立的论证。这样不仅会减轻私人实施中原告的诉讼成本而且也可以提高司法效率、节约司法资源。私人实施承认已有公共实施的认定可以推动反垄断民事诉讼的进程，激励更多的律师将关注点放于反垄断民事诉讼之中，尤其是以普通消费者为原告的反垄断民事诉讼，从而更为直接地达到保护消费者、保护竞争的立法目的。

（2）公共实施避免引用私人实施的证据。在多数情形下，行政执法一旦作出，如若违法企业无异议，在涉及同一违法行为的私人实施中，违法企业是禁止反言的。因此，为避免加重违法企业罪责，划分清晰惩罚与赔偿的功能，公共实施应避免引用私人实施中的证据。

首先，公共实施应以公众利益为出发点，这就意味着公共实施对于违法行为的处罚应该更加关注公益性。然而，私人实施中的引证往往仅针对个体损失，不具有以此推彼的属性，不可得出公共利益受损的结论。

其次，一般的私主体，即消费者，对于垄断行为形成的潜在损害往往并无动力进行诉讼。相反，同类经营者或上下游企业由于受到更为直接的影响往往具有充足的诉讼动机。因此，如"锐邦诉强生垄断案""奇虎360诉腾讯垄断案"等典型反垄断民事诉讼均为竞争者之间的诉讼。为贯彻《反垄断法》保护竞争而非竞争者的立法宗旨，竞争者之间的私人实施所举之证在公共实施中更要注重规避。

最后，由于反垄断案件的举证相较于其他类型的案件更具专业性，私人实施往往不具有统筹资源、全面论证的举证优势，甚至不需要对垄断行为进行详细论述。例如，最高人民法院的第 79 号指导性案例明确指出："作为特定区域内唯一合法经营有线电视传输业务的经营者及电视节目集中播控者，在市场准入、市场份额、经营地位、经营规模等各要素上均具有优势，可以认定该经营者占有市场支配地位。"然而，在公共实施中，行政执法必须达到"精准化"。因此，行政执法需要综合考虑涉嫌垄断行为可能包括的所有因素作出行为的定性和处罚的定量。

2. 私人实施可以适时先行启动

《反垄断法》第 50 条规定了垄断民事责任的承担方式，并指出私主体可以针对经营者的违法行为通过民事诉讼的方式寻求权利救济。有观点认为，当前中国的反垄断民事诉讼更多的是沦为竞争者之间的倾轧方式。反垄断民事诉讼的原告多是出于对竞争对手的不满但又无法在市场竞争中占据优势，于是诉诸反垄断诉讼，以求获得一笔赔偿金或更为有利的市场条件。

不可否认，直接的市场参与者对于垄断行为更加具有敏感度，竞争者对于潜在垄断行为在信息获取方面具有及时性。但是，由于执法资源有限，公共实施往往具有惩罚概率低的问题。就此种意义而言，私人实施可以有助于发掘潜在垄断行为。然而，正如当前反垄断司法现状所显示的，私人实施的胜诉率仅为 37%，且尚无因私人实施而引发的公共实施。这就意味着，竞争者之间的私人实施并未造成扰乱市场秩序、阻碍竞争执法的负效应。

鉴于私人实施具有发掘潜在垄断行为的功能，因此，在私人实施发起以后，执法机关可关注该私人实施所针对的违法行为，如若此行为存在损害公共利益的倾向即可进行执法调查。在现有民事诉讼制度之下，即便私主体囿于原告适格和举证责任无法达到权利救济的目的，但公共实施仍可就垄断行为的违法性进行处罚。一旦公共实施中认定了垄断行为的违法性，私主体亦可利用公共实施的处罚结果而进行权利的再次救济。如此，预防垄断行为、保护市场公平有序的法律实施目标则得以实现。

3. 适时引入集体诉讼制度

由于实施者的差异性，执法机构与司法机构往往出于不同的实施动机。同一个垄断行为多数情况下不会仅牵涉一类实施主体，甚至会引发多类主体的叠加。例如，在"高通垄断案"中，高通公司的垄断行为不仅影响了通信行业整个领域，而且涉及诸多上下游企业和消费者。反垄断法律实施从来不是"二元"割裂的状态，就案件本身而言，公共实施与私人实施同时针对一个垄断行为的可能性是极大的。因此，只有将公共实施与私人实施联动起来，才能实现反垄断法律实施成本与收益的最优。而在公共实施与私人实施协同联动的制度设计中，集体诉讼是最为重要的一环。

（1）反垄断集体诉讼的三重功能。第一，补偿功能。集体诉讼的目的是剥夺违法者的非法获利并预防违法行为，受害者不仅可以直接获偿，社会整体也可因此受益。它不仅是实现个体正义的工具，也是维护社会利益的工具。集体诉讼制度以其"胜可分成、败无损失"的方式降低诉讼成本和违法收益，以"补偿+惩罚"的方式提高诉讼收益和违法成本。最终使诉讼成本低于诉讼收益，激发诉讼动机，达到私益目的，实现效率，使违法成本高于违法收益，真正在惩戒违法者的同时发挥补偿受害者损失的作用，从而实现公平。虽然大多数的集体诉讼均是以和解赔偿金的形式赔偿原告损失，但是考虑到原告节约的诉讼成本与费用以及被告和解赔偿金的赔偿额度，其最终结果大多等于或超过股东所受的利益损失。第二，监管功能。集体诉讼具备着"私人检察官"的特有属性。很多人认为集体诉讼仅是普通集体诉讼的一种，但事实不然。与其他的集体诉讼制度不同，集体诉讼制度是对参与各方乃至整个市场的监督。在原告方面，集体诉讼设立了严格的前置程序来确保原告的适格，需要原告证明其因被告垄断行为而受损的可能性，从而防止滥诉情况的发生。在被告方面，集体诉讼通过巨额的赔偿使其吐出违法所得，惩罚其违法行为。而在市场运行方面，集体诉讼"胜可分成，败无损失"的特性使得更多的受害者（或律师）有动力通过惩治垄断企业的违法行为进行索赔，而垄断企业往往由于对违法风险的考量和对集体诉讼的忌惮而自觉约束其行为。第三，威慑功能。集体诉讼作为规范市场运行的威慑工具，发挥着极其重要的作用。动辄数十亿的赔偿自然是对违法行为有力的经济震慑。国外已有司法实践证明，伴随着集体诉讼而引发的公司破产、高管追责、CEO 倒台等问题更是对于市场规范运行的警钟。

（2）律师激励作用的实现。按照普通法传统，诉讼费用（含律师费）应由当事人自行承担并且律师费的数额一般由当事人与律师在诉讼前进行协商来确定。但是，在依据成文法或普通法出现的许多复杂诉讼中，律师费和其他诉讼费用需要由法院来确定。反垄断民事诉讼正是此类案件中的一种，其律师酬金的数额是根据当事人在诉讼中所获得的收益来按一定比例确定。然而，集体诉讼关于律师费的确定方式与传统民事诉讼却有不同：第一，实行风险代理，律师能否获得费用要依据诉讼的结果来决定，如果被代理的集体胜诉，律师将获得相应的报酬；如果被代理的集体败诉，律师将自行承担诉讼费用。第二，集体诉讼当事人人数众多，诉讼时间较长，所需经费也颇高，与普通民事诉讼有着明显的区别。在集体诉讼中，如果让代表人支付费用显然不利于诉讼进程的推进，而让律师事务所或诉讼基金来承担前期费用，待到胜诉之后在赔偿金额中提取一定的比例的酬金作为回报，有利于诉讼的展开和权衡相关利益。目前，证券领域的集体诉讼已实现风险酬金制度的设置，此点对于反垄断法律的实施具有十分重要的借鉴意义。

二、知识产权的保护与反垄断——以"华为系列案"为例

2003 年春节前，思科系统公司（Cisco Systems，以下简称"思科"）提起了针对华为技术有限公司（以下简称"华为"）的诉讼，思科认为华为使用了思科在路由器上的私有协议，使用的相应代码属于思科的专利，这种行为侵犯了思科的知识产权，同时认为华为涉嫌窃取其商业机密，请求法院禁止华为产品的销售。针对思科提出的这一诉讼，华为停止了部分争议产品的销售，但是思科对此并不接受，坚持要求法院判决华为禁售所有产品。2003 年 3 月，华为与 3COM 公司宣布组建合资公司，同时 3COM 公司首席执行官为华为作证，称华为没有侵犯思科知识产权的行为。2003 年 6 月，法院作出裁决，要求华为停止使用有争议的代码，思科对此判决并不接受，仍然认为华为是抄袭思科，但是思科并没有足够的证据证明华为存在抄袭行为，双方不服，均表示继续上诉，后来经过协商，双方同意延长诉讼期。2003 年 10 月，双方达成初步和解的意见。2004 年 7 月，双方达成了最终协议，诉讼解除。

2010 年 7 月，摩托罗拉公司（Motorola Incorporated）在美国提起诉讼，称华为侵犯了其公司的专利，这也是摩托罗拉被诺基亚西门子网络公司（Nokia Siemens/Networks，以下简称"诺西"）收购不久后提起的诉讼，同时，华为反诉摩托罗拉，请求法院禁止诺西收购摩托罗拉，因为此前华为与摩托罗拉的

合作中涉及诸多专利，需要拆分二者的专利之后才能进行收购，此番诺西收购摩托罗拉在一定程度上也侵犯了华为的专利权。对于华为的诉讼请求，法院最终判决摩托罗拉禁止向诺西转移涉及华为商业机密的内容，同时允许华为对转移的内容进行审查，该起收购案同时受到了我国相关部门的延期审查。2011年4月，摩托罗拉与华为达成和解，摩托罗拉向华为支付了相应的专利转让费，同时双方各自撤销了诉讼，该起知识产权纠纷案最终以和解结束。

2011年7月，无线厂商美国交互数字公司（Inter Digital Communication，以下简称"交互数字"）同时在美国国际贸易委员会和州法院提起诉讼，控告华为侵犯了其多项专利。2011年12月，华为在广东省深圳市中级人民法院起诉美国交互数字公司滥用市场支配地位，具有过高定价和搭售行为，法院一审判决美国交互数字公司赔偿华为因垄断行为使华为遭受的损失约2千万元，美国交互数字公司不服继续向广东省高级人民法院上诉，二审维持原判决。华为向发改委举报美国交互数字公司涉嫌垄断，具有过高定价和搭售行为，发改委对交互数字公司是否涉嫌垄断进行调查。2013年12月，华为与美国交互数字公司达成保密和解协议，双方共同向美国国际贸易委员会提出中止调查协议，同时，发改委依据《反垄断法》中的相关规定中止调查。

华为与中兴通讯股份有限公司（ZTE Corporation，以下简称"中兴"）专利纠纷由来已久，双方的专利纠纷不仅局限于国内，在国外两者之间的专利纠纷也在一直持续。国内的纠纷在2013年被湖南省高级人民法院列为年度知识产权保护典型案例，双方的专利纠纷在湖南省以及北京市等地都有涉及，多达十几起，北京市高级人民法院从中调解，双方在2016年11月达成和解，双方的国外专利纠纷华为的专利大多被判定为无效，国外终止了华为的起诉，同时华为需赔偿中兴及其子公司 10 万欧元。

2014 年，无线星球公司（Unwired Planet，以下简称"无线星球"）在英国高等法院提起诉讼，指控华为侵犯了其多项专利。2015 年 3 月，华为反诉，称无线星球滥用标准必要专利，构成了滥用市场支配地位。2016 年 3 月，英国法院一审认为华为侵犯了无线星球的两项英国标准必要专利，无线星球并未违反 FRAND 原则，并不构成垄断，同时法院发布禁令，华为上诉。2018 年，法院驳回了华为的上诉请求，禁令继续。

2016 年 5 月，华为在中国和美国提起对三星公司（SAMSUNG，以下简称"三星"）的诉讼，称三星侵犯了华为的知识产权。之后，华为继续起诉称三星的相关产品构成了专利侵权，须停止销售、搭售相关手机，三星认为华为侵犯了其专利。法院审理认为，三星对华为收取的专利使用许可费是华为对三星收取的专利使用许可费的 3 倍，违反了 FRAND（公平、合理和无歧视）原则，判决三星赔偿华为 8000 万元以及制止专利侵权的费用 50 万元。这是我国企业对外提起知识产权诉讼胜诉的重要案件，表明了国内企业专利维权意识的初步觉醒。

2019 年 1 月，华为在深圳市中级人民法院提起对美国交互数字公司的诉讼，质控该公司未按照 FRAND 原则中的公平条款对华为进行标准必要专利授权，美国交互数字公司表示对华为的专利授权在 2018 年年底已经到期。华为的诉求是确定接下来一段时间的专利授权使用费用，其中的专利涉及 5G 无线通信中的重要专利，随着华为在 5G 市场中占有越来越重要的位置，国外企业对华为进行了一系列的打压，华为争取自身合法权益的做法值得国内其他企业学习。

作为中国的民族企业，从成立之初的弱小到如今在世界通讯格局中占有一席之地，这离不开华为自身对科技研发的重视和不断勇攀高峰的决心，华为的创立在一开始并没有引起任何科技通讯巨头的注意，随着华为的不断发展壮大，华为逐步提高在专利研发以及申请上的支出，与其他通讯巨头的专利纠纷越来越多，其中从一开始的思科诉华为的知识产权纠纷，到后来华为与中兴的专利纠纷案，再到最近的华为遭到"专利流氓"无线星球公司的起诉而遭到 FRAND 禁令。同时，随着 5G 的兴起，华为在 5G 市场上占有很强的优势地位，欧美国家开始联合限制华为，包括禁止华为参与本国 5G 基站的建设等措施，华为面临的诉讼越来越多，同时也越来越严重。

表 12-1　华为系列知识产权诉讼案一览表

时间	原告	被告	基本案情	结果
2003 年 1 月	思科	华为	思科起诉华为侵犯了其在路由器产品中的专利，请求法院禁售华为产品，后华为与 3COM 组建合资公司，同时其主管为华为出庭作证，法院初步判决华为停止使用争议代码，但华为不存在抄袭，双方不服继续上诉，后双方达成和解意见。	双方和解
2010 年 7 月	摩托罗拉	华为	摩托罗拉公司被诺西公司收购不久之后对华为提起诉讼，同时华为反诉，请求法院禁止诺西对摩托罗拉的收购，因为摩托罗拉在此前与华为的合作涉及诸多专利，必须拆分之后才可以进行并购，法院判决摩托罗拉须拆分涉及华为的专利之后才可以进行收购，后双方和解，摩托罗拉向华为支付了专利转让金，双方各自撤诉。	双方和解

时间	原告	被告	基本案情	结果
2011 年 4 月	华为	中兴	华为与中兴涉及多起诉讼，其中既有在国内的诉讼，也有在外国提起的诉讼，国内涉及的多起诉讼在北京高院的调解下双方和解，华为在欧洲对中兴提起的诉讼大多是无效的，同时华为赔偿了中兴一定的金额。	国内和解，国外败诉
2011 年 7 月	交互数字	华为	交互数字公司起诉华为侵犯了其多项专利，华为在中国提起反诉，称交互数字公司滥用市场支配地位，同时具有搭售行为，法院判决交互数字公司滥用市场支配地位，赔偿华为损失 2000 万元，在国外的诉讼调查以双方和解结束。	国内诉讼交互数字公司败诉，国外的调查双方和解
2014 年 3 月	无线星球	华为	无线星球公司从爱立信公司购买多项专利，在英国起诉华为侵犯其多项专利，法院判决华为败诉，同时颁布禁令。	华为败诉
2016 年 5 月	华为	三星	华为称三星侵犯了其知识产权，之后，华为继续起诉称三星的相关产品构成了专利侵权，须停止销售、搭售相关手机，法院审理认为三星违反了 FRAND 原则，禁售部分型号三星手机。	华为胜诉
2019 年 1 月	华为	交互数字	华为起诉交互数字公司滥用市场支配地位，不对其在 5G 市场中的部分标准必要专利授权，违反了 FRAND 原则。	未判决

（一）标准必要专利与禁令

1. 标准必要专利侵权认定

在通信行业中，对标准必要专利的认识分为两种：一种观点认为，标准必要专利的存在会促进创新，使科技的发展越来越追求进步与突破，最初的研发者开发出来的专利就需要得到相应的保护，但同时也认为标准必要专利不应该收费过高，收费过高反而会阻碍社会和科技的进步。另一种观点认为，标准必要专利应该由权利人自主确定许可使用的费率，或者由双方谈判协商确定。标准必要专利的存在本来就是科技发展的结果，对标准必要专利进行保护是对的，但是也要避免标准必要专利成为权利人垄断市场的工具。

标准必要专利的侵权认定与其他的专利侵权认定在程序以及参照的法律上都是一致的。两者并不存在太大的区别，但是标准必要专利的侵权有几点区别于普通专利侵权：第一，标准必要专利的侵权在正式诉讼之前应该有双方的谈判，在通信行业，每个公司都有属于自己的标准必要专利，而且生产的产品涉及多个公司的标准必要专利，因此必然会涉及标准必要专利的侵权。因此，双方在诉诸法律之前，通过谈判确定相应的专利使用费是可以避免诉讼的，如果双方通过谈判没有解决相应的问题，那么再诉诸法律就可以避免公共资源的浪费。第二，对于标准必要专利的侵权赔偿，不能按照普通的专利侵权赔偿标准进行，标准必要专利不同于普通的专利，因此侵权赔偿也不应该相同，对于标准必要专利的侵权赔偿，应该按照标准必要专利的许可费及其倍数确定，不能简单以普通专利侵权赔偿确定赔偿的数额。

在华为涉及的行业中，标准必要专利存在于多个公司，同时也是集中于少数几个优势公司中，每个企业在生产的过程中总会涉及其他公司的标准必要专利，因此谈判才是最好的方式，规模和技术水平处于同一水平的企业在进行专利许可费的谈判时应该保证许可费处于相差不多的水平，不能违反 FRAND 原则中的无歧视原则。在华为与思科的案件中，思科起诉华为侵犯了知识产权，认为华为使用了思科的私有协议，在这起案件中，华为生产的路由器使用了思科相应的代码，相应的代码属于思科的专利，双方存在巨大的合作效益，和解对双方都有好处，继续维持诉讼只会对双方造成更大的影响。在这种情况下，双方的和解是最好的选择，彼此的相互依赖决定了持续的诉讼不是最优的选择，对于华为来说，持续的诉讼会耽误华为的进一步发展，使华为的研发以及开拓会受到极大的影响，陷入长时间的诉讼对任何一个企业来说绝对是有百弊而无一利。同样，持续的诉讼对思科也有影响，思科与华为存在业务往来，与华为合作才能获取更高的企业效益。因此，在企业之间的知识产权诉讼中，谈判为先，谈判不成进而诉诸法律，同时也要积极争取双方的和解。

2. 标准必要专利 FRAND 原则

FRAND 原则指公平、合理和无歧视原则，是由 SSOs（Standard-Setting Organizations，SSOs）组织设立的，原则的设立是为了一个共同的标准，使不同的制造商生产的设备能够兼容。在这个原则下，各个厂商达成一致，各自拥有的专利都必须向任何企业或者人士提供，同时这些被提供者可以是未加入 FRAND 原则中的企业或者个人。如果没有这个原则，专利拥有企业就会利用标准必要专利进行垄断行为，对竞争造成损害。

对于标准必要专利的侵权，在权利人作出 FRAND 承诺后，标准必要权利就拥有了对其他权利人的许可权，例如在华为与三星的诉讼案中，双方都拥有自己的标准必要专利，一方的生产都会用到另外一方的标准必要专利，因此双方对标准必要专利的费用进行谈判，三星和华为的市场势力和影响力基本上属于同一个水平，但是三星收取的费用是华为对三星收取的 3 倍左右，严重不符合 FRAND 原则中的公平和合理原则。法院在判决时也是考虑到了这一点，认为三星以标准必要专利作为市场垄断的手段，违反了 FRAND 原则。同时，三星在谈判的各个时期都恶意拖延，拒不配合，拒绝与华为就标准必要专利许可费进行良好的谈判，最终以败诉收场。

华为与美国交互数字公司的诉讼也证明了这一点。美国交互数字公司从事无线技术研发与创新，其中有涉及 5G 的重要专利，对华为的专利授权截止之后该公司没有继续按照 FRAND 原则中的公平原则继续对华为进行授权，违反了 FRAND 原则，其中不乏存在遏制华为发展 5G 的想法。华为拿起法律武器积极反击，这种做法值得国内企业进行学习，当企业受到侵害时积极的应诉是最好的做法。

3. 标准必要专利禁令的适用

在企业的标准必要专利知识产权诉讼中，标准必要专利权利人在自己的专利遭受侵犯之后会向法院提出禁令，禁止企业相关产品的销售。对于禁令的存在，有学者持有不同的意见，一方认为禁令的颁布对企业的影响太大，尤其是通信高科技行业，禁令颁布相当于摧毁了整个企业的发展，对企业的生产经营有太大的影响，对企业产生毁灭性的打击，对企业太不公平。另一方认为禁令的存在是对相关企业的震慑，避免企业滥用他人的标准必要专利，保持社会创新的积极性，对于法院是否应该颁发禁令，需要从案件具体的情况出发，相关方的配合程度和案件的严重程度都是应该考虑的因素，不能仅仅考虑是否侵犯了相关权利主体的标准必要专利。

禁令的颁布应该综合考虑，标准必要专利权利人和侵权者之间进行相应的权衡，不能简单地"一刀切"。禁令的颁布与双方的过错无关，权利人与侵权者之间是否进行了关于标准必要专利的有诚意的谈判才是关键。对于禁令而言，采取保证金或者高额损害赔偿未尝不是一种好办法，这样既可以避免对企业正常生产经营造成太大的影响，同时也可以保证权利人受到相应的补偿。但是在侵权人既不与权利人进行善意友好的谈判也不支付侵权赔偿的情况下，禁令成了一种合适的选择，对侵权人形成了严重的震慑。

（二）知识产权保反兼顾政策的实施

随着中国经济实力的增强，华为也在经历着前所未有的增长与发展，对科技创新的重视是华为一直保持发展的关键所在，华为由当初的小企业发展到世界科技巨头，经历的知识产权纠纷不言而喻。在华为系列知识产权诉讼案中，我们可以看到华为的成长，由当初的被诉到后来主动起诉其他侵权企业，华为的一系列做法值得称赞。在遭受起诉时的积极应诉到主动起诉时占据有利地位，这一做法值得国家和相关企业进行借鉴学习。只有更好的应对知识产权诉讼，加强知识产权保护的同时防止国外企业对知识产权的滥用，坚决反对知识产权滥用，才能保证企业正常的生产经营活动不会受到侵害，保证企业在世界竞争格局中占据有利地位。

1. 企业转变知识产权观念

我国的企业发展时间较短，对保护企业自身的知识产权和专利没有深刻的认识，而国外的企业对专利的认识比较深刻，善于利用专利作为一种竞争手段。因此，国内企业需要转变观念，树立对专利的正确认识。首先，企业要进行知识产权专利布局，研发出的东西需要及时进行专利注册，包括在国内以及国外，否则企业自身研发的东西被一些"专利流氓"在国外抢注进而对企业进行专利诉讼，最后影响企业的正常生产经营与发展。同时，企业自身的知识产权遭到侵害时要积极的提起诉讼，不能因为怕影响和与合作者的关系，自身的权益要坚决的维护。其次，企业要明白知识产权诉讼是正常的，国内很多企业在面临知识产权诉讼时退缩不前，担心高额的诉讼费用，担心诉讼会影响企业正常的生产经营，担心即使去应诉也不会胜诉。同时，很多企业认为自己本身并没有任何的专利，一定去应诉也必然是败诉，因此大多企业选择不去，从而面临高额的侵权赔偿以及法院颁发的禁令。尤其是对于科技行业，禁令的颁发对企业来说简直就是致命的打击，因此积极的应诉对于企业来说是最合理的选择。最后，企业在面临知识产权诉讼时，积极地应诉是必然的，同时企业也可以积极地提起反诉，进行反垄断诉讼，反诉知识产权权利人滥用市场垄断地位，这样在后续和知识产权权利人进行谈判时才能有筹码，然后争取和知识产权权利人进行谈判和解，缴纳保证金，赔偿相应的损失，保证企业正常生产经营活动的顺利进行，避免企业遭受更大的损失。

2. 企业受到侵害时主动提起诉讼

企业应该重视知识产权保护。目前，国内的企业对于自身的权益不够重视，企业自身的知识产权没有得到足够的保护，众多企业在自身的知识产权受到侵害时保持沉默，企业不想因为知识产权而破坏和其他合作商的关系。但是这种想法是错误的，企业的容忍只会换来其他企业越来越多的侵权。因此，主动提起诉讼是最好的选择。

在华为与三星的诉讼案中，三星在其生产的二十多款手机中使用了华为专利，而且专利的使用并没有得到华为的允许，属于三星擅自恶意使用华为的独有专利。华为在我国法院和美国的法院同时提起诉讼，起诉三星侵犯了华为的专利权，赔偿华为的相关损失。之后，华为再度于福建省泉州中级人民法院进行起诉，在后续查明的事实中，对于标准必要专利，华为与三星属于同一水平企业，但是三星收取的费用是华为收取的费用的3倍以上。同时，三星恶意拖延谈判，严重违反了FRAND原则。因此，华为在自身的专利受到侵害时立即进行起诉，经过法院审理之后，法院判决三星侵犯了华为的专利，相关的二十多种侵权手机遭到禁售，并且三星需要赔偿华为8000万元以及为制止侵权的费用50万元，共计8050万元，三星不服判决继续上诉，福建省高级人民法院进行二审终审判决，维持原判，驳回三星的上诉。

华为发起知识产权诉讼的胜利意味着我国企业知识产权意识的逐渐觉醒。这是一起国内企业起诉国外企业知识产权专利侵权的案件，为国内企业提供了一个良好的榜样，在企业遭遇知识产权侵害时，果断上诉才是正确的。同时，"华为诉三星案"也给其他国家的知识产权诉讼纠纷提供了一个良好的案例指导，为其他国家处理相似案件提供了相应的借鉴。

3. 企业遭到诉讼时积极应诉

企业应该积极反对国外企业滥用知识产权。国外企业由于发展相对成熟，因此在面对潜在竞争对手的时候善于利用知识产权作为打压竞争对手的手段。而国内企业由于发展的时间尚短，并没有太多属于自身的知识产权，同时企业在生产制造过程中也没有重视是否侵犯了其他公司的专利。因此，企业会面临来自知识产权权利人的诉讼。在出现诉讼后，企业不应刻意回避而选择不应诉，否则法院的禁令会让企业的生产受到极大的影响，企业也不应该从一开始就和知识产权权利人进行和解谈判，在遭遇诉讼后应该积极应诉，弄清楚自己的产品到底有没有侵犯其他权利人的知识产权。如果没有侵权就积极地收集相关证据在法庭上进行辩护；如果确实侵权了，也要先考虑知识产权权利人是否存在滥用市场支配地位的情况，采取反诉的方法，对知识产权权利人进行反垄断诉讼，争取在以后的谈判和解中拥有自己的筹码。

思科与华为的案件就充分说明了这一点。华为在遭到行业巨头思科发起的专利诉讼袭击之后，立刻组建了相应的律师团队，撤回了部分侵权产品的销售，同时在国内提起反垄断诉讼，主张思科滥用市场支配地位，以诉讼作为手段恶意打压竞争对手。此外，华为与思科的竞争对手 3COM 公司合作，两者宣布组建合资公司，并且为华为作证没有任何侵犯专利行为的发生，最后思科与华为以和解告终。在华为与国际数据公司（International Data Corporation，IDC）的案件中，IDC 公司公司对华为发起诉讼，称华为存在专利侵权行为。华为积极应诉，同时在中国境内提起对 IDC 公司的反垄断诉讼，称 IDC 公司滥用市场支配地位，同时向发改委举报 IDC 公司涉嫌垄断。发改委介入调查，同时法院宣判 IDC 存在垄断行为，赔偿华为相关损失 2000 万元左右。在后续双方的沟通中，IDC 公司一方面与华为存在业务往来，另一方面不想与中国政府发生冲突，以免在中国的业务受到影响，双方最后达成协议，华为取消所有的诉讼，同时 IDC 公司也撤销美国国际贸易委员会的审查，双方签订和解保密协议，诉讼全部中止。

因此，企业在遭到知识产权诉讼时应该积极应诉，确认是否侵权，根据是否侵权确定下一步的解决办法，尽量争取反诉，争取在后期谈判时拥有对自身有利的条件，同时积极争取与权利人竞争对手的合作，赢得外部力量的支持。

第十三章　反垄断三元实施机制下对互联网行业案例的再分析

一、搜索引擎行业与网络中立——以"谷歌案"为例

谷歌公司（Google Incorporated.）作为全球最大的网络搜索引擎，拥有超过 80 亿个网址的索引。谷歌公司作为互联网经济中的核心产业，不仅改变着人们的日常生活方式，也变革了经济发展模式。

2017 年 6 月 27 日，欧盟委员会宣布谷歌公司滥用其在搜索引擎市场的支配地位而偏袒自己的比价服务，违反了欧盟竞争监管规定，因此对谷歌公司罚款 24.2 亿欧元，约合 27 亿美元。该案是欧盟历史上对高科技产业实施的最高罚款案件。除此之外，欧盟还要求谷歌公司必须在 90 天内结束滥用行为，否则将面临全球平均日成交额 5% 的罚款。欧盟在相关声明中指出，谷歌公司利用自身搜索引擎的优势使用户在搜索结果中展示了自己谷歌购物（Google Shopping）的内容，使其流量大涨，剥夺了竞争对手的比价网站的流量。这种做法不仅限制了其他竞争对手的公平竞争，同时也损害了消费者的利益，使得消费者的选择空间有限，从而不能做出最真实的决策。欧盟对谷歌公司的调查历经了 7 年之久，调查涉及谷歌公司中的谷歌购物、安卓系统和搜索广告这三项业务的不正当竞争行为，目前欧盟仅对谷歌购物这一项调查作出了结论，最终认定谷歌购物比价行为

有排除、限制竞争的行为而被罚款。

谷歌公司对欧盟的罚款决定不予认可，并可能上诉。谷歌公司认为购物服务搜索的结果是对消费者及其行为特征的数据进行分析与反馈，使消费者可以更快地找到自己想要的产品，而欧盟的罚款决定降低了公司形象，严重影响投资者信心，从而使得谷歌公司的股价损失高达70亿美元，也可能导致谷歌公司面临更多的反垄断诉讼，曾搁置在法院的有关谷歌公司被起诉的案件都可能重新审查。

通过"谷歌案"，官产学媒各界引发对于网络中立原则的思考与争论。从欧盟对谷歌公司罚款的决定来看，欧盟对网络中立原则持支持态度。欧盟认为谷歌公司声称的所谓更快地找到消费者喜欢的产品实质上阻碍了信息交流，使得信息不充分。谷歌公司没有平等地对待所有通过他们网络的流量，有区别地对待不同的流量，限制了消费者的选择的自由，未能使消费者福利达到最大化。同时，谷歌公司的行为限制了其他公司的竞争，不利于企业的创新与发展。网络中立原则的反对者认为，互联网服务提供商（Internet Service Provider，ISP）应该根据不同类型的消费者提供不同级别的服务，类似于价格歧视的不同级别。总而言之，网络中立原则作为网络经济中的核心原则，关乎着网络经济的运营模式，影响着网络平台的规制模式，改变着互联网的未来发展方向。

（一）网络中立原则

1. 网络中立原则的提出

网络中立原则来源于电话的使用与普及。在电话刚开始投入市场应用时，必须通过接线员转接才能连接到想通话的对象，由于有中间这个接线员转接的环节，难以保证接线员为了自身或者自己所在公司的利益可以公平公正地对待每一位通话者。

因此，1891 年，阿尔蒙·斯特罗格发明了旋转式拨号的电子机械转换系统。与之前相比，它的进步在于避开了接线员的中间环节，直接连接通话对象。这样就解决了通话中可能存在的区别对待的问题，这是网络中立原则第一次在实践中的应用。

2002 年，美国哥伦比亚大学法学教授吴修铭首次提出"网络中立"（Network Neutrality）的概念。次年，吴修铭教授发表了一篇名为《网络中立与宽带歧视》的文章，并对网络中立进行了解释。他认为网络应该是一个中立的平台，无偏无向，应该为网络用户提供无区别的服务，平等、公平地对待所有互联网内容和互联网用户的访问，防止 ISP 通过控制传输数据的优先性来谋取利益。吴修铭教授还形象地把网络比作高速公路，不管在高速公路上行驶的是什么型号和牌子的轿车或卡车，高速公路的管理方都不能对其区别对待。网络应该被看作是公共资源，无排他性和竞争性。从微观经济学角度说也就是一个人使用某种物品时，不能排除其他人同时从该物品上获得效用，以及当一个人使用某个物品时，其他人可以同时享受该物品，而不会降低该使用者的效用。把该理论运用到网络中，也就是说网络应该是属于公共的，对每一位网络使用者都是一样的，不得有所差别。网络中立的最终目标是建立一个自由而开放的互联网。

2. 技术层面的网络中立原则

网络中立原则与网络的技术结构密切相关。网络可以被分为三层：物理层、逻辑层和内容层。物理层处于最底层，是整个网络系统的基础，主要确保原始数据在各种物理媒体上传输；内容层主要是定义数据格式及加密；逻辑层是设法将数据从源端经过若干个节点传送到目的端，在这一过程中遵循"端到端"和"尽力而为"原则，节点只是接受信息、分析地址并传递给下一个节点，不会询问有关信息，确保信息被公平、公正地对待，这也符合网络中立原则支持者的观点。随着科技进步，深度报文检测已经可以检测并控制信息传送数据与顺序，ISP 就可以据此分析不同的信息并有区别地对待传输信息。这样就破坏了网络中立原则，使得互联网用户使用者不再平等对待。

基于技术结构的特征，ISP 很可能会采取差异化服务，根据不同类型的信息提供不同的网速，收取不同的费用。ISP 还可能会根据分析出来的数据阻拦或限制与他们有竞争关系的传输信息。甚至 ISP 可能不仅只是提供渠道运营，还会增加内容服务。这样的话，ISP 就进入了互联网内容提供商（Internet Content Provider，ICP）的运营范围，成了垂直整合互联网服务提供商。ISP 将依靠自己提供渠道的优势，优先自己平台的内容，形成垄断，阻碍创新，使得互联网内容不平等对待，网络使用者的选择被迫缩小，造成福利损失。以 ISP 为主的网络中立反对者认为，对于不同类型的信息应该采取适合它的传输网速，这样才不会造成网络使用的浪费。例如文字图片等存储容量小可以采取较低网速就可以轻易打开使用，不会降低服务质量，ISP 也会更有动机去完善和创新网络传输速率问题。然而，网络中立的支持者则认为网络差异化服务在缺乏网络空间管理与规制情况下造成资本竞逐的领域，ISP 的利润来源将会成为差额收费，因此他们更希望网络并非畅通无阻，而是保持传输空间的局限性。

3. 各国对于网络中立原则的态度

（1）美国对于网络中立原则的态度。在奥巴马政府时期，美国联邦通信委员会（Federal Communications Commission，FCC）出台的《互联网开放条例》被称为史上最严的网络中立三条禁令：第一，禁止封堵，即禁止网络接入商对合法的内容、应用、服务、无害设备进行封堵；第二，禁止对网络流量进行干预和调控；第三，禁止付费优先，即不允许网络接入商在公共互联网上设立"快车道"，禁止其在收取额外费用的基础上，对部分网络内容的传输给予优先待遇。另外，FCC 还将互联网接入业务属性从"信息业务"改为"电信业务"，这样就有了名副其实的监管权力。然而，自特朗普总统上任以来，美国废除了《互联网开放条例》，取消了网络中立原则，并将互联网接入业务重新划分到"信息业务"，以恢复其市场自由。近期，美国总统特朗普宣布取消奥巴马时期的"网络中立原则"，FCC 在公告中表示 2015 年奥巴马政府制定的网络中立法规于 2018 年 6 月11 日正式废除。对于经济迅速发展和信息高度发达的美国来说，网络中立的政策方向一直备受关注。

（2）欧盟对于网络中立原则的态度。2015 年 11 月，欧盟出台了《欧盟网络中立条例》，这是第一次正式确立有关网络中立原则的法律条例。从法律方面规范互联网接入商的行为，要求他们公平、公正地对待所有互联网流量，不得歧视、屏蔽或者调控互联网流量。该条例主要包括四个方面的内容：第一，确保互联网接入的平等与开放；第二，确保互联网接入的透明；第三，确保互联网接入服务的开放和透明，促进非歧视的互联网接入服务的提供；第四，确保网络中立规则的实施。2016 年8 月，欧盟再次颁布《欧盟网络中立规则实施指南》。该指南进一步解释了《欧盟网络中立条例》中的内容，以切实做好有关网络中立的工作。由此可见，欧盟对于网络中立原则是认可的。并且从美国和欧盟制定有关网络中立原则的政策形式也可以看出不同，美国采取了负面禁令，而欧盟采取了正面倡议。

（3）我国对于网络中立原则的态度。目前，我国电信和互联网两大产业整体平衡：一方面，电信运营商努力推进网络覆盖面积并致力于向 5G 迈进；另一方面，互联网作为新兴产业，创新度高，发展迅速，并推进"互联网+"的策略实施。因此，网络中立暂时不会成为我国现在的监管焦点。具体而言，可以从管理体制、业务分类、电信企业和互联网企业的关系等方面解释：第一，在管理体制上，我国监管电信产业和互联网产业的部门统一归属工业和信息化部，这样可以在内部协调两者的关系，使得两大产业持续发展。第二，在业务分类上，明确规定网络中立的矛盾点网络接入业务都归入电信业务。第三，在两者关系上，两大产业的合作关系大于竞争关系，呈现出逐渐融合的可持续发展状态。

美国对网络中立原则的态度，不仅会影响自己国内的网络变化与发展，也会改变各国互联网的变化与发展。美国废除网络中立原则对我国的互联网产业发展也产生了重要的影响：第一，美国的 ISP 可能根据政府政策或指令等对自己国内的用户想要访问我国网站进行限制或阻止，同样也可能会对我国用户想要访问他国网站进行限制或阻止，并且不用负任何责任；第二，我国互联网市场是禁止外商投资的，美国可能会利用对等贸易原则要求我国开放互联网市场，使得美国 ICP、大数据企业等进入我国市场，搭乘我国数字经济迅速发展的快车，分享我国互联网发展的利润。

（二）网络中立原则在搜索引擎市场的应用

1. 搜索引擎市场的特点及界定

搜索引擎（Search Engine）是通过特定的计算机程序从互联网上搜集信息，并对信息进行组织、处理和储存，互联网使用者查询相关信息时，可以将需要的信息呈现给互联网使用者的网络系统。搜索引擎包括全文索引、目录索引、元搜索引擎和垂直搜索引擎等。搜索引擎的起源要追溯到 1990 年，当时加拿大麦吉尔大学的计算机学院众多师生一起开发出来了一个 Archie

系统。Archie 可以识别、搜集和处理上传到文件传输协议（File Transfer Protocol，FTP）上的信息，人们可以利用 FTP 进行信息共享，这是第一个自动索引互联网上 FTP 网站文件的程序，是搜索引擎的初步模型，但还不是真正的搜索引擎。现在发展的搜索引擎是互联网建设中必不可少的功能，它提供给了用户非常大的便利，用户可以通过互联网快速、精确地查找所需要的信息，同时互联网也可以记录用户的搜索痕迹，通过大数据信息分析用户的行为，进而让用户快速准确地找到目标信息，更有效、便捷地促进产品或服务的销售。当然，也可以帮助进一步制定更有针对性的网络营销策略。从网络营销的角度来看，搜索引擎营销的发展极大地推动了网络营销；从效果营销的角度来看，由于互联网用户数量庞大，很多公司都考虑通过搜索引擎营销进行网络营销；从电子商务的角度来看，网络营销已经成为最重要的组成部分，是向用户传递信息的重要环节。

截至 2018 年 7 月，最新的全球搜索引擎市场份额排名，排名第一的依然是 Google（https://www.google.com），全球市场份额为 92.38%；第二是 Bing（http://www.bing.com）市场份额为 2.35%；第三是 Yahoo!（https://www.yahoo.com），市场份额为 2.26%；第四是百度（https://www.baidu.com），市场份额为 0.96%；第五 Yandex（https://www.yandex.com），市场份额位 0.63%。在搜索引擎市场中，谷歌公司明显占据了绝大部分市场份额。判断一个市场行为是竞争还是垄断，必须在具体的相关市场中判断该行为是有利于竞争还是限制了竞争。从经济学角度来看，市场就是企业销售商品或服务并进行交易的场所，这个场所当然也包括网络空间。反垄断法中的市场即"相关市场"，即经营者在一定时期内就特定商品或者服务进行竞争的商品范围和地域范围，界定相关市场是反垄断执法的第一步。判断一个行业是否依靠自己的势力形成垄断需要经过三步分析：第一，界定相关市场。相关市场的界定主要包括两种基本方法：界定相关商品市场和相关地域市场，相关商品市场指与某商品或服务具有替代性的商品或服务的范围，相关地域市场指企业提供商品和服务的地理范围。第二，确定市场支配地位。市场支配地位是指经营者在相关市场内具有能够控制商品价格、数量或者其他交易条件，或者能够进入相关市场能力的市场支配地位。第三，查找滥用市场支配地位的行为。正如上述案例中所说，欧盟认定谷歌公司滥用了市场支配地位的理由在于，在向消费者提供商品和服务时优先推出自己的购物服务，不公平对待竞争者，造成市场垄断。

2. 搜索引擎市场中的数据与流量

互联网产业不同于传统的实体产业，实体产业的生产要素是土地、劳动和资本，而互联网产业更多关注的是数据与流量。在互联网市场中，经营者通过滥用数据和控制流量，可以达到排除其他竞争者的效果。

在搜索引擎市场中，经营者通过对大量存储的用户数据进行深度分析，掌握消费者的偏好与需求和消费水平等信息，有针对性地提供相关商品服务。因此，可以判断在搜索引擎市场中，数据是其基础与核心的生产资料。经营者收集分析数据之后，有差别地推出相关产品和服务则是通过平台展现的，在平台上展示并操纵了消费者搜索的结果排序，缩减并误导了消费者的选择。在平台化的商业模式中，经营者一方面向消费者免费提供搜索服务，另一方面向商家或广告商收取费用。在开放性的平台中，经营者利用自己搜索引擎的支配地位可能延伸到其他可能营利的领域，形成跨界竞争，上述的谷歌公司就是依靠自己作为全球最大的搜索引擎，偏袒自身的购物服务，造成不正当竞争。基于网络效应，在互联网行业中先进入市场的经营者会首先收集大量的用户信息并通过分析数据提供需求的商品和服务。另外，经营者也会根据数据分析进军其他可营利的市场，从而巩固原市场和新市场的支配地位，这样使得后来的竞争者难以与其抵抗，呈现出寡头垄断市场。简单地说，就是互联网产业的竞争核心是数据，并通过平台作为媒介分析处理和储存数据信息，以跨界传导作为竞争方式，最终形成寡头的竞争格局。

3. 搜索引擎市场中涉嫌垄断的行为

在本案中，谷歌公司不公平地限制了对手的竞争能力，属于限定交易的垄断行为。限定交易已经成为全球各国互联网行业中常见的排除竞争的手段。我国的"魏则西事件"也与互联网行业的限制交易行为有密切关系：西安电子科技大学的 21 岁学生魏则西因滑膜肉瘤病逝。他去世前曾写到在百度上搜索出武警北京第二医院的生物免疫疗法。此后了解到，该技术在美国已被淘汰。百度作为中国最大的搜索引擎，截至 2018 年 1 月份，百度在中国的市场份额占到了 69.74%，排名第一。百度秉承"用户体验至上"的理念，致力于使用户便捷地获取信息、找到自己所需要的信息。可是，"魏则西事件"却引发了学者对百度营利模式和经营方式的质疑。从互联网产业角度来看，百度公司的行为是否符合网络中立原则？在大数据时代，百度本应该收集并储存各类信息公平公正的呈现给用户，可是却为了谋取利益，采取不正当措施，进行百度竞价收费，对于一些出价高的商家，优先呈现在平台上供用户浏览。百度就是通过竞价排名将武警北京第二医院排在"滑膜肉瘤"关键词搜索结果靠前的位置的，这种行为涉嫌限定交易的垄断行为。在"魏则西事件"不久，百度推出了百家号。2019 年 1 月 22 日，著名媒体人方可成在微信公众号"新闻实验室"中发表了《搜索引擎百度已死》，在文中表明了用户在使用百度搜索时，百度会将搜索结果频繁引向百度的自家产品，尤其是百家号。

互联网平台之间设置的访问壁垒也可能是一种涉嫌垄断的行为。中国互联网在逐步走向分裂、割裂。PC 时代，用户在标准浏览器上可以没有障碍地访问任何网站的内容。但是到了移动互联网时代，App 是一个个独立的个体，相互之间连接非常困难，很多内容被封锁在 App 内，使得用户的访问变得更加困难。随着自媒体时代的到来，微信、今日头条等 App 的诞生与崛起，各个平台争相推出自己的文章内容，造成为夺取第一手的新闻信息而导致平台相互屏蔽的现象。在信息时代，争夺流量就是争夺资源，但是各个平台在竞争时必须遵守我国现行法律，不能绑架用户。

为了促进网络环境的自由、开放、无歧视，我国亟待制定相关的政策加以规范。"谷歌案"对我国反垄断机构制定政策具有很好的参考价值与导向作用。我国应坚持竞争政策在网络经济中的基础性地位。《反垄断法》作为"经济宪法"，规制限定交易等垄断行为，保障中国互联网市场的公平竞争。同时也要加强企业的反垄断意识，遵守互联网市场规则，把握好垄断与非垄断之间的度，坚持网络中立原则，平等、公正地对待所有用户，防止互联网提供商通过控制传输数据的优先性来谋取利益。

（三）网络中立原则对反垄断法的影响

1. 网络中立原则与竞争中立原则

网络中立原则类似于竞争中立原则，两者一脉相承。竞争中立原则主要是针对国有企业和私营企业的协调关系而提出的。对于国有企业，通常情况下国家都会给予便利的优惠政策，并在国家扶持下形成一定的垄断，使其与私营企业相比有较大的竞争力。这对于私营企业来说是不公平的，会造成市场运行的低效率与浪费。然而，从经济学角度来分析，垄断是市场失灵的表现，即市场资源不能实现最优配置。因此，只有提供公平的市场环境，公平竞争才能有效地配置资源，实现市场的效率发展。竞争中立原则的提出就是为了创造一个公平的竞争环境，使得各国在这一标准下最大限度地放开对国有企业的扶持，使得各个企业都不再拥有垄断的优势。网络中立原则主要是规范网络环境，网络应用增加了新的行业竞争方式：以数据为核心，以平台为媒介，以跨界传导为竞争方式。但是，与此同时，也出现了以寡头竞争为格局的垄断行为，排挤竞争对手，损害消费者利益。对于这种情况，我们应该认识到网络是一把"双刃剑"，积极发挥网络的正面作用，对于网络的负面作用要加以规范与制止。为了规范网络市场行为，维护网络竞争秩序，营造一个公平公正的网络竞争环境。

2. 从法律层面看对反垄断法的影响

美国对于网络中立的立法进程也是历经曲折。2015 年 2 月 26 日，FCC 通过了网络中立新规则，明确要求 ISP 不得限制用户访问互联网的合法内容、服务和应用程序，也不得限制用户访问互联网使用的手段和方式。从法律上明确禁止了 ISP 的一些行为，对其违法行为进行约束与惩罚。这在一定意义上是把人们的合理性思维用成文的法条表示，将松散的社会规范整合成具有形式化、体系化和可执行化的法律条文，具有法律强制力。对于破坏网络中立原则的行为可以依据法律进行相应的行政处罚，网络中立原则在一定程度上可以限制 ISP 的网络行为。政府也可以根据市场的动态变化和公众在不同时期的需求及时地制定与修改法律条文，力求做到合理有效，即立法机关通过制定法律来规范网络行为，使得网络运转更加自由、公平与透明。这强化了政府的监管力度，相关部门切实做好执法，落实法律，保证网络的中立性。

因此，网络中立的宗旨就是促进互联网的开放，限制和阻止网络垄断行为，它要求在网络中的运营商应该无偏无向地为网络使用者提供相同的服务，平等地对待所有互联网内容和互联网用户的访问，防止互联网提供商通过控制传输数据的优先性来谋取利益。网络应该是一个中立的平台，使得各种信息都能够呈现给用户浏览，而不是被 ISP 操纵后的结果。这样可以促进经营者之间的公平竞争，不会有垄断者的市场支配地位，也是反垄断法的一种进步与完善。而有关网络中立原则的法律的提出，就是用法律强制力有效地遏制了网络垄断行为，这也是完善了反垄断法的一大成果。但是，美国总统特朗普在上任后取消了奥巴马政府时期的网络中立原则，并于 2018 年 6 月 11 日正式废除网络中立原则。这样，特朗普政府就可以毫无限制地且不负法律责任地进行网络攻击，这将会使得全球网络环境变得更加艰难凶险。从法律层面来看，网络中立原则规范了网络行为，具有强制力和约束力，也促进了反垄断法的实施。

3. 从技术层面看对反垄断法的影响

网络具有自己专门的技术特征与特有的规律，对反垄断法的实施造成了极大的挑战。网络就是依据一定的网络规则通过通信线路连接起来的，从而实现信息传输和资源共享。网络时代不同于之前的工业时代，它拥有属于自己的独特特征：信息化、知识化、开放化与全球化，效率性、创新性、竞争性与共享性。第一，网络通过搜集和储存大量的信息供广大用户浏览与使用，在网络中所需要的不再是劳动力，而是用知识去开拓领域；第二，网络提供一个开放免费的平台市场，企业可以通过网络在更大的网络市场中运营，在全球范围内寻找发展的机遇；第三，网络是以计算机为媒介的人类社会活动的新领域，在这一新开拓的领域中需要建构合适的网络行为技术规范，要求克服计算机网络的异构互联障碍，为全球互联网用户提供一个开放共享的信息交流平台，具有公众性和中立性，这就需要网络中立原则。ISP 通过控制数据传输的过程，按照自己的意愿选择数据传输的顺序，实现利益最大化，这样 ISP 就不公平地对待了互联网用户访问的网络内容，形成了垄断。因此，从技术层面来看，网络中立原则要求网络作为传输媒介需要保持客观公正，这也促进了反垄断法的完善。

4. 网络中立原则对我国的启示

通过上述欧盟对谷歌公司的惩罚我们可以看出，反垄断法的目标不同使得反垄断在实际中的行使也是不同的。欧盟在反垄断法上更多地倾向于保护竞争本身，而非实现消费者福利最大化。因此，在实际中，欧盟对于垄断行为的判断更多关注是否破坏了竞争性市场，而不是是否对消费者造成了损害。这是受德国反垄断法理念的影响：维护自由竞争的、开放的市场经济的竞争秩序。所以，在上述的谷歌公司案例中，欧盟认定谷歌公司利用自己的市场支配地位，排挤竞争对手，限制流量，优先推送自己的购物服务，破坏了竞争性市场的规则。而美国的反垄断法的目标则更多地倾向于是否损害了消费者的福利，所以，谷歌公司案件在美国国内可能并不容易被认定为垄断行为。而我国可以根据互联网发展的特点与速度，结合自己的国情，借鉴欧盟对谷歌公司案例的判决结果，主动吸取他国在互联网行业关于反垄断法的经验与教训。

第一，明确相关市场的界定。任何竞争行为都是在一定的市场内进行的。界定相关市场就是明确经营者竞争的市场范围。

我国在进行反垄断执法工作中首先要科学、合理地界定相关市场，这是反垄断分析工作中的第一步。科学、合理地界定相关市场，对识别竞争者、判断经营者的市场份额和市场地位、分析经营者的行为对市场竞争的影响都具有重要的作用。虽然互联网行业与传统行业相比具有自己独特的特点，但是也不可忽略相关市场界定这一前提。我国要准确地按照三步分析法来分析各个垄断案件，相关市场界定是认定滥用市场支配地位的基本要求。

第二，建立网络相关法律法规。美国 FCC 在 2015 年通过立法颁布了《互联网开放条例》，将网络中立原则写入了互联网市场监管的规范性文件。而我国目前的互联网市场监管并没有一套专门调整互联网市场各种行为的制度，还只是依赖于电信市场监管规则。尤其在我国推出"互联网+"的行动计划后，互联网与实体经济相结合共同高速发展，这将会带来更多新的市场参与者，互联网市场会更加复杂。这就要求互联网市场具有良好运行的环境，因此我国应该借鉴美国互联网市场监管的透明度规则，制定适合我国的互联网市场监管制度，将网络中立原则纳入互联网市场行为监管立法，严格监管 ISP 的行为，促进互联网市场环境的竞争与创新。

第三，转变网络监管理念。通过美国对电信业务的分类，我们可以看出，将互联网接入业务属性从"信息业务"改为"电信业务"，使得 FCC 获得互联网市场的监管权，反之 FCC 将会丧失监管权。对于互联网业务和电信业务，我国应该吸取美国教训，网络运营商的差异化服务可能会导致其在流量和内容上的歧视，这就需要政府来完善规制政策。我国相关部门和行业协会应该履行监督互联网市场竞争的职责，避免互联网企业之间的竞争损害消费者的利益，保护消费者的合法权益。

第四，促进网络服务的平等公正透明。我国可以借鉴美国在规制网络中立原则的过程中强化 ISP 的行为透明度的做法，使信息让公众及时披露，保证信息的自由流通。目前，我国互联网市场具有一定的市场集中度，竞争并不充分，各个运营商都试图对互联网内容与流量加以控制，以实现自己的利益最大化。针对这一现象，我国应该秉承网络中立原则，定期检查运营商的流量管理措施，要求其及时披露信息，使得网络服务透明化。

第五，在服务差异化与反垄断中平衡。吴修铭教授在阐述如何实施网络中立原则时又形象地将 ISP 比作是从小岛到大陆的唯一一艘渡船，不能拒载也不能区别对待乘客，但渡船通常会划分不同价位的舱位。在水电公共事业领域中，为实现社会福利最大化，也普遍实行差异化定价。互联网接入服务领域同样可以实施这样一种普遍服务和差异化服务相结合的机制，为一些付不起高速网络价格的用户提供最低服务质量的普遍服务，保证基本水平的网络接入。通过允许 ISP 提供差异化服务，加大网络投资，提高创新能力，满足一些用户的特殊网络需求。

现在我国正处于创新体系建设的关键时期，信息技术高速发展，我国需要在互联网市场建立一个自由与公平的环境，促进互联网市场的竞争，完善市场监管制度。这不仅保护了各个经营者公平公正的竞争，也是维护消费者利益的一种体现，保障了消费者的知情权和选择权，使得消费者可以在更多的选择中找到自己所需要的信息，实现消费者福利最大化。

二、网约车与经营者集中申报——以美国优步（Uber）收购和被收购为例

在"互联网+"的不断发展下，网约车这一行业快速成长，涌现出了多家网约车公司，例如美国的优步（Uber），欧洲的

Taxify，我国的滴滴出行，东南亚地区的 Grab，印度的 Ola 等。这些公司在各地区相互角逐并展开兼并重组，尤其是美国优步公司（Uber Technologies，Ins.，Uber）在全球开展了一系列收购及被收购行动。美国优步公司作为网约车的开创者、打车软件的鼻祖，也是目前全球估值最高的打车公司。从 2009 年创立至今，已经覆盖了全球 70 多个国家的 400 多个城市。随着企业版图的不断扩张，除了其核心的打车业务，还通过收购扩展了送餐服务、电动车、自行车和货运的业务，且占比持续增加。例如，优步于 2015 年 3 月收购地图测绘公司德卡塔公司（de-Carta），随后同年又收购了微软必应（Microsoft Bing）的大部分地图业务，这一收购既保持了其在物流派送领域的领先地位，又促使了无人驾驶汽车方面的研发。2016 年优步宣布以 6.8 亿美元收购美国无人驾驶卡车初创企业奥托（Otto），积极发展无人驾驶卡车，并迅速收购芝加哥的配货公司 4Front 物流（4Front Logistics），进一步扩大其在货物配送市场上的规模。2016 年年底又收购纽约的 GI 公司（Geometric Intelligence，GI），GI 公司主营打车服务和无人驾驶汽车服务。为了加强司机与优步平台的黏性，优步在 2017 年又收购了美国社交平台 Swipe 实验室（Swipe），用以平台上司机之间的交流沟通。此外，优步还不断涉足外卖市场，2015 年诞生的优步旗下外卖送餐服务优步外卖（Uber Eats）于 2018 年 1 月收购外卖服务公司 Ando 外卖（Ando Food），外卖业务的扩展无疑对优步产生了巨大的裨益，2017 年更是成为优步营利的主要部分。2018 年 4 月 10 日，优步收购电动共享单车初创公司 JUMP（Jump Bikes），但保留 JUMP 自身品牌运营，优步正式进军共享单车领域。此外，据外媒报道，优步正在收购两家共享滑板车巨头 Bird 和 Lime，如果收购成功，优步将填补滑板车领域短缺，进一步扩大覆盖范围。

表 13-1　优步在美国境内兼并重组一览表

时间	收购公司	行业领域
2015 年 3 月	deCarta	地图绘制
2015 年 6 月	Microsoft Bing	地图绘制
2016 年 8 月	Otto	无人驾驶卡车
2016 年 11 月	4Front	物流配送
2016 年 12 月	GI（Geometric Intelligence）	人工智能
2017 年 7 月	Swipe Labs	社交平台
2018 年 1 月	Ando	外卖服务
2018 年 4 月	Jump Bikes	共享电动单车

　　优步在美国的收购扩展势头迅猛，基本建立了智能出行的闭环服务，但在海外的扩张却屡屡碰壁。一方面，不断面临当地监管障碍，菲律宾的相关交通监管部门曾经就优步的进入颁布了一项临时运营禁令，对优步进行一个月的运营限制；在丹麦、德国等国家，优步由于监管问题以退出告终；在澳洲，优步被认定违法运营近 4 年，直到 2016 年才得到官方的许可；在荷兰，也一直被认定为非法运营；在巴西也差点因监管被封禁。另一方面，由于本土化管理问题、资本运作等各方面的原因，优步在俄罗斯、东南亚等国家或地区的扩张都以合并当地业务、优步退出而结束。中国市场上，2016 年 7 月滴滴出行与优步针对优步在中国地区的业务达成收购协议，并在 7 月 28 日签署了并购协议，滴滴出行收购了优步在中国大陆运营的品牌、全部相关业务和数据等资产，但优步保持独立运营。俄罗斯市场上，2017 年优步与俄罗斯 Yandex. Taxi（以下简称 Yandex）合作成立新公司，并以获得新公司约 37% 的股权为交换与 Yandex 合并乘车服务业务。在东南亚，2018 年 3 月 26 日，新加坡 Grab 公司

（以下简称 Grab）宣布收购优步东南亚业务，接管优步在柬埔寨、印尼、马来西亚、缅甸、菲律宾、新加坡、泰国和越南的业务和资产，优步在东南亚包括餐饮外卖速递服务优步外卖等所有业务也全归 Grab 所有，优步换取 Grab 27.5% 的股权。在印度市场，优步目前也在与印度打车软件对手 Ola 协商合并。截至目前，优步的海外扩张只在中东地区获胜，于 2019 年 3 月以 31 亿成功收购迪拜 Careem（以下简称 Careem）在中东的出行业务。

优步在海外的竞争手段和合并结果都很相似，然而各国的市场监管部门反应却不尽相同。对于优步与 Grab 合并一案，越南反垄断机构裁定，Grab 收购优步在越南的业务违反了越南竞争法规。越南的竞争法规定，任何导致实体在相关市场上的市场份额超过50%的合并都将受到禁止。同时，新加坡政府也表示该合并属反竞争行为。而俄罗斯联邦反垄断局（FAS）则批准了优步与 Yandex 旗下 Yandex. Taxi 的合并，但前提是 Yandex 不得阻止司机或乘客使用其他服务。在我国，对于滴滴收购优步从而成为我国网约车市场独角兽是否属于垄断，一直存在争议。首先，是否垄断先要进行市场界定，网约车与传统的巡游出租车是否属于同一个市场？其次，这一网约车市场的双寡头企业并购却并未向我国相关机构申报，滴滴给出的理由是未达申报标准，那么我们的申报标准是如何计算的？兼并后经营者集中的审查标准又是什么？本书将以优步为例对网约车兼并中出现的这些问题进行如下分析。

表 13-2　优步在美国境外并购一览表

时间	公司	涉及地域市场	结果	官方态度
2016 年 7 月	滴滴出行	中国	被收购	未表态
2017 年 7 月	俄罗斯 Yandex. Taxi	俄罗斯	被收购	同意

续表

时间	公司	涉及地域市场	结果	官方态度
2018 年 3 月	新加坡 Grab	东南亚	被收购	反对
2019 年 3 月	迪拜 Careem	中东地区	收购	审批中

（一）网约车行业的市场界定问题

在考察一项兼并活动是否涉及垄断问题时，首先要确定的是相关市场，这是对经营者集中问题尤其是滴滴并购优步这样的横向集中进行经济分析的起点。相关市场界定的准确性影响着整个案件的分析走向，因此一直是争议的重点。简单来说，相关市场是指经营者在一定时期内对其提供的某种商品或者服务进行竞争的商品类型范围和地域范围。在滴滴收购优步这一案件中，如果相关市场是网约车市场，则并购后滴滴的市场份额将占到95%以上，如果相关市场界定为包括传统出租车在内的的士市场，则滴滴的市场份额就没那么高。更进一步地，如果将公交、地铁等交通方式都加入，将相关市场定位为城市出行市场，滴滴的市场份额则更小。

1. 我国现行的相关市场界定方法及问题

国际上主流的相关市场界定方法为假象垄断者检验（SSNIP测试法），1982 年在美国的《兼并指南》中被首次提出。该方法以价格理论为基础，测试假定的垄断者在最小的产品群中实施一次非临时性的（通常为 1 年）幅度不大但有意义的价格上涨（通常假定增长 5%）时，该假意垄断者能否赢利性的维持这一高于竞争价格的价格。如果可以，这一最小的产品群即为相关市场，如果不能，就将最接近的替代品加入这一产品群，继续运用 SSNIP 测试，直到假意垄断者可以赢利性的维持这一高价格为止，这样确定的产品群即为相关市场。

对于网约车行业而言，第一，不论是优步、滴滴等这类C2C（Consumer to Consumer）模式的网约车平台，还是神州专车等这类B2C（Business to Consumer）模式的网约车，都属于双边市场，为消费者提供产品和服务。双边市场，顾名思义指有两个市场，应该界定一边还是两边加总，较难确定，需要根据两个市场之间的传递效应来决定。第二，互联网企业具有较强的网络外部性，一个市场的变动会引起另一个市场的巨大变动，甚至影响中介平台本身。例如，一家网约车平台提高打车价格，消费者发觉后可能会有部分选择其他网约车平台或其他乘车方式，导致乘客流失，短期内乘客数量减少，而网约车司机数量不变，因此乘客的流失会引起司机接单量的下降，使得司机也转向其他平台，司机的减少又会导致该平台剩下的乘客群打车难度增加，而选择离开，如此恶性循环，形成更大的乘数效应。而且，从价格结构的角度讲，当提高乘客市场的价格时，随着司机接单量的减少，平台对司机的抽成即司机市场的价格就会下降。总之，不管从网络外部性角度还是价格结构角度，提高一个市场的价格必然会引起两个市场的经济量的变动，如果仍用传统的以价格为基础的界定相关市场的 SSNIP 测试方法测试，就会使得划分的相关市场过窄，不够准确。

2. 结合供求替代性和利润界定相关市场

在考察网约车与传统出租车是否为一个市场时，我们必须考虑以下几点：第一，网约车平台属于双边市场，且具有互联网的外部性，这些特性对传统的界定相关市场的 SSNIP 测试法并不适用。第二，根据消费者对两类出行工具所提供的商品和服务的需求替代性和产品服务的供给替代性，确定相关市场。第三，分析两类出行工具的利润来源结构，确定相关市场。

从表面来看，不论是网约车还是传统的出租车，都是乘客出行的一种快捷便利的方式，都可以满足消费者较快速到达目的地的终极需求。因此是区别于公交、地铁、单车等其他城市出行市场的，能满足消费者即时位移的城市的士市场。但是具体从消费者对两种服务的需求替代性和两类经营主体服务供给的替代性来看，结果就有所不同了。

首先，从消费者对两种服务的需求替代性来看，网约车平台可以将乘客离散的、个别的需求在平台上得到集中分类处理，具体表现为：

（1）网约车可以满足乘客对服务的舒适性的不同需求，分为普通车和豪华车两种类型，包含国内外各种高中低档车型，供乘客选择，车型也不局限于4人、5人座；而传统出租车基本都是桑塔纳、夏利、比亚迪、奇瑞等中低档4人座轿车，车型大体相同且卫生状况多有不佳。

（2）网约车可以满足乘客对服务专有性的需求，分为专车和拼车两种类型，乘客在出行高峰期或对时间不紧迫时可以选择相较于公共交通工具更为舒适、便捷又相比专车更为便宜的拼车，变相地增加了的士供给，从而满足乘客打车（尤其是在偏远位置）的打车需求；而传统出租车只能是专车专用，在出行高峰期，需求增加又交通拥堵的情况下，传统出租车容易造成资源浪费。

（3）网约车可以满足乘客对服务快捷性的需求，可以分为普通车和快车两种类型。快车随叫随到，约车时可以在家、饭店等室内通过手机叫车，尤其是在天气恶劣时可以避免在室外顶着寒风暴雨等车。约车后，可通过手机预知等待时间，进而合理安排这段时间，尤其是对于商务人士可以充分利用自己的宝贵时间，实现时间的无缝对接；而传统出租车只能在路边等待，挥手叫车。

（4）网约车可以提供价格参考，在约车之前就可以预知到达目的地用不同种类的服务所需花费的大概价钱，给消费者提供多种选择，尤其是在外出旅行等陌生地区非常方便；而传统出租车，除非是自己曾经使用过出租车服务，否则很难知道预期价格，而且在去偏远地区，司机拒绝按里程计价收费时，只能任由司机要价。

此外，网约车还可以线上评价司机，也可以看到过往乘客对司机的评价。网约车在乘客出行需求上提供的出行多样性、价格与时间确定性、服务监管透明性等都是传统出租车不能提供的，因此不属于一个市场。

从两类经营主体服务供给的替代性来看，网约车平台提供快速、便捷的约车服务是通过后台大量的云数据收集、计算进行的。平台的派单需要根据地图、司机和乘客的实时位置、司机的评分、乘客的要求等进行云端计算，并根据涉及路线的实时交通拥堵情况计算预定时间、规划路线等。这些都需要平台投入大量的沉没成本。比如，优步于 2015 年 3 月收购地图测绘公司 deCarta，随后同年又收购了 Microsoft Bing 的大部分地图业务，这些收购都促进了配单、配送的快捷性。另外，配单和路线规划的精确性都需要海量的数据积累，这些都需要平台吸引足够的乘客和司机才能获取基础数据用以后台计算。这些都不是传统出租车可替代的，至少是短时间内是无法替代的。

从利润来源的角度来看，网约车平台连接乘客和司机，靠平台自身的算法将两个市场连接，促使双方达成交易，平台抽取司机接单量或成交额的一部分作为其收入。而传统出租车只是靠"扫街"实现交易，是简单的单边市场营利模式。而且，网约车不仅是一个出行市场，也是一个服务市场，随着各网约车公司的竞争和互联网 5G 时代的到来，网约车在服务水平和服务多样化上会大大提升，各家网约车公司都在试图打造吃喝玩乐一站式服务场景，通过增值服务实现盈利。比如，优步已开展外卖业务；易到用车在 2017 年底发布的战略规划中也表明，要实施"一体两翼"的长期战略，即以网约车业务为中心，发展汽车金融产业和境外出游产业。滴滴出行平台的司机车内上线综合出行、娱乐、泛生活等各种服务的车载智能设备，如果市场化运行良好，未来约车业务可能只是一个核心的载体和媒介，平台依托物联网、AI 等新技术，将盈利点放在乘客车内时间和场景化体验上，例如汽车金融等。可以看出，网约车和传统出租车的利润来源和销售模式都不一样，决定互联网企业成功与否的关键也不再只是价格，而是服务、技术等因素，因此不属于一个市场。

3. 我国相关市场界定方法的改进

现有的 SSNIP 测试方法只是简单地通过价格因素的变动来测量相关市场，而网约车平台是双边市场。两个市场关联性较大，不管变动哪个市场都会迅速引起其他市场的反应，应该界定哪一边，还是两边加总，较难确定，需要根据两个市场之间的传递效应来决定。而且，现行的 SSNIP 测试方法过于单一，不完全适用于当下具有双边市场特征的网约车行业。在完善这一测试方法时，应该注意以下几点：一方面，网约车双边市场是一个以平台为中心的特殊的市场结构，具有复杂、交叉的网络外部效应，当提高某一市场价格时，或是用户黏性大、没有减少消费，或是乘数级的影响另一市场，使得用价格测试消费者是否发生转移的效果减弱。而且，平台的成本利润结构较难确定，从而潜在供给替代也较难确定。另一方面，平台一般采取倾斜定价策略，使得 SSNIP 测试的基准价格较难确定从而使测试无法进行。而且，在交叉网络外部性条件下，企业面对的竞争约束也比较多样化。基于此，可以根据网约车平台的特性改良 SSNIP 测试方法。例如，可以测试产品性能对需求影响，改变网约车的某一性能（如能否拼车、能否预约等优势性能），以测试消费者的需求变化，从而确定相关市场。也可以引入支付方式、地域壁垒、利润来源等该市场的优势或特性以及影响消费人群变动的因素替代价格因素进行测试，从而更准确地界定其相关市场。

（二）网约车行业兼并后经营者集中申报的标准

1. 我国现行的经营者集中申报标准

滴滴收购优步进而成为中国网约车市场独角兽，这一行为是否构成垄断，争议的核心主要在于该合并是否违反我国《反垄断法》第 3 条第 3 项："具有或者可能具有排除、限制竞争效果的经营者集中"。根据我国《反垄断法》对经营者集中的规定，经营者集中如果达到国务院规定的申报标准，经营者必须事先向监管部门——国务院反垄断执行机构——申报，未申报的不得进行集中。对于申报标准，《国务院关于经营者集中申报标准的规定》（以下简称《规定》）第 3 条[1]规定了参与集中的经营者的营业额水平作为申报门槛（达到其一即可）。可以看出，营业额是我国经营者集中申报的唯一指标，从各国的实践经验来看，美国、欧盟、日本等国家或地区也均采用营业额（销售额）以及并购交易金额作为申报标准。

---

[1] 《国务院关于经营者集中申报标准的规定》第 3 条第 1 款规定："经营者集中达到下列标准之一的，经营者应当事先向国务院反垄断执法机构申报，未申报的不得实施集中：（一）参加集中的所有经营者上一会计年度在全球范围内的营业额合计超过 100 亿元人民币，并且其中至少两个经营者上一会计年度在中国境内的营业额均超过 4 亿元人民币；（二）参加集中的所有经营者上一会计年度在中国境内的营业额合计超过 20 亿元人民币，并且其中至少两个经营者上一会计年度在中国境内的营业额均超过 4 亿元人民币。"

2. 我国经营者集中申报标准的不足

（1）"营业额"概念模糊。2016 年滴滴收购优步时未向我国有关机构申报。对此，滴滴方面表示，两家公司一直都处于亏损状态，合并后的营业额也没有达到相关规定的标准，因此不需要向商务部申报。而且，相关数据显示优步在上一会计年度的营业额为 2.3 亿元，确实未超过规定的 4 亿元人民币。这两家均非上市公司，没有公开的数据，经营者给出的这些数据是否精确、可靠，又是如何计算得出便均存在疑问。滴滴与优步的横向集中向我国《反垄断法》申报标准中的"营业额"的计算方法发出了挑战。

在网约车市场上，一个乘客使用网约车平台乘车后向平台支付的费用包括三项：税费、网约车司机服务费用、平台服务费。而作为网约车平台，滴滴、优步这类公司的营业额应该是只计算平台服务费的收入，还是包括网约车司机费用的销售额？目前主要有两种观点：第一种观点认为网约车平台只是一个中介，不给网约车司机支付工资，司机并不是网约车平台的员工，所以网约车司机服务费用应该不包括在营业额计算内，即申报应该以利润而非销售额为标准。第二种观点认为我国《经营者集中申报办法》第 4 条规定了"营业额包括相关经营者上一会计年度内销售产品和提供服务所获得的收入，扣除相关税金及其附加"。应该将司机服务费用包含在内，按平台流水额计算。

（2）申报标准单一。营业额作为衡量企业经营规模的客观量化指标，大多数国家都将此作为申报标准，但我国《反垄断法》及《经营者集中申报办法》将其作为唯一标准过于单一。而且，随着"互联网+"、大数据和人工智能的发展，各种各样的新型企业不断涌出，不同行业的经营结构、利润模式都不尽相同。比如，房地产业与百货超市，传统制造业与互联网行业，餐饮业和近两年靠风投（风险投资）迅速壮大的独角兽企业都不应适用同一标准。同时，申报标准缺乏与宏观经济相协调的可调整法定程序。我国经济发展迅猛，21 世纪以来 GDP 增速一直保持在 8%～11%之间，现在进入中高速发展阶段，仍保持 6.7%以上的增长速度。可见，4 亿的营业额口径是无法与时俱进的，必须及时调整。

3. 我国经营者集中申报标准的改进

（1）明确"营业额"计算标准。对营业额的计算方法应该作出明确规定，而且针对不同的行业应该有不同的计算标准。对于网约车行业，应该按平台流水额计算。理由如下：第一，企业的流水额主要是司机费用和平台服务费，但也有占比较少的成交手续费、平台转让数据的收入等非主营业务收入，而且流水额能够反映平台的用户规模及其背后隐藏的乘客出行路程数据的数量，在大数据时代价值极高，应归入其中。第二，由于互联网企业的网络外部性，企业的主营业务与主要收入很可能不一致，互联网的特性使得其营利必须以大量用户海量数据为前提，因此很多互联网公司发展初期都要采用倾斜定价策略，外卖、网约车等行业更是采用免费的策略以迅速抢夺市场份额，而企业以营利为目的，必然会在其他方面获得收入，这就会造成互联网公司的主要业务与其主要收入不相符的现象。网约车公司也不例外，比如上文提到的易到叫车的战略规划，公司定位是网约车叫车服务，但收入来源却是其他附加金融、体验等服务。再比如搜索引擎公司百度的主营业务是为广大网民提供免费的信息搜索服务，但其主要收入却是竞价排名。如果仅以其主营业务收入为"营业额"算作申报标准，必然会成为很多公司并购避开申报的最佳借口，从而使得反垄断无法执行。例如，滴滴出行给出的相关财报显示滴滴 2018 年亏损 109 亿，遭到外界质疑：是否将投资 OFO 共享单车的亏损也算入其中？因此，流水额应当归入其中。

（2）按行业细化申报标准。传统的制造业与互联网行业和近两年迅速壮大的独角兽企业经营模式和利润结构都不同，并不适用同一申报标准。因此，需要细化不同行业营业额计算标准，针对不同行业要制定不同的营业额计算标准与范围，尤其是对当下万物互联时代产生的新型企业。更进一步来讲，可以加入其他指标多角度、更全面地衡量集中者。目前，欧美很多国家都将集中参与者的规模、集中的交易规模等加入经营者集中的申报标准。而网约车平台是双边市场，成本利润来源复杂，并且面对类似滴滴与优步这样的非上市公司，在数据来源不透明但市场份额较大、成立时间较短、利润来源多元的情况下，若流水额、交易规模等达到一定规模也应该符合申报标准。因此，市场的经营者集中申报标准应增加市场份额、资产额、交易规模、利润额等其他衡量要素，多视角评估核算，并且这些指标应该有针对互联网行业及"互联网+"的计算方法。

（3）建立与宏观经济相协调的可调整法定程序。在互联网行业，一方面，行业形势时刻变化，新型互联网企业占据较大市场份额时，如果保持时间较短，并不能说明其影响力。比如2016 年出现的 OFO 和摩拜共享单车，由于他的方便、环保、便宜等优势，迅速引爆共享单车市场。而随后出现了近百家单车企业，共享单车甚至被誉为"新四大发明"之一。到 2017 年，摩拜和 OFO 成为行业两大巨头，市场份额超过 90%，但这一现状维持了不到一年，2018 年 OFO 共享单车即陷入"退押金"困局，摩拜单车也被美团收购。风靡一时的共享单车从出现到发展再到衰败仅仅 3 年。另一方面，互联网企业的规模经济效应较为显著，因此申报的数额标准也应该逼近企业的规模经济边界值。同时，需要尽快改进法定程序，定期调整申报标准。美国将参与集中的经营者规模和交易规模都作为经营者集中的申报标准，并在 2005 年的《HSR 法案》中规定，这些指标的标准每年都要根据本国的 GNP 进行适当调整。英国政府也要求本国的反垄断执法机构必须保持营业额的标准与本国当下的经济发展状况相一致。我们应该借鉴发达国家的经验，定期调整我国的申报标准。结合我国宏观经济增长和全球经济发展状况，建议调整周期为 3 年~5 年。

(三) 网约车行业兼并后经营者集中的审查标准

1. 我国现行的经营者集中审查标准

根据我国《反垄断法》的规定，在审查经营者集中时，主要考虑参加集中的经营者的市场集中度和其在相关市场的市场份额及其对市场的控制力，同时还要考察该项集中对市场进入、技术进步和其他有关经营者的影响。禁止具有或者可能具有排除、限制竞争效果的经营者集中，但有证据表明该集中对竞争产生的有利影响明显大于不利影响或者符合社会公共利益时除外。因此，可从两方面进行审查：一方面是判断兼并后的企业的市场地位；另一方面是判断兼并后的企业能否进行限制竞争行为或是否会与其他行业的企业联合起来进行限制竞争的行为。

经营者集中审查制度的基础和重点在于判断集中后经营者的市场地位，即经营者提供的产品或服务在相关市场上的市场份额，进一步判断其在相关市场的市场控制力。这些鉴别的判断和计算都基于相关市场的界定，因此相关市场的界定是经营者集中审查的首要基础。而当经营者在相关市场占据一定垄断地位时，必然对市场拥有一定控制力。尤其是在价格方面，垄断企业拥有一定的定价权，是价格领导者。滴滴并购优步后，不仅使得两家公司在技术和数据资源上获得了新的提高，而且在客源上也有了显著的增加，在我国的网约车（尤其是快车）市场达到近95%的市场占有率，完全具有垄断趋势和市场控制力，因此，该项并购被指涉嫌垄断。

2. 我国现行经营者集中审查标准的不足

我国当下的经营者集中审查标准缺少可量化的指标，部分要点表达模糊，缺乏操作性，主要表现在如下几点：第一，缺少参考指标。量化市场控制力的重要指标就是市场集中度，这也是反垄断法对经营者集中的审查给出的参考指标之一，能更全面、更准确地反映市场集中情况，但市场集中度和 HHI 指数都是制造业的集中度核算指标，应用于互联网行业误差较大，并不适用。目前，我国反垄断法的法律法规并未引入相关测算方法，使得互联网行业的经营者集中审查在执行时没有可供参考的标准。第二，对经营者集中形式之一的"经营者通过取得股权或者资产的方式取得对其他经营者的控制权"表达模糊，没有量化。通常认为，拥有50%以上的资产就拥有对经营者的控制权，但当公司股份在市场流通时，收购的资产不达50%也有一定控制权，并可对资产进行支配。第三，在考虑经营者集中审查的豁免条件时，存在模糊表达，争议较大，主要在于考察某一集中对国民经济和社会公共利益的影响时是否包含"效率抗辩"和"公共利益抗辩"[1]两方面。

"效率抗辩原则"中的效率是指仅因合并而产生的效率，并不包括其他原因，欧美大多数发达国家都可使用效率抗辩。比如，加拿大《竞争法》规定，如果合并已经或者可能产生显著的效率，并且这一效率是大于或可抵消该合并所产生的削弱竞争的副作用的，法院不得发布命令，尤其是该效率是唯有通过

---

〔1〕 应品广："我国建立反垄断效率抗辩法律制度的必要性分析"，载《云南大学学报（法学版）》2011 年第 1 期。

合并才可达到的。欧盟的《横向合并评估指南》也规定，当有证据证实某一效率是合并特有的、直接产生的，并且类似程度效率无法通过其他任何方式获得的情况时，可获得反垄断法的豁免。尤其是当经营者集中所产生的效率大于竞争带来的不利影响、最终能为消费者所获得、可以得到证实或是该经营者集中持有时，都需要着重考虑效率抗辩。而我国并未在这一方面作明确规定，但也没有否定，"考虑对国民经济的影响"这一表达较模糊，使得执行部门有些无所适从。

"公共利益抗辩"强调反垄断是为了维护公平竞争，最终达到社会利益的最大化，而单个消费者的利益是社会公共利益的具体量化体现，因此如果一个损害竞争但有利于整体的经济或者社会公共利益的合并，应该予以批准。例如，德国的《反对限制竞争法》第 42 条第 1 款也规定，在个别情况下，合并对整体经济的利益可以抵消对竞争的限制，或者合并符合重大的公共利益，经申请，联邦经济部长可以批准为联邦卡特尔局所禁止的合并。我国法律在这一方面也没有作明确说明，只有商务部有一份关于外资企业并购中国境内企业的规定。但滴滴兼并优步并不属于外资并购境内企业，是否适用此规定并未可知，即使适用，能引用的也只能是改善市场竞争条件这一条抗辩理由了，但在市场竞争方面，滴滴和优步的竞争主要靠"烧钱大战"。从滴滴的攻打战略我们可以看出，其制胜的关键是投资方的资本战略。一方面发动国际化资本战略，对优步在海外各地区的竞争对手如东南亚的 Grab、北美的 Lyft、欧洲的 Taxify 等进行投资来牵动、影响优步在中国的资金供给；另一方面在我国国内市场展开激烈的补贴大战，我们可以看出这些互联网企业具有高度的外部投资依赖性，这场寡头竞争是滴滴但更是其背后的资本方影响着公平竞争。而其兼并使得滴滴获得更多司机和乘客基础与数据，并且形成更高的资本壁垒，获得更多的抽成价格话语权和市场支配能力。随着企业衍生产品的发展和互联网交叉外部效应的扩大，双边市场对平台的黏性越来越强，进而即使提高价格，用户也较少发生转移。因此，这一兼并并没有改善市场竞争条件，滴滴和优步也没有引用这类抗辩理由。

3. 我国现行经营者集中审查标准的改进

基于上文分析的我国反垄断法在互联网行业兼并的审查制度和审查标准问题，我国可以进行如下的改进：

（1）对于审查标准应该建立筛选机制、量化具体指标。目前，我国互联网行业处于高速发展阶段，互联网并购案不断增加，申报和审查程序又较繁琐，时间过长，延误了企业经济发展时机。为节省行政资源和维护被审查者的权益，可借鉴大部分国家的反垄断立法规制并结合互联网行业的特殊性，通过考察集中前后市场结构等相关指标的变化，划定一个"安全港"，快速做出初步筛除。另外，计算市场集中度的 HHI 指数是制造业的集中标准，对互联网行业并不适用，应该建立针对互联网产业的集中审查标准。

（2）细化经营者集中的审查制度。在考察经营者集中审查的豁免条件时，应该加入"效率抗辩原则"和"公共利益抗辩"，并规定其适用范围和适用条件。必须综合考虑合并的整体效率与合并的特有效率，从而进行相机抉择，甚至整体效率重于特有效率，避免这一原则适用的不确定性造成的滥用。反垄断审查必须综合法学的逻辑与经济学的理性，公平背后是效率的考量，要兼顾公平与长远的经济效率，制定审查标准。

（3）促进反垄断执法的透明化。细化反垄断机构各部门的审查权限，公平、公正、公开地发布审查结果。我国的相关规定指出，如果有相关证据表明该经营者集中具有或者可能具有排他性、限制竞争效果，即使未达审查标准，相关机构也应当依法进行调查。近几年发生多起并购，尤其是在被称为互联网行业并购之年——2015 年——发生的几起并购：58 同城并购赶集网、美团网并购大众点评、携程并购去哪儿、世纪佳缘并购百合网、美丽说并购蘑菇街等几起并购案例都引起舆论质疑，但最终都未见相关部门做出反应。此外，新型互联网企业为了快速发展，加上互联网的规模经济，必然会扩大市场份额，而并购更是最常见的手段，如果反垄断主管部门执法不当，过于干涉，又会阻碍新型互联网企业的生存发展，进而影响市场经济的正常运行。这些都是这一申报规定不明确导致的问题，因此需要依据行政公开的原则，对不涉及商务机密的，应该公开调查过程，公布审查决定促进社会监督，确保反垄断法实施的程序正义。

三、数字经济与算法合谋——以"美国诉戴维·托普金斯案"为例

"美国诉戴维·托普金斯案"[1]是全球第一起因利用定价算法实施横向垄断协议而遭受处罚的案件。案件的被告人戴维·托普金斯（David Topkins，以下简称"托普金斯"）是美国加利福尼亚州的一名居民，其于 2012 年 2 月至 2014 年 1 月期间受雇于 A 公司担任部门主管一职。A 公司是一家海报销售公司，其通过"亚马逊市场"（Amazon Marketplace，以下简称"亚马逊"）等第三方线上平台向客户销售自己的产品。根据亚马逊的相关规则，销售行为虽然发生在网站上，但是产品的定价等却由卖家自行决定。从 2013 年 9 月一直持续到 2014 年 1 月左右，托普金斯与其竞争对手——其他海报销售公司——达成

---

〔1〕 U. S. V. DAVID TOPKINS, Case3：15-cr-00201-WHO.

了一项合谋协议，他们使用基于算法技术的商用定价软件来设定在亚马逊上销售的某些海报（以下称"商定海报"）的价格，其中该定价软件是通过收集在亚马逊上销售特定产品的竞争对手的定价信息和运用卖家设置的定价规则进行操作。2015年4月，美国司法部（the United States Department of Justice）指控托普金斯通过算法设定价格的行为违反《谢尔曼反托拉斯法》（Sherman Antitrust Act）中"对州际贸易进行不合理限制"的条款，构成犯罪。托普金斯与其竞争对手之间达成的合谋协议实质上是在固定、增加以及维持商定海报的价格。

托普金斯涉嫌垄断的行为包括：①托普金斯与其他海报销售公司就商定海报的价格问题进行了沟通并达成合谋；②在合谋中，托普金斯等同意固定、增加以及维持商定海报的价格；③为了达成价格合谋、强制遵守达成的协议以及监控定价算法的有效性，托普金斯等收集、交换、监控和讨论了关于商定海报价格与销售的信息；④为了实施该合谋，托普金斯等决定对商定海报采用特定的定价算法来协调各自的价格变化，同时托普金斯编写了计算机代码，以指示 A 公司基于算法的定价软件按照合谋要求设置商定海报的价格。

在合谋行为实施期间，托普金斯等在亚马逊上以非竞争性价格出售商定海报并接受付款，他们连续、不间断地向货物原产地以外的客户销售商定海报，对州际商业贸易造成了重大影响。2015 年 4 月 30 日，托普金斯与美国司法部达成认罪协议，同意配合司法部进行相关调查，并将支付不少于 20 000 美元的刑事罚金。此外，托普金斯还将面临 6 个月至 12 个月的有期徒刑。

该案件涉及利用算法实施垄断协议，这是算法合谋反垄断领域的典型问题，在全球范围内引发了广泛的关注。当下，伴随着数字经济的兴起与发展，人工智能、大数据、算法等对商业世界的影响日益增大。它们在带来经济发展新动力的同时又具有很大的不确定性，任何不当的使用都可能产生排除、限制竞争导致垄断的后果，如何在发挥它们积极作用的同时妥善处理其带来的问题是摆在人们面前的新挑战。

（一）反垄断领域算法合谋的产生和现状

1. 反垄断领域算法合谋的产生

算法一词存在已久，但各界对算法的含义尚未达成有效的共识。通常我们认为其是指一系列解决问题的清晰指令，即算法是为了达成既定的目标而按照设定的程序规则加以运行的序列指令。算法最早运用于数学以及计算机等学科领域，随着社会、技术的发展，人们也开始将它运用到经济生活领域，比如超市利用算法计算商品的最佳摆放位置，利用算法设计出行最佳出行路线。时至今日，衣食住行各方面无不充斥着算法的身影。算法在发挥积极作用的同时，也带来了负面问题，较为典型的有 2011 年亚马逊上的"《The Making of a Fly》天价书籍案"、2017 年因滥用市场支配地位遭受 24.2 亿欧元罚款的"谷歌（Google Inc）比价案"。在数字经济兴起的背景下，有人断言"算法就是数字经济时代的语言"，这要求我们更要审慎地处理好与算法相关的各种问题。合谋，也被称为共谋，是指两个及以上的个人、企业之间秘密谋议或合作，通常是为了达到一个非法的目的。在反垄断领域，相关主体多是通过合谋行为达成横向、纵向垄断协议，以排除或限制竞争。随着算法在现代商业社会被日益广泛的运用，人们开始将其与合谋相结合，通过算法来达成、实施合谋的内容，由此形成了一种新的形式即算法合谋。算法合谋对竞争的破坏更加严重，一方面算法为合谋提供了更多达成方式，使合谋更易形成。另一方面，合谋通过算法变得更易维持、更加稳定。

2. 反垄断领域算法合谋的现状

出于产生合谋后果的严重性、算法对经济生活的日益重要性、算法本身的不透明性以及规制算法立法的空白性等考虑，算法反垄断近年来逐渐成为全球反垄断领域关注的问题，算法合谋作为其中的重要方面也引起了各方的重视。2017 年 6 月，经济合作与发展组织（Organization for Economic Cooperation and Development，OECD）以"算法与合谋"为主题组织了一次圆桌论坛，召集各国就算法合谋的相关问题展开讨论。此外 OECD 还就会议主题的背景现状发布了一份报告——《算法与合谋：数字时代的竞争政策》（Algorithms and Collusion：Competition Policy in the Digital Age），就当下世界各国对该问题的研究进行了梳理。2018 年 7 月，德国反垄断委员会发布当年竞争双年报告，该报告在第一章内专设"算法与合谋"部分，就什么是合谋、算法对合谋的影响等内容进行了介绍。2018 年正值我国《反垄断法》实施 10 周年，各高校、研究机构也就算法合谋等相关议题组织了学术研讨活动，比如，2018 年 12 月 13 日在北京举行的"技术与反垄断年会"第一专题为"算法、人工智能以及企业责任"，就算法轴辐合谋、算法合谋挑战等进行了探讨。2018 年 12 月 25 日在北京召开的中国市场监管圆桌会议——"数字经济时代的公平竞争与反垄断研讨会"，就算法共谋、算法歧视的反垄断法规制分析框架等进行了探讨。与会专家提出了反垄断立法需要对数字经济的发展给予回应等观点。在执法实践层面，上文提到的"美国诉戴维·托普金斯案"是全球第一起因利用算法实施合谋而遭受法律处罚的案件。2015 年 12 月，美国康涅狄格州居民起诉优步联合创始人特拉维斯·卡兰尼克（Travis Kalanick）的"优步车费定价案"是又一起通过算法合谋限制市场竞争、损害消费者利益的案件。2016年1月，在欧盟法院作出的"Eturas折扣案"判决中，立陶宛司法机关展示了一种"对于利用算法辅助实施合谋的行为该如何证明"的论证思路，这为确立"算法辅助合谋的间接证据"认定规则提供了经验。[1]当前，我国并无算法合谋类案件发生。

（二）算法合谋的特征和形式

1. 算法合谋的特征

（1）具有高技术性。一方面，算法合谋是技术发展的产物。实现算法合谋需要拥有海量的数据，同时要求算法能对这些数据进行分析利用，人工智能、大数据、机器深度学习的发展对此提供了技术支持。另一方面，算法本身具有很高的技术含量，无论是算法的设计、运用还是其今后的发展走向，这些都是技术领域的问题。

（2）具有隐秘性。合谋本身便具有隐秘性的特征，依托算法进行的合谋更使监管机构难以察觉。合谋者达成传统意义上的合谋协议会有一个协商沟通的过程，这为监管机构发现和监管合谋行为提供了线索证据。而算法合谋的达成以及实施方式却更微妙，合谋者可以不通过口头或书面的协商过程，仅依托精确的算法技术达成合谋，这导致监管机构发现市场上的异常情况需要花费更长时间。此外，算法合谋证据的取得与证明也存在很大困难。

（3）具有动态性。传统的合谋无论是固定、限制价格还是限制新技术、分割市场，都有一个最终目标，其对竞争产生的不利影响可能持续一段时间，但都是静态的、一次性的。比如合谋者协议涨价，他们一次只能确定一个最终价格，若想改变

---

〔1〕 周围："算法辅助共谋间接证据的认定规则"，载 https://mp.weixin.qq.com/s/Gg_1QGGNZwTqzEoEVmcTSA，访问日期：2019年4月4日。

上次合谋时确定的价格便需要再次进行协商沟通。算法合谋是动态性的，它可以通过设置算法来根据市场的变化随时作出相应的反馈，省略了传统合谋要求多次协商的过程，同时更具针对性、更稳定。

2. 算法合谋的形式

对于算法合谋的表现形式，各界普遍认为有两种：明示合谋与默示合谋。明示合谋是指通过书面或口头等明确的协议方式去维持合谋的反竞争行为；默示合谋是指不通过任何明确的协议，竞争对手通过认可相互之间的依赖性来维持合谋，从而实现反竞争性合作。[1]在明示合谋中，算法主要是作为实施合谋的工具，不具有独立性，合谋的内容仍由相关主体作出。在默示合谋中，算法开始以达成合谋的主体的身份出现。依托人工智能、大数据收集以及机器深度学习等相关支持技术的深入发展，算法能够通过以往积累的"经验"进行自我分析、学习。它比人类更能敏锐地感知经济市场的发展变化，可以主动寻找、发现适合达成合谋的时机并在非人工干预下达成合谋。默示合谋的实现对相关技术的要求较高，当下人们谈论的算法合谋主要指明示合谋，目前全球已发生的几起算法合谋类案件均是明示合谋。

牛津大学竞争法教授阿里尔·扎拉奇（Ariel Ezrachi）与田纳西大学（The University of Tennessee）终身法学教授莫里斯·E. 斯图克（Maurice E. Stucke）在他们合著的《人工智能与合谋：当计算机抑制了竞争》一文中，从技术发展和算法不同使用层次的角度将算法合谋分为了"信使"类合谋（Messenger）、"轴辐"类合谋（Hub and Spoke）、"预测"类合谋（Predictable

---

〔1〕 韩伟："算法合谋反垄断初探——OECD《算法与合谋》报告介评（上）"，载《竞争政策研究》2017 年第 5 期。

Agent）以及"自主"类合谋（Autonomous Machine）。其中，后三种合谋类型与下文 OECD 报告中的平行算法、信号算法以及自我学习算法基本相互对应，是结果与手段工具的关系。而"信使"类合谋是指合谋者事先以口头或书面形式达成合谋协议，算法单纯用来实施合谋内容，"美国诉戴维·托普金斯案"便是此类案件。在该案件中，托普金斯等事先就商定海报的价格问题进行了沟通并达成合谋，之后托普金斯编写计算机代码来指示基于算法的定价软件，按照合谋要求设置商定海报的价格。

3. 便利合谋达成的算法类型

为方便进一步研究，OECD 在其 2017 年发布的《算法与合谋：数字时代的竞争政策》报告中从便利合谋实现的角度将算法分成了四类：监督算法、平行算法、信号算法以及自我学习算法。

（1）监督算法（Monitoring Algorithms），指企业设置算法用于监督合谋对手的相关商业行为，确保合谋实施，同时在发现合谋对手有背离合谋协议的行为时及时予以报复。通常企业达成合谋协议后的执行情况并无合谋对手专门监督，对方要发现企业没有实施或已经背离协议存在时间差。监督算法打破了时间限制，能对参与合谋的各方实时进行监督。及时的报复行为会大大减少合谋参与方的背离行为，产生更严重的排除、限制竞争的后果。

（2）平行算法（Parallel Algorithms），指企业在算法中设置关注变量，当市场上关注变量的情况发生变化时，算法可依据不同变化作出相应的决策，实现情况变化的自动反馈，达到关注变量发生改变决策也相应改变的"平行"状态。2017 年因大数据"杀熟"问题引发人们关注的互联网平台动态定价便是运用平行算法的典型情况。如果企业向自己的竞争对手分享同一动态定价算法，在算法的关注点发生变化时，该企业与其竞争对手做出了一样的价格变化，例如共同涨价，此时它们就凭借该算法达成了合谋。此外，不同的主体使用同一企业开发的同一算法定价软件也可能导致合谋的发生，如在 2015 年 12 月美国发生的"优步车费定价案"中，优步向出租车司机提供拥有相同定价算法的车费计算软件的行为构成了优步与司机间的合谋，该行为损害了乘客利益，违反了美国的《谢尔曼反托拉斯法》。

（3）信号算法（Signalling Algorithms），指企业不通过口头或书面进行合谋的沟通商议，而利用算法发布合谋信号，竞争对手的算法在识别出该信号后两者便很可能达成合谋。该类算法的运用将使合谋的达成更具隐蔽性，为监督执法带来更大困难。

（4）自我学习算法（Self-learning Algorithms），这种算法是一种更加复杂的算法，对技术的要求很高。此时的算法已具有了自主学习能力，由自我学习算法达成的合谋为默示合谋，现阶段暂不予以讨论。

（三）算法合谋的反垄断责任承担

新形式的合谋——算法合谋的出现在全球范围内引发了广泛关注，算法合谋类案件的发生又将算法合谋领域的反竞争行为如何追加责任这一问题摆到了人们面前。在"美国诉戴维·托普金斯案"中，算法是作为实施合谋内容的工具，合谋仍由托普金斯与其竞争对手等市场主体通过沟通协商后达成，该行为适用美国现行的《谢尔曼反托拉斯法》中有关"对州际贸易进行不合理限制"的处罚规定，承担法律责任的主体也是托普金斯等人。该案件作为当下全球为数不多的典型算法合谋类案件之一，值得进行全面的研究分析，但要注意的是个案也有其特殊性，我们不可能做到"窥一斑而知全豹"。本案虽涉及算法，但算法仅用于实施合谋内容而不是达成合谋，托普金斯等人做出的合谋行为并没有突破现行法律的规制范围。但随着算法技术的发展以及算法合谋种类的"更新"，当算法与达成合谋的联系越来越密切、算法开始由辅助作用渐渐变为占据主导地位时，相关的责任问题该如何承担呢？综合当下全球对算法逐渐主导合谋的反垄断责任承担问题的研究，我们可以发现各国认为主要有以下三种选择：没有责任方、由部署算法的人承担、由算法承担。

1. 没有责任方

没有责任方的观点是不可行的，否则将意味着市场主体利用高级算法达成或实施合谋以排除、限制竞争的行为可以不受到法律的惩罚。这实际上是在变相肯定可以通过高等级的算法合谋破坏竞争，因为法律并不规制该行为。正如欧盟竞争事务专员玛格丽特·维斯塔格（Margrethe Vestager）在第 18 届德国联邦竞争会议上的《算法与竞争》的演讲中所说的：通过自动化系统帮助企业固定价格会限制竞争，使经济恶化，竞争执法部门应确保企业不能躲在算法的背后而逃脱合谋的法律责任。[1]

2. 由部署算法的人承担责任

由部署算法的人承担责任是基于如下考虑：无论是仅作为合谋工具使用的算法还是具有能力可以自主达成合谋的算法，最初都是由人部署，所以由人承担法律责任具有从"源头"上控制违法行为的积极作用。具体而言，部署算法的人又可被分为三类：算法设计者、算法利用者、算法受益者。现阶段这三

---

〔1〕 韩伟："算法合谋反垄断初探—— OECD《算法与合谋》报告介评（下）"，载《竞争政策研究》2017 年第 6 期。

者基本是一体的，此时反垄断责任的承担主体也是明确的。在这种情况下，相关主体设计算法的意图是用于合谋，其后续的利用与获益行为也证明了这一点，由算法合谋引发的法律责任自然应由该主体承担。当三者不是同一主体时，相关的责任该如何划分？从主观意图出发是较合理的认定方式。当一主体利用他人开发出的算法进行合谋时，他人如能证明自己对该行为不知情且不应知情，则可以免于承担责任。同理，当一主体在不知情的状况下使用了他人的算法，达成了合谋或者获取了利益，法律对其也不应过分苛责。例如在"优步车费定价案"中，各出租车司机使用了优步提供的定价算法，实际上已经与优步达成了轴辐合谋，但因各出租车司机对算法与合谋的相关情况并不知情，法律也只是就优步的相关行为进行了规制。

3. 由算法承担责任

由算法承担责任的观点是为处理高层级算法合谋提出的。随着深度学习等技术的发展，算法捕获信息、自主学习的能力也不断增强。此时的算法虽也是由人设计而成，但经过自主学习后的算法与其初始状态已是大大不同。算法经过自主学习后，在其设计者、运用者等未意识到的情况下独立作出决策达成了合谋，此时要求算法的设计者、运用者承担责任显然不合理。对于算法自主合谋的受益者，其在主观上对合谋并不知情，执法机构可以要求算法受益者交出因合谋而获得的反竞争收益，却没有合理的依据向其施加算法合谋的责任，这就导致了由算法承担责任的这种观点因此产生。不过，算法自己承担责任看似符合通常的担责思路——自己的责任自己承担，但算法是技术不是人，由此引发的另一个问题是要不要赋予算法法律人格地位？2017 年 10 月，沙特阿拉伯授予了机器人索菲亚公民身份，使索菲亚成了人类历史上首个获得公民身份的机器人。结合当下人工智能技术的飞速发展，算法"类人脑化""超人脑化"也只是时间问题。正如 OECD 在其报告中指出的那样，上述问题目前还不甚明晰，但随着涉及独立算法案件的增加，法律责任的划分等问题会再次凸显。

通过梳理算法合谋责任的三种担责方式，我们可以发现责任由相关人员承担是相对可行的。一方面，从监管成本上讲，规制相关人员的成本远低于规制算法的成本，而且有先前的监管经验可以借鉴。另一方面，从监管便捷度上讲，企业对算法的了解远多于执法机构，企业更能控制和处理算法的异常情况。在算法还远未发展到高度智能化的今天，加强对运用算法企业的责任规制，有助于端正相关人员对待算法的态度，可促使算法设计者从遵守市场竞争规则的角度编写算法，让算法运用者以正确的方式运用算法，算法合谋利益的没收可避免合谋受益者得到不正当的利益。总之，相关主体有责任对其设计或运用的算法负责，有义务接受反垄断法的规制。

（四）算法合谋给反垄断带来的挑战

如前所述，算法在经济生活中发挥着日益重要的作用，影响人们衣食住行的方方面面，算法合谋行为导致的排除、限制竞争的严重后果也有目共睹。可以说，算法合谋给当下的反垄断工作带来了严峻的挑战。

1. 从市场方面而言

一方面，算法合谋突破了传统合谋对市场结构的依赖。通常我们认为同一市场中相关企业数量越少，企业进行交流就越便利，成本也越低，相应的合谋也越易达成。与此相反，企业数量越多合谋越难达成。算法合谋突破了这点，它能凭借更精确的算法技术找寻多家企业超竞争水平的"聚点"（如一个令大家都满意的定价），促使企业或者算法自主达成合谋，导致企业数量与达成合谋的难易程度间不再具有明确的关联关系，监管机构将难以通过市场上企业的数量情况判断合谋行为的发生概率。

另一方面，算法的应用使企业能够便捷、持续地获取市场上自己所需的各种信息，企业对市场动向的把握越来越清晰、对竞争对手也越来越了解，使得相关市场的透明度大大增强，更有利于企业达成合谋和逃避监管。同时，相关市场上的现有企业对市场越了解，其竞争优势越明显，从而越容易形成市场壁垒，导致新的经营者很难进入或在进入时需要花费更高的成本，严重破坏市场的竞争力。

2. 从算法自身而言

企业使用的算法为自己所独有并不对外公开，具有不透明性，这为监管算法合谋带来了困难。有人提出企业应公开其算法，理由如下：一方面，企业未经消费者同意便对其适用算法。算法具有的"歧视性选择"等缺陷会限制人们获取信息的广度，扭曲人们对事物的认识（例如商家只会根据客户之前的浏览记录向其推送有针对性的信息），人们对算法应当具有知情权。另一方面，算法公开有利于监管。监管机构只有理解各算法如何运行、发挥作用才能在判定是否构成反竞争行为上有的放矢，否则执法工作将难以进行。当下法律对算法的定性并不明确，有人主张算法是企业的商业秘密，也有人主张算法属于企业的知识产权。若算法是商业秘密，消费者自然没有知情权，为执法而要求企业公开商业秘密也不符合法理。若算法是知识产权，现行法律并无具体条款对其进行保护，贸然公开可能被竞争对手使用，损害企业的权益。即使有选择性地公开部分算法，法律能否自主区分用于合谋的算法和其他的算法也是一个问题。此外，对于依托于深度学习可自行决策的自我学习算法，人们并不知道其运行的细节，即使公开其原始内容也无济于事，难以实施有效的监管。

3. 我国现行《反垄断法》对垄断协议的定义过于狭窄

按照我国现行法律的规定，垄断协议的构成要件之一是市场经营者之间存在合意并通过协商等方式达成，同时我国《反垄断法》还采用列举式立法模式将达成垄断协议的具体类型加以规定。这在很大程度上限制了法律在算法反垄断问题上效用的发挥。通过算法达成的合谋可能不存在市场主体协商的过程。例如，通过信号算法发出合谋的信号，其他市场主体的算法识别出该信号后自动达成合谋，这使得以该种方式达成的合谋不符合《反垄断法》对垄断协议的规定，也难以适用当下的法律。

（五）算法合谋的反垄断应对措施

面对算法合谋带来的挑战，首先考虑市场的问题，由市场内部进行解决，其次考虑运用法律，市场方式与法律监督协同发挥作用才能更加妥善地解决问题。市场方面，近年来较受关注的有"算法型消费者"这一方式，是指通过运用算法作出最有利于自己的决策的消费者，它强调消费者对算法的运用。这种算法与上文提到的种种算法的最大区别是：它为消费者服务。消费者对算法的运用可以部分抵消市场主体运用算法带来的负面效应，在一定程度上修正市场中反竞争的行为。在市场体制下，随着算法的发展和消费者需求的增加，消费者型算法的出现与完善也是必然，我们对此要有所关注。法律方面，针对现行立法的不完善和算法合谋法律监管空白的问题，笔者提出建议如下：

1. 垄断协议的内涵需要重新进行界定

面对算法合谋，放宽对存在合意和协商行为等传统构成要件的认定标准，转而关注更实质的内容。在市场主体通过算法达成合谋时，无论主体之间是否存在合意与协商行为都不影响对结果性质的认定——市场中产生了排除、限制竞争的效果，此时若因通过算法达成的合谋缺乏形式上的合意，协商行为就对此不予认定，实际上是不合理的。算法间进行相互识别进而达成合谋的过程实质上可被看作是一种协商行为，只是其主体不再是人而是算法技术，此时可以对合意和协商行为的内涵作扩大化解释，或者重新立法，将算法合意的情形包含在法律规制的范围内。丰富垄断协议的内涵，有利于更清晰地适用法律，解决新问题，避免不法行为因条款不清而出现监管空白，也有利于市场主体明确合法与非法的边界，规范自己的市场行为。

2. 明确禁止算法获取的数据范围

技术可以中立，但技术在设计时却要有价值观，有必要通过法律等形式规范算法的设计行为，将积极的理念在算法设计之初便融入其中。要求市场主体严格按照算法规则设计、使用算法，禁止通过算法排除、限制竞争。对于高级别的算法合谋，算法自主达成合谋的过程类似"黑箱"，难以为外界所知，也难以控制。而在设计之初遵循正确的设计理念，有利于从源头上矫正算法的反竞争行为。对于市场上存在的极易促使算法达成合谋的敏感数据，应禁止算法获取或者禁止在数据产生的当下获取。比如，禁止市场主体通过算法获取竞争对手的实时商品价格信息。这有利于降低相关市场的透明度，阻止合谋的达成，也可以削弱现有经营者的部分实力，防止"一家独大"形成市场进入壁垒。同时，要加强相关法律对个人电子数据信息的保护，保护公民的隐私权，避免被市场经营者和算法技术乱用。

3. 设立针对算法的监管部门

算法合谋是新产生的问题，当下并没有专门的机构履行职责。算法合谋具有高技术性的特征，无论是审查企业有无落实法定的算法设计规则还是监督企业有无通过算法达成合谋，传统的市场监管机构都难以进行有效的作为。同时，面对算法技术的快速发展，为应对今后产生的新类型算法合谋问题，设立对应的监管部门就显得很有必要。相较于传统的执法机构，针对算法的监管部门应具有高技术性的特点，加强执法过程中技术的运用，通过种种科技手段对算法合谋行为进行监管，发现市场的异常变化，如上文提到的能够监督企业算法的算法等。这样既可以使监管更有针对性，提高效率，又可以避免出现问题之后"无人管"和"抢着管"的情况。上文提到的监督算法即是市场主体用算法来监督其他合谋者的背离行为，监管部门也可与科研机构合作开发监督市场主体行为、企业算法的算法，用技术管理技术会更有效率和针对性，节省人工监管成本。

4. 要求企业对基础性算法进行公开

一方面，基础性算法在各行各业的应用范围广，当市场中的大多数主体都在运用同类技术时，该技术的秘密性便会减弱，将其公开不会侵害相关企业的知识产权和商业秘密。该做法可以提高算法的透明度，有利于监管部门从根源上了解各类算法的运行机理，更便捷地实施监督，减轻执法、审查的负担。另一方面，也可以提高公众对算法的认知水平，使公众可以直观地了解算法是如何影响人们的行为、保障公众的知情权的，从而提高社会对算法合谋的监督力量。

在数字经济蓬勃发展的今天，要清楚运用法律规制问题不是第一选项，法律的不当运用反而会抑制创新的活力，对经济发展、技术进步产生不良影响。总体上而言，应坚持"竞争优先，慎用管制"的原则，处理好市场自我调整与法律规制间的关系，把握好法律监管的尺度，为算法这种新技术的发展留出充足的空间。新兴事物的产生总是伴随着各种各样的问题，但也带来了机遇，我们应把握好时机，做好相应的准备，积极迎接算法合谋带来的挑战，在这方面还有很长的路要走。

四、数据滥用与隐私保护——以"美国脸书用户数据泄露事件"为例

脸书公司（Facebook，以下简称"脸书"）是马克·扎克伯格（Mark Zuckerberg，以下简称"扎克伯格"）于 2004 年创立的一个社交网络服务网站，其发展到今日已成为全球最大的社交平台。相关统计数据显示，脸书的月活跃用户数超过 20 亿。脸书还曾在美国《时代》(Time) 杂志评选的"史上最具影响力的网站"榜单上名列第四位，仅次于谷歌公司（Google Inc. 以下简称"谷歌"）、亚马逊公司（Amazon）和维基百科（Wikipedia），足见其在全球的地位和影响力。依托数量巨大的网站用户，脸书具有强大的数据收集能力并掌握着庞大的用户信息数据库。2011 年，脸书对外宣称网站保持着极高的数据保护标准，但 2018 年爆出的"用户数据泄露事件"却"打脸"这一承诺，在全球引起轩然大波。[1]事件发生始末如下：

2014 年，英国剑桥大学（University of Cambridge）的教授亚历山大·科根（Alexander Kogan，以下简称"科根"）在脸书上推出了一款名为"这是你的数字生活"（This is your digital life）的应用，向网站用户提供个性分析测试，称取得的数据仅用于心理科学研究。当时，共有约 27 万名脸书用户使用了这一应用。需说明的是，科根能在脸书上推出应用源于脸书在 2007 年推出的应用程序编程接口（Application Programming Interface）。通过这个接口，第三方开发者可以在脸书开放平台上运营自己开发的应用，而脸书用户使用该应用时需要用到其

〔1〕 "脸书数据门"，载百度网：https://baike.baidu.com/item/脸书数据门/22449948? fr=aladdin，访问日期：2019 年 4 月 4 日。

在社交网站上的个人信息，包括但不限于用户的年龄、性别、健康状况、居住的城市、点赞的内容、其朋友的个人信息。也就是说，用户的信息存在脸书与第三方开发者共享的情况。科根由此不只获得了该 27 万名用户的信息，其实际获取的数量达5000 万之多。2015 年，科根将这些用户数据卖给了剑桥分析公司（Cambridge Analytica），该公司是一家数据采集、分析和战略传播公司。剑桥分析公司曾在 2016 年美国大选期间受雇于特朗普的竞选团队，其通过分析获取的用户数据向这些用户精准投放竞选广告，预测并影响选民的选择，涉嫌操控美国总统选举。此外，剑桥分析公司也曾在英国公投脱欧时免费为"脱欧"团队服务，存在诱导民众、干涉英国"脱欧"的行为。脸书于2015 年便已知晓科根贩卖用户数据一事，却从未对外披露这一信息，只是在脸书开放平台上下架了"这是你的数字生活"应用，并要求科根和剑桥分析公司销毁相关数据，至于相关数据是否被真正删除，脸书并未跟进，而事情后续的走向是用户个人数据被非法利用。该事件于 2018 年爆出后引起了人们极大的愤怒与恐慌，脸书也深陷用户信任危机。2018 年 4 月以来，扎克伯格先后赴美国国会、欧盟等就用户数据泄露事件进行听证，脸书或面临数十亿美元罚款。英国、德国以及俄罗斯等国家也纷纷就脸书涉嫌滥用市场支配地位、故意违反《竞争法》和《数据保护法》展开相关调查。

脸书用户数据泄漏不是一起偶然事件，其背后是脸书涉嫌对其相关市场支配地位的滥用和对用户数据保护的漠视。无可否认，脸书在社交网络市场占据举足轻重的地位，全球大部分国家都可以使用脸书，其月活跃用户数是世界人口体量的 1/4、全球网民总数的 2/3，巨大的市场占有率使其用户难以转换到其他的网络社交平台。脸书为用户提供服务的前提是要求用户允许脸书无限制地获取用户的各类数据信息，否则用户将无法使用脸书。这实际上带有强迫性，因为用户别无选择只能同意，该强迫行为已经涉嫌构成对市场支配地位的滥用。此外，脸书是典型的广告支持商业模式，其通过向广告商提供用户的数据，使对方实现对用户的精准广告投放并从中赚取广告费。这本身便是对用户隐私的侵犯，数据泄漏事件的发生只是将这一事实摊开到了公众面前。

（一）大数据平台相关市场的界定

1. 大数据与大数据平台

互联网以及数字经济的快速发展赋予了数据有别于以往的经济价值和社会价值，企业通过对数据的分析和利用能更好地开拓市场、提供服务。《经济学人》（*The Economist*）杂志曾发文称"世界上最有价值的资源不再是石油，而是数据"，足见数据在新时代的价值和影响之大。此处所言的数据是指存储在计算机网络中在二进制基础上以 0 和 1 的组合表现出来的比特形式，[1]通过计算机的转化对外传递的是信息。伴随数据一词常被提到的是大数据（Big Data）。对于什么是大数据，目前并没有一个明确的界定，通常认为其是指"海量数据+获取、管理和处理相关数据的能力"的组合。如《大数据时代》一书所讲："以一种前所未有的方式对海量数据进行分析，以获得有巨大价值的产品和服务，或者深刻的洞见。"大数据不是数据的简单集合，但拥有海量数据却是运用大数据的前提。对于当下的企业尤其是互联网企业而言，谁掌握了数据谁就在激烈的市场竞争中拥有了先发优势。通常互联网企业通过用户使用其服务来获取相关数据。随着用户数据量的积累和企业分析运用数据能力

---

〔1〕［英］维克托·迈尔-舍恩伯格、肯尼思·库克耶：《大数据时代：生活、工作与思维的大变革》，周涛等译，浙江人民出版社 2013 年版，第 103 页。

的提高，许多互联网企业发展成了大数据平台。一方面，大数据平台通过对海量数据的分析可以及时掌握用户的新需求，更好地改良服务；另一方面，海量数据集中在一个市场主体的手中可能构成数据垄断，不当的使用可能会涉嫌滥用市场支配地位。

2. 相关市场的界定

认定某一企业具有市场支配地位，首先要划定相关市场。各国《反垄断法》虽对相关市场的界定给出了各种范围和方法，但都是针对传统的单边市场。大数据平台作为新形势下数字经济的产物面临的是双边市场，针对单边市场的界定方法对其可能不适用。双边市场在界定时首先面临的是两个市场怎么选择的问题：只界定其中一边？还是两边一起考虑？传统的单边市场在界定时多考虑价格因素，强调经济性。在双边市场中，其一边的市场往往经济效益明显（以下称"经济性市场"），另一边则无经济效益甚至免费（以下称"消费者市场"）。在大数据平台相关市场的界定问题出现之初，执法者受当下法律的影响，往往只就其经济效益显著的一方进行界定，对另一方予以忽略，如在2006年谷歌与Double Click的合并审查中，美国和欧盟的审查委员会从经济性市场出发，认为谷歌公司的搜索引擎业务与Double Click的网络广告业务属于不同的行业。两者之间不存在横向竞争关系，即使合并也不会对广告市场产生排除、限制竞争的效果，故准予合并，对于两者共同面向消费者的市场，因消费者无论是使用搜索引擎还是接收广告都是免费的，故未予以考虑。随着时间的推移，只界定经济性市场存在的问题开始暴露，在2017年的"谷歌比价案"中，谷歌滥用市场支配地位将自己的购物比价服务置于前列广告搜索位，在损害同行业间公平竞争的同时也严重损害了消费者的利益。此案中，欧盟委员会改变了 2006 年只界定经济性市场的做法，转向了免费的消费者市场。其指出："提供免费产品或服务的商业模式并不妨碍该模式构成欧盟条约中竞争规则项下的经济活动。"从大数据平台本身考虑，其具有交叉网络外部性的特点，即平台的两边市场会随着对方市场的扩大而扩大，任何一边的用户数量都将影响另一边用户的数量和交易量。对于免费的消费者市场，其规模的扩大会带动经济性市场的发展，而经济性市场的发展又会促进免费的消费者市场规模的扩大，两者相互作用。因此在对大数据平台企业的相关市场进行界定时，应将两边市场都纳入考量范围。

相关市场的界定方法通常多采用假定垄断者测试法（即SSNIP 测试法），但它是一种经济分析方法，难以用于免费的消费者市场。在 2014 年的"腾讯诉奇虎 360 不正当竞争"案[1]中，最高人民法院也指出"假定垄断者测试不完全适用于免费的双边市场"。对于需求替代性分析方法，当前大数据平台提供的服务多涉及消费者的日常必需项目（如搜索引擎、网上消费等），消费者放弃相关需求难度较大，该方法可操作性不强。相比之下，运用供给替代性分析方法对免费的消费者市场进行界定是可行的，如果市场中某经营主体存在反常行为，如过分抬高商品、服务的价格或者消费者接受服务的条件，其他经营主体有通过合理成本短时间内进入上述具有需求替代性产品市场的可能性。这个方法强调其他经营主体反应的快速性与进入的低成本性，而互联网企业（尤其是大数据平台）在开发新产品方面符合以上两个要求，可以使用供给替代性分析方法界定相关市场。在用户数据泄露事件中，脸书的相关市场界定应从面

---

[1]　最高人民法院［2013］民三终字第 5 号民事判决书。

向消费者的市场入手。脸书通过向用户提供社交网络服务，收集了海量的用户数据信息，并通过对该数据的分析利用支持其在经济性市场如广告市场的业务，所以脸书的相关市场应该为社交网络领域的数据市场。

（二）大数据平台具有市场支配地位的认定

具有市场支配地位是指市场经营者在相关市场上所具有的某种程度的支配或者控制力量，是认定市场经营者滥用市场支配地位的前提。传统的认定方式主要从市场份额和市场进入障碍等方面入手，大数据平台在市场支配地位认定方面既有与传统方式重叠的部分又有一些新的特点。

1. 市场份额

市场份额亦称市场占有率，指市场经营者的产品或服务占所在市场总量的比重。之所以用市场份额来判定市场经营者是否具有市场支配地位，是因为传统企业主要依赖销售额等可取得的数字来计算市场份额，其最终会有一个明确的结果。我国《反垄断法》以专门立法的形式对通过市场份额认定市场支配地位进行规定，足见市场份额的重要作用。大数据平台的复杂性在于它的市场份额难以通过销售额等可取得的数字进行量化，比如大数据平台面向的免费的消费者市场根本没有销售额。有人提议以用户规模作为衡量标准，但平台的用户数量是各企业的内部秘密，若企业不对外公开我们根本无从知晓。除非是在相关市场中拥有明显优势地位的企业，如搜索引擎领域国外的谷歌、我国的百度等，而其他企业单凭自己的用户数难以衡量在相关市场中的市场份额。此外，相比于传统企业在一定时期内市场份额的相对稳定性，大数据平台是一个动态变化的过程，其可能因技术进步、新产品开发等原因在较短时间内出现市场份额的大幅增减，单纯依据市场份额认定大数据平台有无市场支配地位不够严谨，仅可作为补充手段使用。

2. 市场进入障碍

首先，大数据平台面对的双边市场本身就有进入障碍性特征，潜在经营者只有同时进入免费的消费者市场和经济性市场才能开展经营。传统认定理论强调现有企业对原料的控制能力，大数据平台在这方面主要表现为对数据的控制。尽管相关市场的经营者都会获得用户数据，但其在数量和质量上存在很大差别。数量方面，相关市场的先进入者会有先发优势，因为市场竞争相对弱时比较容易吸引用户，互联网企业具有网络外部性的特征，即用户获得服务的质量高低与用户数量成正比，用户数量越多产品的影响力就越大，而这又会吸引更多的用户，使企业掌握海量的数据，削弱潜在进入者的竞争力。当下在相关市场上占有明显竞争优势的互联网企业大多是该市场的先进入者。此外，企业手中掌握的用户数据越多其获取数据的成本就会越低。质量方面，企业可能因掌握开展相关经营必需而其他企业没有的数据资源而获得市场支配地位。在 2017 年的"hiQ 诉领英"案中，领英公司（LinkedIn，以下简称"领英"）因要进入数据分析市场，便禁止该市场内的竞争对手 hiQ Labs 抓取自己的用户数据进行统计分析。而在过去的 5 年里，hiQ Labs 一直依靠领英的数据开展此项业务，领英对此并未反对。如今，领英实际上是在利用自己的数据优势排挤竞争对手，构筑市场进入壁垒。其次，互联网企业（尤其是大数据平台）具有用户锁定效应，当用户已经习惯了现有企业提供的服务便会对其产生高度依赖性，潜在进入者将难以获得用户青睐进入相关市场，这实际上是构筑了较高的用户壁垒。最后，知识产权因素、技术创新能力也是认定大数据平台市场支配地位的重要考量因素。互联网企业学习效应明显，但掌握先进技术的企业出于对自身的保护并不允许其他企业使用自己的技术。这使得有技术、创新能力强的企业发展得越来越快，其既有的优势更加巩固，逐渐构筑起市场进入壁垒。

具体到脸书市场支配地位的认定上：首先，脸书作为全球最大的社交网站，占有明显的市场份额。其次，脸书掌握着海量的用户数据，其凭此可以获得竞争优势，脸书利用已有数据开拓新业务会吸引更多用户，而更多用户意味着更多的数据，如此循环往复，脸书的竞争优势不断巩固、扩大。在市场容量一定的前提下，潜在进入者进入相关市场的难度只会越来越大。再次，脸书的用户锁定效应明显，其使用者转换服务提供商的可能性很小，具有较高的用户黏性。最后，脸书强大的创新能力也会巩固其现有的优势，对潜在进入者构筑起进入障碍。综上所述，脸书在一定程度上在社交网络领域的数据市场中占有市场支配地位。

（三）大数据平台滥用市场支配地位的认定

1. 滥用市场支配地位的表现形式

滥用市场支配地位一般可被分为剥削性滥用和排斥性滥用两种。前者是相关市场主体通过滥用市场支配地位以获取高额利润，后者是为了排挤现有的市场竞争对手或抑制潜在进入者进入相关市场。当下，大数据平台滥用市场支配地位的行为基本属于以上两种，尤其是排斥性滥用，其具体表现为差别待遇以及不兼容等行为。差别待遇是指市场经营者没有合理的理由却对条件相同的交易方实施不同的待遇，如前面提到的"hiQ 诉领英案"，领英并不禁止其他数据统计公司利用自己的数据，只针对 hiQ Labs 施加限制，实际上构成了差别待遇。不兼容是指市场经营者提供的商品、服务与竞争对手的商品、服务无法共存，迫使用户择其一。如在"腾讯诉奇虎 360 不正当竞争"案中，腾讯公司做出的"电脑上装有 360 软件就无法使用 QQ"的行为，实际上是在通过排斥竞争对手以巩固或加强自己在相关市场上的地位。以上不论是何种滥用行为，都存在一个可直接针对的竞争对手，这些行为也都在现行反垄断法规制的范围内。用户数据泄露事件的特殊性在于涉嫌滥用的对象是用户的数据，该事件中不存在直接针对的竞争对手，唯一的受害方是脸书的用户。此时的问题便是：相关市场中数据寡头滥用用户数据的行为是否属于滥用市场支配地位？

2. 大数据平台滥用用户数据行为的定性

该问题目前存在较大争议。支持的一方认为：一方面，用户数据主要涉及个人隐私，对隐私的保护是一种重要的非价格竞争维度，非价格方面竞争的不足会损害消费者的福利。相关研究显示，注重用户隐私保护的企业提供的商品与服务质量要高于对用户隐私保护态度一般的企业。另一方面，大数据平台在掌握了海量的数据、占据了相关市场的支配地位后，很可能降低自身对用户数据的保护程度，出现对数据的滥用，损害消费者的利益。这些行为单纯依靠数据保护法并不能有效规制，需要反垄断法的介入。反对的一方则认为：首先，用反垄断法处理数据滥用问题不符合反垄断法的立法宗旨，反垄断法是维持自由竞争秩序的法律，而用户数据的滥用很难带来竞争问题；其次，数据传递出的个人隐私难以量化和评估，导致反垄断法难以应用；最后，数据滥用侵犯隐私有专门的数据保护法进行保护。实践中，与此相关的是 2016 年 3 月德国反垄断机构联邦卡特尔局（Federal Cartel Office，FCO）对脸书违反数据保护法规、滥用市场地位展开反垄断调查。2017 年 12 月，FCO 给出了初步的调查结论，称"脸书滥用其市场主导地位，通过利用所收集的用户数据，从而提供精准广告服务以谋取利益"。此案将大数据平台利用市场支配地位、滥用用户数据、侵犯隐私的行为纳入了反垄断法的规制范围。2018 年，FCO 就脸书在用户不知情或不同意的情况下收集个人数据的问题发起了反垄断调查，并于 2019 年 2 月宣布脸书滥用其市场主导地位，今后不允许脸书强迫用户同意自己不受限制的收集用户信息。此外，法国与德国竞争执法部门联合发布的报告也指出；"如果在位企业收集数据的行为明显违反数据保护法规，且该行为与其市场地位之间存在很强的相互关系，那么隐私保护的削弱可能涉及滥用市场支配地位。"[1]对于脸书一系列的滥用数据侵犯隐私事件，欧盟的态度也由最初的"由隐私执法机构处理"转变为"正在密切关注市场，不排除开展调查"。

在此次脸书用户数据泄露事件中，脸书并没有直接利用用户数据谋取利益，而是第三方通过其搭建的平台获取了用户的数据并进行了滥用。但脸书事先知晓此事却不对外披露，同时没有采取有效的措施予以制止。脸书凭借自己在社交网络数据市场的支配地位，漠视对用户数据的保护，其对数据被非法滥用存在严重责任。但就当下的反垄断法立法和执法现状以及事件具体情节来看，脸书的相关行为难以被认定为滥用市场支配地位。

（四）从反垄断视角看脸书的用户数据保护问题

海量数据的积累为大数据平台带来了竞争优势，与此同时产生的是大数据平台对用户数据的保护问题。相比于对数据的分析和利用，企业对数据保护的重视程度要低得多，甚至数据利用与数据保护之间本身就存在矛盾。用户数据泄漏一事便暴露出了全球最大社交平台脸书在数据保护上的诸多问题，具体

---

〔1〕 韩伟、李正："反垄断法框架下的数据隐私保护"，载《中国物价》2017年第 7 期。

如下：

1. 用户数据收集方面

脸书要求用户使用其提供的服务前需同意自己可以无限制地获取用户在使用脸书过程中产生的各类数据，否则便不准许用户使用脸书。首先，从脸书巨大的市场占有量出发，脸书的该要求实质上剥夺了用户的选择权，用户的同意行为可能不是出于自愿而是为了使用脸书的服务别无选择地做出。其次，用户的同意其实是"一次授权、终身有效"，之后用户产生的各种数据都将被视为脸书合法取得。此处存在的问题是：获取数据的种类范围与时间长度等均由脸书以格式条款的形式规定，面对所谓的注册协议，用户并没有修改的权利，只能被动接受。脸书从自己的需求出发选定获取用户数据的范围，该类数据的获取是否合理、是否为用户使用脸书所必需则不被考虑，这对用户而言是不公平的，实际上是对用户权利的侵害。最后，脸书收集的用户数据越多，对数据的保护工作就越困难，实际上不利于保护工作的开展。

2. 用户数据管理方面

目前，全球各国有关大数据平台对个人数据信息保护方面的专门立法较少，主要是适用个人信息保护法，比较宽泛，具体的保护标准、保护程度多由企业自己规定，可能存在保护不足的情况。如对于用户数据的保留时间，Microsoft 规定是 6 个月，Yahoo! 规定是 3 个月，其他企业也可能选择保留更长的时间。如上所述，海量的数据积累会增加保护的难度，相关数据一旦泄露产生的问题也会十分严重。此外，即使企业承诺按时处理数据，但因缺乏相应的监督机制，实际结果也难以知晓，此次数据泄露事件便是脸书要求第三方销毁相关数据却未实施有效的监督，最终导致了数据的非法滥用。

3. 用户数据使用方面

目前，用户数据的归属权并不明晰，通常认为原始数据属于用户，分析转化后的数据信息属于分析转化者，可问题是数据不管怎样被分析、分解，其均无法避免地会涉及用户的个人隐私，而且当前信息技术领域存在匿名化失效的问题，此时，大数据平台对数据的保护便与其划定的用户数据使用范围息息相关。脸书在知晓第三方将数据出卖给剑桥分析公司时并未有效阻止，此行为传递出其对用户数据和隐私保护的漠视。大数据平台多存在与第三方合作开展业务的情况，对于用户数据能否共享以及共享的数据应该如何保护也是数据使用方面的重要问题。通常用户数据共享会加重数据泄露的风险，因为企业很难掌握第三方究竟如何使用数据，这种情况下企业应加强对第三方的监督，保护数据的安全。在数据泄露事件中，第三方承诺获取的数据仅用于心理科学研究但最终却用于操控选举，脸书在这方面对数据的保护不足是事件发生的重要原因。此外，脸书是典型的广告支持商业模式，其通过向广告商提供用户的数据信息，使后者能有针对性地投放广告来获取广告费，而用户对此行为并不知情。其在同意脸书收集其数据之初并未被告知自己的数据将被如何使用，至于脸书向广告商提供的用户信息是否涉及用户的个人隐私也无人知晓这本身既是对用户数据的滥用，也是对用户隐私的侵犯，传递出脸书对用户数据的利用过度与保护不足。

（五）数据滥用和隐私保护的反垄断方法

数据垄断是数字经济时代产生的垄断新形式。相比于传统就行业和地域对垄断进行的划分，数据垄断借助网络能轻易突破地域的限制建立起跨行业的垄断，使具有双边市场特征的大数据平台在相关市场上占据市场支配地位，引发滥用用户数据的问题。一方面给经济性市场的自由竞争带来破坏，另一方面会侵犯用户的个人隐私。数据垄断作为新形式的垄断，如何对其进行规制存在着立法和执法方面的不足，有必要加强这方面的法律建设。

此外，数据寡头滥用数据的行为越来越多地与对用户数据隐私的侵犯联系在一起，单纯通过个人信息保护法、数据保护法等私法对用户的数据信息予以保护并不能起到有效的震慑作用。有无必要将相关市场内占有支配地位的数据垄断者滥用数据侵犯用户隐私的行为纳入反垄断法的规制范围，以及如何构建起与数据隐私保护相衔接的反垄断法理论是当下学界和立法界面临的问题。从有效规制数据垄断者利用市场支配地位滥用数据的行为和保护用户数据隐私的目的出发，笔者针对我国现行《反垄断法》等法律存在的不足，提出如下建议。

首先，完善大数据平台相关市场的界定范围和方法。我国《反垄断法》对大数据平台相关市场的界定存在立法空白，对于相关案件的处理也是依据传统的理论对双边市场中具有经济效益的市场进行界定。但由于大数据平台的两个市场之间存在相互作用的关系，只界定其中一个忽视另一个必然存在疏漏，有必要将免费的消费者市场纳入相关市场的界定范围。在实践中，应同时考虑对两个市场的认定，并关注两个市场间的相互影响问题。对于大数据平台相关市场的界定方法，如前所述，传统常采用的假定垄断者测试法因运用价格标准并不能界定免费的消费者市场，需求替代性分析方法也不具备可操作性。此时，可运用供给替代性分析方法，使用时重点考虑相关服务提供者的多元化。总体来说，当下对大数据平台的反垄断规制还处于起步阶段，没有一个最终确定的结论，现实中相关执法案例也比较少。可以先对相关市场的界定进行框架性规定，如界定范围跟方法，这样可在出现相关认定问题时有法可依。具体细节性规定可以随着研究的深入和实践经验的积累再逐步完善。

其次，扩大认定大数据平台具有市场支配地位的考虑因素的范围。现行《反垄断法》根据市场份额进行认定的方法对大数据平台并不完全适用，虽然有人提议可以尝试构建根据用户规模认定大数据平台在相关市场是否具有市场支配地位的认定标准，但要运用这种方法需要大数据平台对外公布自己的用户数量，这可能涉及侵犯大数据平台的商业秘密。即使其同意对外公布，也会因缺乏有效的监督而难以保障数据的准确性。此外，大数据平台的用户数可能因技术进步、产品创新产生较大波动，具有不稳定性。总体而言，应弱化市场份额在大数据平台具有市场支配地位认定上的作用。可重点考虑市场进入壁垒这一因素，数据相当于互联网企业的原材料，要关注大数据平台在初始收集用户数据方面付出成本的高低，过高的初始获取成本不利于潜在进入者的进入。我们还要注意大数据平台掌握的用户数据的稀缺性，如果该数据是相关市场竞争主体普遍需要的却只掌握在少数平台手中且不对外公开，则该平台可能构筑市场进入壁垒。大数据平台等互联网企业还具有明显的用户锁定效应，要关注平台的用户黏性，判断是否容易形成用户壁垒。大数据平台创新能力的高低以及对知识产权的保护程度也是考量其是否具有市场支配地位的重要因素。

然后，考虑将数据寡头在数据相关市场利用支配地位滥用用户数据的行为纳入滥用市场支配地位的认定范围，由反垄断法进行规制，理由如下。

第一，虽然滥用数据的行为主要涉及侵犯用户隐私，但此处的数据滥用类案件与其他侵犯消费者权益类案件的不同之处在于——其是市场主体凭借自己在相关市场中的支配地位这一便利条件实施，这与反垄断法具有密切关系。当下对该问题的理论研究虽不够成熟，可已有德国反垄断执法机构的多次实践提供参考，经济合作与发展组织（Organization for Economic Co-operation and Development）也提出"可基于滥用行为的具体属性考虑将侵犯数据隐私的问题放在竞争法框架下进行考量"，[1]这都表明由反垄断法规制具有可行性。

第二，反垄断法的立法宗旨虽是为了维护市场的自由竞争，但归根结底是为了提高社会总体福利，维护消费者的利益。而数据的垄断和滥用会降低企业对数据隐私保护的动力，侵害用户权益，由反垄断法对其规制并不违反立法宗旨。

第三，目前有理论研究认为市场竞争不仅有价格维度的，也有非价格维度的，数据携带的用户隐私是重要的非价格竞争维度。而数据滥用会降低企业对数据隐私的保护程度，产生反竞争的效果，应属于反垄断法的规制范围。

第四，对于大数据平台利用市场支配地位滥用数据的行为，个人用户比较分散，其在诉讼举证方面存在较大困难，很难对抗庞大的数据寡头。个人信息保护法、数据保护法等私法的惩戒程度也比较低，不能有效规制该行为。此外，要做好反垄断法与个人信息保护法的立法衔接，避免出现"无人管、抢着管、难以管"的问题。

最后，加强大数据平台责任追究制度建设。我国《反垄断法》对垄断行为的处罚力度较低，这对大数据平台实施的垄断行为威慑作用弱，建议制定严格的责任追究制度，丰富责任追究的形式，加大处罚力度，提高大数据平台的违法成本。我国目前主要以行政处罚为主，形式单一，可参考美国、日本等国

---

〔1〕 韩伟、李正："反垄断法框架下的数据隐私保护"，载《中国物价》2017年第7期。

家的做法，适当引入刑事处罚，在对用户造成损害的民事赔偿方面也可以规定多倍的惩罚性赔偿，最终通过严格的责任追究制度倒逼大数据平台规范自己的行为、强化企业自身的责任，加强对用户数据的保护。相关执法机构也要加强对大数据平台的监管，提高执法力度。

后 记

　　《中华人民共和国反垄断法》实施十年来，我国反垄断执法和司法力度不断加强，裁决了"高通垄断案""锐邦诉强生垄断案"等经典案例，标志着中国基本形成了"公共实施（行政立案+行政裁决）"和"私人实施（私人诉讼+法院裁决）"并存的"二元"反垄断法实施机制。但囿于公共实施和私人实施固有功能所限，现存的二元机制存在着不少实践难题：公共实施多为主动执法，"民不举，法也究"，但受制于执法资源，且受害者不能直接获赔；私人实施多为被动司法，"民不举，法不究"，且单个受害者损失微小，维权激励不足。总而言之，二元机制无法实现效率与公平兼顾，公共利益和私人利益相容。

　　集体诉讼（或称集体实施）是基于英国"息诉状"（the Bill of Peace）的衡平法思想，为救济弱势的小额多数受害者而产生的诉讼制度。集体诉讼通过"拟制原告、代表起诉、胜诉可获赔、败诉无损失"的制度设计，激励原告及其代表人、律师提起或参与诉讼，实现以弱（原告）胜强（被告）的目的。维护个人利益的同时，达到促进社会利益的客观效果，进而弥补"公共实施无精力""私人实施无动力"的不足。

　　正基于此，我萌生了以"反垄断集体诉讼制度"为主题的研究思路。幸运的是，我于 2015 年 6 月获批了国家社会科学基金项目"集体诉讼的功能定位及在反垄断法领域的应用"（15CFX047）。在研究过程中，中国日益关注《反垄断法》及竞争政策的实施。十八届三中全会通过的《关于全面深化改革若干重大问题的决定》提道："经济体制改革是全面深化改革的重点，核心问题是处理好政府和市场的关系，使市场在资源配置中起决定性作用和更好发挥政府作用。"《中共中央国务院关于推进价格机制改革的若干意见》也提道："逐步确立竞争政策的基础性地位。"

在全面推进依法治国的进程中，《反垄断法》的实施可以有效地保障"市场的决定性作用"和"竞争政策的基础性地位"。竞争政策是指由政府制定，旨在保护、倡导和规范市场竞争，顺从并促进市场决定性作用发挥的一系列政策体系的总称。狭义的竞争政策是基于竞争法（主要指《反垄断法》）而制定的政策。相对于其他政府政策，竞争政策具有基础性地位，是正确处理政府与市场关系的核心。

第一，竞争政策是维护和促进市场竞争的政策，市场的决定性作用也就决定了竞争政策的基础性地位。市场机制的灵魂和核心就是竞争，没有竞争就没有市场机制。市场配置资源和激励主体的决定性作用都是通过竞争形成的价格信号实现的。竞争政策的基础性作用，就在于为市场起决定性作用搭建平台，同时能够防止和纠正其他政策导致的资源错配或激励失当问题。

第二，竞争政策基础性地位是由《反垄断法》的"经济宪法"性质决定的。狭义上，竞争政策就是《反垄断法》。《反垄断法》是维护市场秩序最基础的法律，在国际上有"经济宪法"之称。不仅市场主体参与竞争时不能违反竞争政策的具体规定，其他有关经济政策法规也不能有悖于竞争政策所倡导的竞争精神。其他政策法规的制定不得与竞争政策相抵触，否则可以依据竞争政策阻却该政策出台；而当其他政策法规在实施过程中与竞争政策发生抵触时，应当通过政策之间的协调机制将冲突降到最低。中国建立的公平竞争审查制度正是《反垄断法》"经济宪法"地位的体现。

随着中国反垄断任务的日益紧迫，单纯依靠"行政执法"贯彻竞争政策显得捉襟见肘，但目前的民事诉讼机制也难以适应垄断纠纷的"公益性""集体性"，对二元实施机制进行改革、创新已是大势所趋、迫在眉睫。将集体诉讼应用于反垄断法领域，可以借助市场机制、私人力量协助反垄断执法，节省行政资源，避免政府失灵，对竞争政策实施有重要作用。

在此感谢我的团队在本书撰写过程中给予我的帮助和支持。博士研究生杨童（天津财经大学）、王昕灵（天津财经大学），硕士研究生乔雨轩（天津财经大学）、郑伟华（天津财经大学）、张帅帅（天津财经大学）、丁沁竹（天津财经大学）、徐小红（天津财经大学）、赵彦超（天津财经大学）、孙赓（天津财经大学）、姚静（天津财经大学）、刘静（天津财经大学）、高子怡（天津财经大学）积极参与资料整理、案例分析、数据收集、校对等工作。

本书依托的国家社科项目从选题、申报到完成，都离不开于立教授的指导、点拨和批评。在此，对尊敬的于立教授致以最崇高的敬意。"为学日益、为道日损""不愤不启、不悱不发"是于教授的治学之道，也是对学生的谆谆教诲。在跟随于教授进行博士后研究之初，他就鼓励我们"以问题为导向，打破学科局限，力求道术兼备"。多年来，虽然不能达到拈花一笑的境界，但也偶有灵光乍现的时刻。在此，也感谢师母王稳教授在生活上的悉心关照。

在这里还要感谢我的博士生导师岳彩申教授及师母袁琳教授，硕士生导师张勇教授及师母邹玉洁教授，正是各位老师在我人生不同阶段的栽培，才能让我不断进步。

感谢天津财经大学法学院和法律经济分析与政策评价中心的同事挚友与我的学术切磋、思想碰撞和真诚批评。特别感谢侯欣一教授、张勤教授、陈灿平教授、刘玉斌教授给予的关怀和帮助。

感谢我的爱人张家琛先生，结婚十二载，你我还能如年少时漫步校园，还能如同学般讨论学术，还能如朋友般促膝谈心。从同事到爱人，相互成全，彼此成就，棋逢对手，比翼齐飞。

感谢我的两个宝贝，双胞胎女儿张晞言、张善言，从2013年两个小精灵呱呱坠地以来，她们就用生命诠释"竞争"的意义。姐妹俩同生共长，充分竞争，但也偶有恶性的相互打闹，甚至合谋的淘气举动。我也坚持"竞争政策的基础性地位"，少管、慎管、不管，让优胜劣汰的竞争机制发挥作用。

本书有幸收录于张勤教授主编的由中国政法大学出版社出版的"纠纷解决研究丛书"，感谢丁春晖编辑的悉心工作，才让本书顺利出版。

冯　博
2019 年 5 月 于瀛湖湾